◆中国知网全义收录◆

网络文化研究

第一辑

Research on
Network Culture

No.1

王玉英 主编
长春大学网络安全学院 主办

中国社会科学出版社

图书在版编目（CIP）数据

网络文化研究. 第一辑 / 王玉英主编. —北京：中国社会科学出版社，2020.8

ISBN 978-7-5203-7495-8

Ⅰ.①网… Ⅱ.①王… Ⅲ.①网络文化—研究—中国 Ⅳ.①G122

中国版本图书馆 CIP 数据核字（2020）第 222708 号

出 版 人	赵剑英
责任编辑	王　衡
责任校对	王　森
责任印制	王　超

出　　版	中国社会科学出版社
社　　址	北京鼓楼西大街甲 158 号
邮　　编	100720
网　　址	http://www.csspw.cn
发 行 部	010-84083685
门 市 部	010-84029450
经　　销	新华书店及其他书店
印　　刷	北京明恒达印务有限公司
装　　订	廊坊市广阳区广增装订厂
版　　次	2020 年 8 月第 1 版
印　　次	2020 年 8 月第 1 次印刷

开　　本	710×1000　1/16
印　　张	23.5
插　　页	2
字　　数	339 千字
定　　价	129.00 元

凡购买中国社会科学出版社图书，如有质量问题请与本社营销中心联系调换
电话：010-84083683
版权所有　侵权必究

编辑委员会

顾　问　李志瑶　卓　越　胡维革　金海峰

委　员　（以姓氏笔画为序）
　　　　　于长敏　王玉英　王　雨　王德军
　　　　　李念峰　李明晖　刘　研　关彦庆
　　　　　孙惠欣　肖玉山　陈秀武　张晓刚
　　　　　林　岚　郭桂萍　梁　琳

主　编　王玉英

编　辑　王　雨　梁　琳　高　翼

发 刊 辞

　　互联网时代是人类开启近代大幕以来最重要的历史时期。新技术纷至沓来，新理念层出不穷，我们每天都经历着观念更新的冲击。我们刚刚掌握的一项技术可能很快就被替换，我们刚刚适应的某种生活观随着新的一天的到来而迅疾地陈旧。时时地变化更新，是我们必须面对、必须接受，也无可逃避的共同命运。网络空间已经深刻影响了人类的思维方式、行为方式，并正在改变着社会的组织结构和交流结构。如何在这样的时代更好地生存，如何在这样的新形势新环境中使社会和人间更加和谐、美好？如何为我们自身，也为人类谋得更多更大的福祉？这正是网络文化研究主要研究探索的问题。

　　党的十八大以来，习近平总书记准确把握互联网时代大势，向全世界发出了共同"构建网络空间命运共同体"的倡议（第二届世界互联网大会主旨演讲，2015年），强调"发展好、运用好、治理好互联网，让互联网更好造福人类"（第六届世界互联网大会贺信，2019年），"提升广大人民群众在网络空间的获得感、幸福感、安全感"（对国家网络安全宣传周的重要指示，2019年）。习近平总书记关于互联网的精彩论述，从理论上和政治上为我们发展网络安全教育与学术事业预设了最高原则。

　　万物互联互通，时空叠加共在，众生共生共存。今天，互联网已不仅仅是一种"工具"或"空间"，它已成为我们生存于其中的世界本身，我们与它合为一体，像空气一样，与我们共生共存，这是人类社会发展新的生态，人类生活在一个新的"宇宙"中，这个新宇宙很多时候还处于无序状态——因为我们刚刚开始建立这个新宇宙。但我们相信，共同的处境、危机和命运定会促使人类建立起新宇宙的秩序——那或许就是由人类的共识达成的生存法则和道德律令。循律而为，守则而生，网络空间人类命运共同体之建成可期矣！而这可期的法则、律令、秩序，尚需大量的学术探索、思想实验和社会实验尝试之、修正之、检验之、完成之。至少在学术探索和思想实验上，我们的大学、网络安全学院和《网络文化研究》年刊责无旁贷。

长春大学网络安全学院主办的《网络文化研究》年刊的顺利出刊，应时应势，面向未来，既寄托着我们的期望，也肩负着一份沉甸甸的学术使命！《网络文化研究》年刊应是一个功能多元而健全的新式平台，是组织各种学术活动的载体，推进学术研究和探索的引擎；《网络文化研究》年刊应发挥引导创新、推动创新的作用，成为新学术、新教育、新思想的孵化器和实验田；《网络文化研究》年刊作为一个向互联网世界敞开的窗口和平台，应成为全国大学合作、东北亚区域文化建设乃至东西方世界学术交流的一个定期召开的"圆桌会议"，应是一个共商互联网文化传播的合作场，弥合争端达成共识的辩论场，激发灵感、共同创新的竞技场。

年刊虽小，但应心怀互联网天下。作为一份初创学刊，或力有不逮，但应勉力为之，勠力求之，尽最大可能为未来的教育和学术事业提供一份正向助力。

再次诚挚祝愿《网络文化研究》成为当代学术天地中的一道靓丽风景！

李玉瑶

长春大学校长、教授

目 录

再议中华文化的海外传播 …………………… 陆俭明 马 真（1）
网络文化、语言教学与濒危文化遗产保护的交汇：
　东巴文慕课探索 ………… Joël Bellassen（法国） 王 珏（10）
韩国的网络文化
　——自媒体时代的展望 …… 金炳善（韩国） 赵永旭（译）（20）
越南网络文化概况 ……………… Nguyen Hoang Anh（越南）（34）
"仁德性"能占据互联网及互联网文化的
　时代优势吗？………… Ole Doering（德国） 梁琳（译）（51）
网络文化安全评价指标体系的
　研究 …………………… 李念峰 周 尚 李 岩（68）
网络文化安全及其治理：内涵、思路与策略 ………… 王玉英（80）
域内微博大V对东北区域形象的呈现 …… 郭桂萍 张文怡（93）
数字文化产业发展的新格局和大趋势 ………………… 武欢欢（108）
偏离型网络言语行为与国家安全问题 …… 关彦庆 宋献群（119）
2013—2018年网络流行语浅析
　——以"汉语盘点"评选的十大网络
　　流行语为例 …………………… 安华林 黄丽愿（140）
社会语言学视野下的中法网名对比分析 ……………… 沈含娇（155）

"小+双音节亲属称谓"的网络社交
　　称谓语刍议 ················ 韦　钰　彭　枫（168）
网络"爽文"欲望驱动叙事溯源与
　　剖析 ·························· 李明晖　安　扬（183）
IP 背景下网络文学的价值探析 ············· 赫灵华（194）
韩国网络小说的产生与发展
　　——兼论《我的野蛮女友》的
　　　　成功 ········ 赵永旭　韩晓峰　袁延浩　郑秋辰（205）
王晋康科幻小说的理想书写 ················ 丁　卓（223）
韩国网络漫画（Webtoon）的发展与
　　海外市场拓张 ························ 吴冰颖（238）
网考模式下汉语水平口语考试认知效度研究 ········ 王景丹（253）
国际汉语教学慕课学习体验的探索性研究 ·········· 崔　燕（263）
"互联网+"新业态与高校传统文化教育对策
　　研究 ································ 孙惠欣（282）
互联网对中学生生存方式的影响及网络安全
　　教育的有效途径研究 ············ 刘　勇　冯　霞（300）
当今日本正在使用的古汉语词汇与中日文化
　　交流 ································ 于长敏（314）
从日本国家语言研究所工作看日本语言政策
　　研究 ························ 刘海燕　赵巧妮（323）
《国译红楼梦》对汉语白话词汇的误译
　　——兼与伊藤漱平译本、井波陵一
　　　　译本的比较 ················ 黄彩霞　齐子贺（337）
人类命运共同体视角下池田大作的全球视野与
　　东方精神 ···························· 洪　刚（349）
《东亚联盟》中王道文化传播的异化研究 ········ 李晓晨（360）

再议中华文化的海外传播

陆俭明　马　真[*]

摘　要：本文首先指出，如今人类社会正处于第四次工业革命，这大大加速了不同地区、不同国家之间文化的相互传播与交流。而这无论从哪方面说都会对各个民族、各个国家乃至整个人类社会的发展带来极大的好处。文章着重论述了以下四个问题：文化传播的两重性质；中华文化的含义与分类；中华文化海外传播的目的与渠道；中华文化海外传播成功的条件；中华文化传播与汉语教学。

关键词：中华文化　海外传播　汉语教学

引　言

关于中华文化的海外传播，陆俭明（2015，2017，2019）曾论述过，所以本文是"再议"。为了能阐述清楚中华文化的海外传播问题，我们将不避重复先前已经说过的一些内容。

我们知道，人类从农业社会进入工业社会至今，已经历了三次工业革命——第一次是18世纪中叶的蒸汽技术革命；第二次是19世纪中叶的电力技术革命；第三次是20世纪中叶的计算机信息技

---

[*] 作者简介：陆俭明，男，北京大学中文系教授，博士生导师，研究方向为现代汉语（本体研究与应用研究）。马真，女，北京大学中文系教授，研究方向为现代汉语语法，特别是现代汉语虚词。

术革命；而如今正处于第四次工业革命。第四次工业革命的特点是使人类社会进入将"物联网、云计算、大数据、人工智能"融为一体的"移动互联网—智能"信息时代。同时，也是世界走向一体化的时代。这决定了：我们人类社会必然朝着构建人类命运共同体的方向走；加速语言的变异；加速了不同地区、不同国家之间文化的相互传播与交流。

一 文化传播的两重性质

在具体谈论中华文化海外传播问题之前，有必要先说明"文化传播"所具有的两重性质：一是文化传播的必然性；二是文化传播的双向性。

"文化传播的必然性"，是说文化传播是个必然的现象。这是由文化的"动态性"决定的。文化的动态性，体现在两方面：一是从纵向看，文化是人类社会历史发展的积淀物，本身具有很鲜明的时代性。这跟人类对客观世界、对自身的认识不断变化与深化有关。因此任何民族与国家的文化都具有历史传承与发展的特性与印记。二是从横向看，文化具有民族性、地域性，同时，不同民族与国家之间的相互接触又必然会导致文化的相互交流。文化传播具有"必然性"正是由上述两点决定的。

"文化传播的双向性"，是说任何民族、任何国家都希望将自己的文化往外传播，让其他民族、其他国家了解、认可乃至认同；同时，任何民族、任何国家都需要了解别的民族、别的国家的文化，从中吸取自己需要的营养，以不断丰富、发展自己民族、自己国家的文化。

正是文化传播的"必然性"和"双向性"，导致不同民族、不同国家之间文化的相互交流。而不同民族、不同国家之间文化的互相交流，无论从哪方面说，都会对各个民族、各个国家乃至整个人类社会的发展带来极大的好处。

好处之一，有利于各民族、各个国家互相学习、借鉴，吸收人类优秀文化成果；有利于不断充实世界多元文化宝库，维护世界文化的多样性，使世界文化日趋多姿多彩；有利于促进各民族、各个国家文化的创新与发展，促进世界文化的繁荣和发展。

好处之二，使各民族、各个国家的民众扩大视野，普遍提高对文化的认识，认识到文化是全球各个民族、各个国家的民众创造的，文化来源于人类，又服务于人类社会，并在一定程度上约束、规范着人的言行，从而促使人类创造更加辉煌灿烂的文化。同时文化传播也将有助于提升民众对文化艺术的鉴赏能力、创造能力和兴趣。

好处之三，广泛的文化交流有助于推进各国政治、经济等各方面的交流与发展；有利于增进各民族、各国民众之间的友谊和相互了解；有助于民族与民族之间、国与国之间的友好合作关系，从而促进世界和平与发展，建设和谐世界；有助于构建人类命运共同体。

因此，对于不同民族、不同国家之间文化的差异与相互交流，我们要持一种正常的、平和的心态，特别是无论对自己的文化还是对别的民族、别的国家的文化都要持尊重的态度。

二　中华文化的含义和分类

在谈论中华文化海外传播问题之前，还有必要认清中华文化的含义及其分类。

文化，《现代汉语词典》的注释是："人类在社会历史发展过程中所创造的物质财富和精神财富的总和，特指精神财富，如文学、艺术、教育、科学等。"其含义很广泛。那么中华文化的含义是什么？

中国是一个有5000来年历史的文明古国。世界上学界公认有四大文明，那就是巴比伦文明、埃及文明、印度文明和中华文明。但至今只有中华文明依然屹立在世界上。在中国发展的历史长河中，中国曾经被打败过，曾经被踩躏、被欺压，可谓饱经风霜，但是中华文化从未被摧毁，中华文明从未被中断，一直延续至今。（唐加文，2012）在中华民族不断的抗争和奋斗中，中华文明、中华文化如硕大的磁石不断吸收着别的民族、别的国家的优秀文化的营养，不断壮大自己。如今中华民族又正在迅速崛起，中国逐渐成为在国际舞台上具有举足轻重作用的和平大国；中华文化更加生机勃勃。显然，如今我们说到"中华文化"，应包括：自古传承至今的光辉灿烂而又神奇深邃的古老文化；各民族交织、中外交融的现代革命文化；中国特色社会主义新时代的当代新文化。这三方面文化是一脉相承的，都对世界各国产生了深远的影响。

中华文化具体该如何科学分类，目前大家看法不一，因而有不同的分类法，诸如：物质文化、精神文化、制度文化；知识文化、交际文化；古代文化、现当代文化；古代传承文化、1848—1949年革命文化、1949年至今社会主义文化；汉民族文化、少数民族文化；等等。我们不想对上述种种分类分别进行评论。从古至今，在文化表征上，虽有差异，但基本是一脉相承的，只是凸显的方面不同而已。从当今文化传播的角度来说，宜采取二分法；借用目前人们常用的"软""硬"二字，可以将中华文化分为硬文化和软文化两大类。

硬文化，指反映中国、中华民族各方面生活的有形的生态文化；软文化，指只能意会、反映中国和中华民族的精神风貌的无形文化。具体说，硬文化包括物质文化、制度文化、饮食文化、服饰文化、习俗文化、历史文化、科技文化、网络文化、健身文化、汉字文化、体态文化等；软文化包括心态文化，如人生观、价值观、精神风貌等，以及思维文化。硬文化和软文化是个连续统，有的，如艺术文化，可以说就介乎硬文化与软文化二者之间。

三 中华文化海外传播的目的和传播渠道

上文指出，文化传播是个必然现象。那么中华文化向海外传播有什么样的目的呢？总的目的是要将博大精深、神奇深邃、光辉灿烂、多姿多彩的中华文化融入国际多元文化的大家庭中去，供各国民众了解、欣赏、吸收。具体地说，软、硬文化传播的目的也还略有不同，还得分开来说。

硬文化的传播目的，主要是让别的国家、别的民族知晓、欣赏，吸引别的国家的民众来到自己国家实地了解，当然也欢迎人家学习、向往。软文化的传播的目的，是希望别的国家、别的民族对我们的国家理念、民族精神与风貌，对我们的价值观、人生观乃至思维方式，能了解，能理解，能尊重，当然也欢迎别的国家、别的民族学习。

那么通过什么样的渠道将中华文化传播出去呢？软、硬文化在传播渠道上还略有区别，不妨分开来说。

硬文化传播的渠道，一是靠国家的或民间的国际文化交流，包括互派代表团交流，互相举办各种展览会，文艺表演，互相举办各种体育、文艺赛事；二是靠各种媒体的宣传，包括网络传播；三是靠旅游吸引；四是靠市场力量；五是通过汉语教学①；六是依靠各国的汉学家、中文翻译的介绍、翻译；等等。

软文化传播的渠道，一是在硬文化传播中注入软文化主题；二是靠媒体宣传，包括网络传播；三是通过汉语教学；四是依靠各国的汉学家和中文翻译的介绍、翻译；等等。

四　中华文化海外传播成功的条件

人类社会各个民族、各个国家文化传播的种种实践活动告诉我们，中华民族文化的海外和平传播，无论是"硬文化"传播还是"软文化"传播，最后能否达到有效传播，取决于四方面因素。

第一个因素，别的国家、别的民族对中华文化的需求。这包括国家和民族发展的需要，人民群众生存的需要，人民群众精神生活

---

① 汉语教学包括在国内开展的对外汉语教学，在海外开展的汉语国际教育，以及在国内外进行的华文教学。

的需要（如"欣赏的需要"）。如果需要，就会积极主动地去了解，去学习，并加以有选择地吸收。怎么能让人家感到需要呢？需要的前提是了解，所以就得通过上述各种传播渠道积极开展工作，让人家了解我们中华文化的方方面面，由他们择需而取。

第二个因素，文化自身所具有的吸引力、感染力。古希腊的荷马，意大利的但丁，英国的莎士比亚，法国的莫里哀、巴尔扎克，西班牙的塞万提斯，德国的歌德，奥地利的卡夫卡，俄国的果戈理、屠格涅夫、托尔斯泰，印度的泰戈尔，美国的海明威等人的文学作品，以及德国格林童话、丹麦安徒生童话；意大利达·芬奇、荷兰凡高、西班牙毕加索等人的绘画；德国的贝多芬、巴赫、斯特劳斯，波兰的肖邦，奥地利的舒伯特、约翰·施斯特劳斯、莫扎特，俄国的柴可夫斯基等人的音乐作品，俄国的天鹅舞，以及中国的许多优秀文化等，之所以能传遍世界各国，世代相传，靠的就是这些文化产品自身的超越民族、超越国界的艺术魅力。

第三个因素，国家的形象和传播者的良好心态。这很重要。我们要强盛，但绝不欺凌他人；国不分大小强弱，我们一律平等相待，和平共处；对己方文化有自信，不自卑，但也不炫耀、不自美，对他方文化不歧视，不无原则排斥，不贬损；树立一个和平的、完全开放的、尊重世界各民族及其文化的中国形象（李泉，2011）。

第四个因素，国民的良好形象。这是达到有效文化传播的一个关键因素。常言道："自尊者人尊，自重者人重，自敬者人敬。"在我们生活中大家也都会有这样的体会，人见人爱的事物人们会自觉不自觉地仰慕它，接受它；而人见人厌的东西人们会自然地排斥它。

上述四个因素也可视为中华文化在海外成功传播的四个条件。以上所述也表明，中华文化在海外能得以有效传播，除了文化本身的魅力外，很重要的一个方面是传播者，即国家和国民自身的形象与心态。如今，中国在世界上的形象非常好，越来越多的国家愿意跟中国交朋友，愿意在政治、经济、文化、科技等各个领域跟中国进行广泛的交流与合作。中华文化本身非常有魅力。现在中华文化传播的成效在很大程度上取决于国民的形象。为了让中华文化在海外进行有成效的传播,我国国民无论在哪里,都应该呈现一个不卑不亢、充满自信、文明礼貌、遵纪守法、乐于助人的良好形象。

五　中华文化传播与汉语教学

上面讲到中华文化的传播渠道,其中有两个渠道就跟汉语教学密切相关,特别是依靠各国的汉学家和中文翻译的介绍、翻译。这也就说明,中华文化的传播跟汉语教学的关系极为密切。

语言是载体,语言教学不可能不伴随文化教育。事实上古今中外从来就没有不伴随文化教育的语言教学。语言教学中伴随的文化教育,一般取两种形式,一种是开设若干有关文化的专门课程。就汉语二语教学来说,需要开设诸如"中国通史""中国文化概论""中国文学概论""中外文化对比"等课程;另一种是采取潜移默化、耳濡目染的方法,具体说就是通过课文、通过具体教学活动,"随风潜入夜,润物细无声"地进行文化教育,(赵金铭,2013)特别是软文化方面的教育。此外,在中文专业,到三四年级,要引导学生尽可能多地阅读中文原著,让学生更广泛地涉猎中国文化、地理、历史乃至政治、经济等。后两种教学方式,更能渗入骨髓。古今中外的语言教学实践告诉我们,学生在接受一种外语教学的同时,会不知不觉地接受浸润于语言教学中的该语言所属的民族和国家的文化,特别是他们的民族理念、人生观、价值观,乃至思维方式。

汉语教学无疑得担负起传播中华文化的重任。但目前的汉语教学,表面看很重视文化教育,但大多只是进行了一些浅层次的文化技艺活动。这实际是一种早有人预料的"捡了芝麻,丢了西瓜"的做法(杨国章,1991)。至于深层次的文化教育,这个意识还很淡薄,还没看到有成效的具体作为。

汉语教学如何有效地进行文化教育?首先必须明确,在整个汉语教学中，必须以语言教学为主；文化教育在汉语教学中是伴随性的。必须明了，只有努力让世界各国越来越多的人学习掌握了汉语，特别是汉语书面语，中华文化才能得以真正在全球范围得到有效的传播。在具体做法上可以区分不同层次。在海外中小学开展的汉语教学，可适当以文化技艺活动作为切入点，引导孩子欢乐学汉语。至于在大学的汉语教学，文化技艺活动宜作为一种课外活动来进行。显然，对汉语教学来说，今后重要的是，怎么能真正编写出既能有效地进行语言教学又能有利于深层次文化教育这样一种高质量、成系列的汉语教材？怎么将中华民族的理念、风貌、价值观、人生观通过一篇篇生动活泼、图文并茂的课文，通过汉语教师的教学活动，传递给学生？这还需要以科研引航，下功夫研究。

参考文献

李泉：《文化内容呈现方式与呈现心态》，《世界汉语教学》2011年第3期。

陆俭明：《汉语国际传播与中华文化国际传播》，《同济大学学报》（社会科学版）2015年第2期。

陆俭明：《加大中华文化海外传播力度》，《人民日报》2017年9月5日第8版。

陆俭明：《试论中华文化的传播》，《学术交流》2019年第4期。

唐加文：《梳理中华文明基本脉络》，《科学大观园》2012第21期。

杨国章：《文化教学的思考与文化教材的设计》，《世界汉语教学》1991年第4期。

赵金铭：《国际汉语教育的本旨是汉语教学》，北京语言大学对外汉语研究中心《汉语应用语言学研究》（第2辑），商务印书馆2013年版。

Re-discussion on the Overseas Communication of Chinese Culture

Lu Jianming, Ma Zhen

Abstract: This article first points out that human society human society is now in the fourth industrial revolution, which has greatly accelerated the spread of different regions, different countries and cultural exchanges between each other. And this no matter from any aspect, will bring great benefits to the development of various nationalities, countries and even the entire human society. The paper focuses on the following four issues: (1) the dual nature of cultural communication; (2) the meaning and classification of Chinese Culture; (3) the purpose and channel of Chinese Culture overseas communication; (4) the conditions for the success of overseas communication of Chinese culture; (5) the spread of Chinese culture communication and Chinese language teaching.

Keywords: Chinese Culture; Overseas Communication; Chinese Teaching

网络文化、语言教学与濒危文化遗产保护的交汇：东巴文慕课探索

Joël Bellassen（法国）　王　珏[*]

摘　要："大规模开放在线课程"（MOOC）慕课的出现，打破了传统的课堂教育思路，为高等教育领域带来了一场深刻的变革。慕课发展十年以来，这个变革逐渐延伸到各个教育学科，包括当代的语言教学。不仅如此，它还为濒危语言文字的保护和教学带来了契机和挑战。在这个背景下，本文根据自己开发的面向法语学习者的中文启蒙慕课（MOOC Kit de contact en langue chinoise）的成功经验，将语言与文字分开教学以达到教学效率最大化，试图探索开发东巴文启蒙慕课在保护和传承中国纳西东巴文文字和纳西文化方面的多方位意义以及教学设计可能性。

关键词：二元论　慕课　纳西文化　东巴文字　语言和文字保护

一　前言和背景

网络文化作为一种全新的文化表达形态，改变了人们的教育和

---

[*] 作者简介：Joël Bellassen（白乐桑），男，法国东方语言文化学院教授，博士生导师，研究方向为汉语二语教学。王珏，女，博士，瑞士日内瓦大学终身教育和远程教育中心远程教学设计高级顾问，日内瓦大学语言中心远程教育项目负责人，研究方向为计算机辅助教学，网络语言交换。

网络文化、语言教学与濒危文化遗产保护的交汇：东巴文慕课探索

学习方式，开阔了人们的视野，拓宽了人们学习的手段和渠道。e时代改变了人类的生活和工作方式，很多工作内容都随着e时代的出现而发生改变。多媒体具有图、文、声、活动影像并茂的特点，促进了多维度的教学，背离单向思维模式，能够多角度、多元化、多系统地激励和开拓学生的思维，使学生的思维更加灵活，宽度和深度得到进一步拓展，更能够完善和提高学生分析、理解、判断、概括和创新的能力。现代远程教育的兴起为所有求学者提供了平等的学习机会，使接受高等教育不再只是少数人享有的权利。"大规模开放在线课程"，即慕课的出现，打破了传统的教育思路，在某种程度上甚至可以说它给高等教育领域带来了一场深刻的变革。虽然慕课目前的发展距离我们期待的结果还有一定距离，但是可以说已经取得了一定的成就。一台电脑或一部手机、一根网线或连入wifi，就能加入全国甚至世界范围内的名师课堂。慕课为广大学习者提供了更多的学习资源和可能性。为了适应不同层次学习者的要求，在慕课之后出现的SPOC，即小规模个性化在线课程，结合了课堂教学与在线教学的混合学习模式，实施翻转课堂教学，把观看学习远程讲座视频和课堂讨论和答疑结合起来，能更灵活地响应专业领域学习者特定需求。而且SPOC可以通过融入大学教育环境来为学生提供有效的教学方式，最终满足学生的实际教育需求。在满足学习者的终身学习需求方面，慕课和SPOC为继续教育提供了更专业、更合适的方式。

慕课带来的变革逐渐延伸到各个教育学科，包括当代的语言教学。慕课和SPOC的发展从某种程度上弥补了传统的学习方式提供主动参与语言活动的机会极少的问题。不仅如此，它还为濒危语言文字的保护和教学带了契机和挑战。慕课可以为语言生活中的核心问题提供前所未有的解决方式，为保护和传承濒临灭绝的语言和文化开辟一条新的途径。这正是该篇文章两位作者设计开发东巴文启蒙慕课的动机和出发点。

一方面，慕课本身的"M"纬度，也就是"大规模"这个纬度，应该而且必须从不同的角度来扩展。比如，将一门濒危语言慕

课设计成多语言模式不仅能够吸引到分布在全球一百多个国家的学习者，还可以培养一批在数量上接近甚至大于濒危语言有效用户数量的人群。这样的探索为语言资源的实践和研究，尤其是在数字时代如何建设和保护语言资源，并满足人类语言学习的需要，提供了一个新的途径。同时，在今天全球化环境下的多元语言、多元文化的世界里，慕课还能为保护地方语言和地方文化服务，满足人类寻求文化身份认同和强化自我身份认同的需求。

另一方面，东巴文启蒙慕课的设计思路可以说是之前的"中文初阶慕课"的教学设计理念的一个延伸，即法国现代汉语教学二元论理论的扩展。东巴文作为和中文汉字系统平起平坐的独立起源的象形文字，应该可以效仿中文教学中以分离的方式对待口语和汉字书写的教学。当然，这绝对不是简单的口头和书写在教学上的脱离。考虑到东巴文的特殊性，我们甚至可以将文字教学独立出来，设立初级东巴文字门槛。此外，传统的汉语课堂不便于充分发挥东巴文字的演示性和直观性，而慕课和多媒体的使用正好弥补了这个缺陷，能够大大提高教学效率。

最后，需要值得特别强调的一点是语言与文化的不可分性。东巴文与纳西文化之间有着无法分割的紧密联系，在教学层面不可分离，所以纳西文化内容在东巴文启蒙慕课中占有重要的地位。同时，文化和文字的联合会帮助我们吸引并留住更多爱好纳西文化的学习者，并最终让他们完成整个慕课课程，甚至想进行更高层次的学习。

接下来首先详细论述东巴文启蒙慕课作为一门大型开放的在线公共课程的多方位意义，然后提出对该慕课的教学设计方案。

二 东巴文启蒙慕课的文字和文化保护意义

东巴文是一种兼具表意和表音成分的图画象形文字，是居于西藏东部及云南省北部的少数民族纳西族所使用的文字，东巴文创始于唐代，至今已有一千多年历史，至今仍为东巴（东巴教祭司）研

网络文化、语言教学与濒危文化遗产保护的交汇：东巴文慕课探索

究者和艺术家所使用的文字，使用人数约 30 万人。东巴文有 1400 多个单字，词语丰富，能够表达细腻的情感，能记录复杂的事件，亦能写诗作文。东巴文具备图画和象形文字的双重特点，甚至比甲骨文字显得更为原始古朴。比如有些文字具象可以代表具体的意思：太阳、人、山等。有些文字会出现变形，比如"人"这个字变形后可以表示不同的意思：舞蹈、穿、跑、我、站立、坐、站起来、跌倒、跳、走，等等。

东巴文字作为纳西族特有的文字，其所独具的兼有图画和象形特点的文字类型特征，是人类文字文明史上从口述传统向书面文字文本转换和发展进程中典型的文字写本的样本，也是深入研究玛雅象形文字、埃及圣书象形文字、甲骨文等文字的重要参照系，与玛雅等已灭亡的象形文字相对应，纳西东巴文至今仍在纳西族中使用留存，是世界唯一存活着的系统化象形文字，故日本京都大学西田龙雄教授将东巴文称为"活着的象形文字"；而文字学家将纳西东巴文视为探索人类文字文明发展进程的典范。2003 年，东巴纳西东巴文献手稿被联合国教科文组织列入世界记忆名录，并进行数码记录。

对纳西东巴文字的保护具有国内和国际上的双重意义。纳西东巴文及东巴经典的研究自始至今为国际性的研究话题，自 19 世纪末以来一直是国际汉学和喜马拉雅区域研究中的研究热点，其国际影响力仅次于藏学。

东巴文是纳西文化独特性的最直接体现。东巴象形文字具有浓厚的双重文化底蕴。一方面，作为原始象形文字的"活化石"，它具有非凡的生命力，应该被给予高度重视和保护；另一方面，它体现了纳西族人的宗教信仰，是崇拜自然的萨满教的信仰表现形式，它和西藏文化有着千丝万缕的联系。东巴教，萨满教和多神教，是纳西人在对祖先和自然崇拜的基础上构建的宗教信仰，对他们来说，任何神灵，或大或小，或善或恶，存在于人们的日常生活中。联结超自然的世界和人之间的中介就是东巴，即东巴教祭司。他们全年举办多种宗教仪式，而东巴文是所有这些仪式的传承工具。保

护东巴文也就是保护东巴文化中的经典。

东巴文化也是丽江古城文化保护与传承的一个重要内容。丽江古城始建于宋末元初，历史源远流长，蕴涵着自然、民族、经济、文化等因素的历史积淀，有丰富而不可替代的历史和现实价值。1997年12月4日，在意大利那不勒斯召开的联合国教科文组织世界遗产委员会第21次会议上，丽江古城被正式列入《世界遗产名录》。古城保护的重要举措之一就是保护东巴文化，扩大东巴文化在日常生活中的影响和使用。丽江政府不仅让东巴文化走进学校课堂，按照纳西族传统培养东巴的方式，对具有一定潜力的东巴后代进行传承，弥补了当前文化传承偏重普及而缺乏精英人才培养的状况。而且大力保存纳西人的日常起居、婚丧嫁娶、节庆典礼等生活化了的习俗制度，让纳西文化鲜活地体现在日常生活中。

三　幕课为东巴文和纳西文化教育与传承提供新途径

与其他语言幕课不同，东巴文启蒙幕课旨在通过东巴文教学，一方面普及东巴文字和纳西文化，另一方面培养东巴文保护的真正传承者来达到不仅保护濒临失传的东巴文，并最终为保护纳西东巴文化做出贡献。

传统文化保护的方式主要包括建立数字档案、博物馆，办展览，投入很大，但是效果有限。目前东巴文保护的方式还有一个是通过大力发展丽江古城旅游，将东巴文融入日常生活，但是由于东巴文具有其特殊性，即依附于东巴宗教，很少在日常生活中使用，所以很难让大众使用东巴文去沟通、交流。因此，仅仅依靠旅游只能起到东巴文符号的传播作用，不能复兴东巴文。东巴文的真正复兴还是需要从东巴文原有的发展模式中去寻找启示，同时应大力扶持东巴文的传承人，培养文化精英，使他们维持一定数量，让东巴文能够保持真正的活力，一代一代地传承下去。简而言之，活着的象形文字应该用"活着"的方式保护。通过幕课这种方式，运用多语言教学，不但能够吸引具有一定学习能力的大众参与课程，同时还可以依托不同的慕课平台，构建国际化的东巴文研习精英团体，促进国内国外东巴文字和文化传承精英的互动和学习。

在这个基础上，我们的初步设想是为东巴文启蒙慕课设置一个基本入门门槛，即150个左右基本字，所有教学活动围绕这些基本字设计，为基本教学内容，以吸引大众，达到普及东巴文字和文化的目的。课程内容上计划大量使用动画视频教学，制作少量东巴祭司传统授课视频，并在教学设计上加入现代的语言文字教学理念；同时邀请国内外纳西东巴文字和文化方面的学者从各自角度讲授相关文化知识，加入国际视野。学习世界最后一个活着的象形文字，并接受使用该文字的东巴的直接教学，不仅能吸引大量有一定文化基础的学习者参与课程，更能引领他们参与到保护纳西东巴文字与文化的任务中。

慕课中的论坛在本课程的设计中占有重要的地位。我们计划在课程中提出问题，邀请大众特别是专业人士参与讨论，并全球招聘东巴文领域硕博士生和研究者，进行论坛的指导和答疑工作，营造网上学术讨论气氛，构建研究兴趣团体，为培养东巴文字和文化传承人提供国际视野和新途径。

东巴文启蒙慕课的适用范围非常广泛。首先，它可以作为大学本科和硕士选修课程，或者作为专门面授课程的远程辅助资源。其次，它还可以作为面向大众的远程继续教育课程，完成并通过考试的学习者可以拿到由法国东方语言文化学院颁发的证书。最后，该慕课可以整合到联合国教科文组织的平台上，作为东巴文字和纳西文化的一个公共教育网络课程。这不仅可以吸引更多的人来参与学习这门"活着的"象形文字，还能促进网上学习社区的建立。

四 语言与文字教学二元性在东巴文慕课教学设计中的体现

东巴文启蒙慕课没有可以参考的同主题类似课程，这在语言文化慕课史上是一个创举。该慕课面向对该主题感兴趣的大众，学习语言与文化的大学在校生，以及该领域的相关研究人员。该幕课既是东巴文字启蒙课程，也是纳西文化课程，文字和文化教学占同等比重。如前言中所述，东巴文启蒙慕课的设计思路可以说是法国现代汉语教学二元论的延伸，该理论教学法主要针对初学者，在注重培养语言交际的同时，尊重汉语的特性，承认汉语教学中的两个单位：字和词。它的核心概念就在于根据字频和构词能力设定汉字门槛标准，由字带词，字词兼顾，利用"滚雪球"的方式培养学习者的阅读理解能力。考虑到东巴文的特殊性，我们大胆尝试将文字教学独立出来，遵守经济原则（或省力原则）这一传播知识、学习知识、掌握运用知识和能力的基本原则，更有效地应对学习非字母二手书写语言的教学挑战。

根据这一原理，东巴文启蒙慕课的门槛可以是根据东巴文的文字构成特点选出150个左右东巴文基本字。选字主要遵循以下三个原则：使用频率高，尽量使用原义字，避免假借字。然后围绕这150个左右的基本字进行教学内容的设计，从字到词到句，进行东巴文的启蒙学习，同时进行文化的教学。课程设计为六个单元，即每周一个单元，每单元的主题以及课程大概内容如下。第一单元：东巴文的基本知识和纳西文化基本介绍（活着的纳西文化，祭天祭祖—纳西人的根文化）；第二单元：学习30个基本东巴文字以及主题纳西文化（烧香文化：日常烧香和大型节日烧香）；第三单元：同上（占卜文化）；第四单元：同上（取名文化）；第五单元：同上（丧葬文化）；第六单元：同上（天人合一，崇尚自然的文化）。

从第二单元开始，每个单元的学习内容和活动包括：观看东巴文字教学视频（包括适量东巴祭司教学视频），学习30个左右东巴文字；通过网上练习和手写练习记忆所学文字；从字到词，学习认识简单的东巴经文；参加线上线下讨论；提交作业及测试，参加学生互评。其中每周设计两到三个论坛，并由专门研究东巴文字和纳西文化的教师和博士生进行网络讨论答疑和指导，确保论坛在学习方面发挥重要的作用，使学习者之间的交流变得非常有活力和建设性。该幕课不仅仅为大众提供一个学习纳西东巴文化与文字的网络开放课程，更重要的是为所有相关研究人士提供一个网络平台，让更多的文化精英参与到保护东巴文的互动中来。

本课程中使用的教学资源主要来源于两个方面，其一是教学团队制作的东巴文字教学视频，包括动画教学视频，东巴祭司传统教学视频，纳西文化视频以及相关专业研究人员访谈；其二来自国内国外现有的相关视频资料和国内外相关研究的优秀成果。教学设计团队中的东巴文研究专家将负责联系作者和出版商对相关资料的采用以及版权许可。

五 讨论

濒危语言资源的保护和传承是当今全球的热点话题，2018年9月，联合国教科文组织在湖南长沙成功举办首届世界语言资源保护大会，会议以"语言多样性对于构建人类命运共同体的作用"为主题，并与同年正式发布了首个以"保护语言多样性"为主题的重要永久性文件《岳麓宣言》，向全世界发出倡议，号召国际社会、各国、各地区、政府和非政府组织等就保护和促进世界语言多样性达成共识。据专家统计，中国目前的120多种少数民族语言，有20多种语言使用人数不足千人。例如，满族虽然有数百万人口，但是满语母语使用者仅有不到50人，满语因而被联合国教科文组织列为"重大危险"级别的濒危语言。类似的濒危语言在中国为数不少。濒危语言资料的抢救和保存是一个庞大的系统性工程，不仅需要语言学专家和有关人士的积极参与和有关部门、机构的积极配合，还要有政府的支持和资金的投入。没有多方面的配合，语言保护和抢救计划都将难以实施。李宇明教授在《中国语言资源的理论与实践》中提到语言保护的三个层次：一是通过书面记录方式和录音录像方式将语言记录下来，把这些"语言标本"通过不同的方式保存下来；二是"语言活态保护"，也就是延长语言的生命，维护语言的活力；三是"语言资源的开发利用"，即对语言保存，语言活态保护的成果进一步开发，获取语言保护的社会"红利"，激发语言保护的动力和效力。

那么慕课,作为一种大规模远程教育的手段,能够借助网络文化,对语言保护的第二层次,甚至第三层次进行一个大胆的尝试呢? 我们拭目以待。

参考文献

白乐桑:《一元论抑或二元论:汉语二语教学本体认识论的根本分歧与障碍》,《华文教学与研究》2018 年第 4 期。

方国瑜编撰、和志武参订:《纳西象形文字谱》,云南人民出版社 1995 年版。

李宇明:《中国语言资源的理论与实践》,《新华文摘》2019 年第 3 期。

普忠良:《从全球的濒危语言现象看我国民族语言文化生态的保护和利用问题》,《贵州民族研究》2001 年第 4 期。

陶伟、田银生、吴霞:《世界遗产中古城研究方法与内容初探》,《地理研究》2002 年第 3 期。

王珏、白乐桑:《面向法语母语学习者的中文初阶慕课 Kit de contact en langue chinoise 设计,实施和发现》,《中文教学现代化学报》2017 年第 1 期。

喻遂生、杨亦花、曾小鹏、和继全、李晓亮、周寅:《俄亚、白地东巴文化调查研究》,中国社会科学出版社 2016 年版。

Ho, C., & Mathieu, C. (Eds.), 2011, *Quentin Roosevelt's China: Ancestral Realms of the Naxi*, Published in Conjunction with an Exhibition Organized and Presented by the Rubin Museum of Art, Rubin Museum of Art.

Michaud, A., 2011, "Pictographs and the language of Naxi rituals. In Quentin Roosevelt's China", *Ancestral Realms of the Naxi*, ed. Christine Mathieu and Cindy Ho, Stuttgart: Arnoldsche Art Publishers.

Network Culture, Language Teaching and Endangered Cultural Heritage Protection: Exploration of a MOOC on Dongba Script

Joël Bellassen, Wang Jue

Abstract: The emergence of MOOC (massive open online course) has broken the traditional idea of classroom education, and brought a profound change in the fields of higher education. Over the past decade, moocs have evolved into a variety of educational disciplines, including contemporary language teaching. Moreover, it brings opportunities and challenges to the protection and teaching of the endangered languages and characters. In this context, based on the successful experience of MOOC Kit de contact en langue Chinoise, which is designed for French learners, this paper aims to maximize the teaching efficiency by separating language and writing, this paper attempts to explore the multi-directional significance of developing Dongba language enlightenment Moke in protecting and inheriting Dongba language and Nakhi people culture in Nakhi people, and the possibility of teaching design.

Keywords: Dualism; MOOC; Naxi Culture; Dongba Script; Endangered Language

韩国的网络文化
——自媒体时代的展望

金炳善（韩国）　赵永旭（译）*

摘　要：笔者可以被称为韩国个人计算机（PC）的第一代用户。从1980年开始，笔者学习如何使用大型计算机（main frame），1984年夏天，笔者拥有了个人计算机。之后不断升级和购置了自己的设备和软件。笔者作为一个人文学者，却梦想成为一个电脑博物馆馆长。韩国的IT产业和网络文化的发展和成就是有目共睹的。近几年韩国又迎来了自媒体（1人媒体）时代。据悉，最近有一家直播频道的一个月收入是36亿韩币（约人民币2000万元），所以韩国很多青少年将来的梦想是成为一个热门网络主播或者"网红"。最近韩国的电视台收视率渐渐下降，因此作为电视台财政来源的广告收入也大幅下降。这固然有公营电视台自己的问题，但网红的登场也有非常大的影响，为什么网络直播会受到欢迎？从沟通的角度看，1人媒体双向性的特征很有吸引力。而且也有非常可观的广告收入。韩国正在进入个人创新社会，更夸张地说就是互联网的文艺复兴正在展开。这个时代应该注意几个问题。第一，应注意言辞；第二，关注知识产权问题；第三，应废除恶性跟帖留言。1

---

* 作者简介：金炳善（Kim Byongsun），男，韩国中央研究院教授，文学博士，博士生导师，中国社会科学院民族文学研究所学术顾问，研究方向为韩国现代文学、语文信息学。赵永旭，男，长春理工大学讲师，文学博士，硕士生导师，研究方向为中韩文学比较、中韩文化比较、中韩互译。

人媒体以后会再次进化。它的创意性使人类表达能力达到最大,它的影响力可以达到地球村上的每一个人。对于梦想建立电脑博物馆的笔者来说,直播频道运营成为一个新的梦想渐渐靠近。

关键词: 自媒体　主播　网络文艺复兴

一　梦想建立电脑博物馆的人文学者

在笔者个人博客上给自己取的别名是"梦想建立电脑博物馆的人文学者"。笔者主修韩国文学,主要从事韩国现代诗研究,给研究生们讲授现代文学课程。

为什么像笔者这样的人文学者会梦想建立一个电脑博物馆呢?笔者将在两年半后退休。之后笔者想成为一家电脑博物馆的馆长,或者成为其运营者。为什么笔者梦想成为电脑博物馆而不是文学博物馆或文学馆的运营者呢?

笔者可以被称为韩国个人计算机(PC)的第一代用户。从1980年开始,笔者学习如何使用大型计算机(main frame),1984年夏天,笔者拥有了个人计算机。当时,笔者买了一台韩国产的8位电脑,是美国苹果公司的复制品。这是花费3个月教授工资才能购入的昂贵物件。笔者后来购入的9针点矩阵打印机价格几乎一致。当时笔者购买电脑的主要目的只是为了对笔者的研究和写作有所帮助。算是买了一台更智能的打字机。

1986年,当16位IBM电脑兼容机上市时,笔者毫不犹豫花大价钱购买了一台新电脑。众所周知,计算机一直在不断升级,笔者也一直将薪水奉献给了计算机公司。从286、386、奔腾到i3、i9,CPU持续升级,电脑系统也同时在升级。作为一名早期使用者(early adapter),至今笔者使用了不计其数的计算机和它们的附件产品,其中80%还保管在笔者的办公室中。

当然笔者还收集电脑上用的计算机软件。笔者一直对编辑工具软件(authoring tools)很感兴趣,其中笔者的主要收集对象是文字处理软件。在韩国,有一款软件被登记为"文化遗产",就是1986

年首次发售的名为"hwp"（Hangul）的软件。笔者个人收藏有这个版本的软件，估计价值1亿韩元。这样的物品将来会成为笔者电脑博物馆的主要展品。

作为一名熟练操作电脑的人文学者、在网上上传资料的学者，笔者与悠久的韩国个人计算机发展历史一起走来，笔者作为电脑用户的同时，也是电脑编程员、网络信息使用者和提供者。笔者早早就开始经历一个之前人类无法经历的以网络为基础的社会。在更新换代极其剧烈的IT业界中，笔者建立一个即将濒临灭亡的早期硬件和软件归档展览的电脑博物馆的梦想自然而然就产生了。

二　韩国青少年的未来梦想

青少年的未来梦想是衡量一个国家或社会有怎样的价值，它们是如何在变化的很好的尺度。在这里，笔者想通过韩国青少年的梦想来遥望韩国网络文化的发展前景。

笔者小时候，对"你的梦想是什么"这个问题，大多数孩子都会说总统、法官、律师、医生或教授。他们会说获得一项职业，而不是说他们的人生目标是什么，即成为一名掌握权力的人士或专业人士，为社会奉献，赢得声誉，实现经济富裕，是笔者和笔者的朋友们的梦想。

这是因为长期处于封建时代又经历殖民统治和内战的社会里，每个人都以"成功"为最高目标。当时大多数人没有经济能力，只能通过学习来实现身份提升。当然，在那个时代，工作岗位并不那么多样，青少年们也缺乏多样的职业经验。[①]

可以说韩国社会的未来理想渐渐世俗化起来了。比起只追求高端的职业，越来越多样的职业成为未来理想的选择。人们对于职业

---

① 举例来说，在20世纪90年代，笔者家住在韩国学中央研究院的院住宅里。住宅在研究院附近，离市中心很远的山里。没有学校，没有商铺，只有一辆可以坐到市内的公交车。我们能体验到的最"文明"的工作就是公交车司机。因此，在那里居住的教授和职工子女的未来梦想中有"2路公交车司机"这一项。

的贵贱意识弱化，追求高端职业在现实中也不那么容易。因此看到节目里救人的消防员时，孩子们想成为消防员，看到讲述辛苦工作的护士的纪录片时，又想成为护士。在过去，想成为医生而不是护士的孩子占大部分。这说明，由于越来越多间接经验的机会，孩子对未来理想的期待值变得越来越低，也越来越现实。

但是期望的水准仍然取决于财富，社会评价，社会贡献和自身能力。可以说是未来理想越来越资本主义化。希望从事在市场上有用的职业。

那么，21世纪韩国青少年的未来理想是怎样的呢？

直到几年前，十几岁的青少年缠着家长买电脑还是为了打电脑游戏。即使是笔者正上大学的儿子也不例外。当然这也是为了他的学习，但主要是为了打游戏。于是他用高端部件组装成了自己的电脑。当然，家里网络的速度非常快。超高网速的主要用途就是为了确保可以处理电脑网络游戏的华丽画面。

然而，近来人们购买高性能电脑的主要原因正在发生变化。事实上，笔者的儿子也说出了除打游戏以外的理由。并且因为那个理由笔者爽快地给他花了很多钱。新电脑，高性能电脑，为什么是必要的呢？这与韩国网络文化的变化有巨大关系。

三　网络社会的沟通

如今的人类可以被叫作网络人。网络正在创造出全新的社会形态和文化现象。尤其是在比人口数更多的智能仪器普及的韩国①，网络是非常重要的沟通渠道②。

人类最初是将口头媒介作为沟通方法来活用的。这种方法带有时间空间的限制，现在仍然被使用。之后人类发明了纸这个媒介，从而摆脱了时间空间的限制。因为通过文本和书籍留存的信息在各

---

① 장은성. 네트워크 사회의 에티켓 암호학. 전파과학사, 1999: 62-64.
② 给在自己房里学习的孩子发信息叫他吃饭的时候也比大声叫他更多。我也主要使用发信息来和家人、学生、朋友、亲戚们沟通。

种场所经过很长时间仍然可以流通。口头媒介可以进行相互作用，但纸质媒介只能实现单向沟通。

这种口头媒介随着近代通信技术发展摆脱了空间的限制。那时，有线电话登场。但是并不是面对面的沟通，只能传递声音。电力技术和电磁技术的发展给广播带来了可能性，但广播作为与多数人沟通的媒体虽然可以在广阔空间内传播信息，广播却只是对听众单方面输出的形态。电视可以输出更多的信息，如影像和声音，最初只是黑白画面，而现在彩色画面已经出现很久了。

这样在媒体发展的时候，IT产业给媒体带来了跨世纪的变化。随着电脑的发展和网络的普及，全新的沟通方式出现了。智能仪器的普及正是将沟通的变革之火提前点燃了。并且这种变革在韩国非常明显。

四　数字文明世界与韩国

现在全世界正在使用中的手机大概有 50 亿台。美国市场调查机构皮尤研究中心（Pew Research）对世界 27 个国家的智能仪器使用比例进行调查的结果显示，韩国是智能仪器使用人口比例最高的国家。韩国的手机普及率是 100% 甚至更高。其中智能仪器的使用者占 95%，也是最高的。这比发达国家的中间值 76% 还要高 20 个百分点。当然这只是抽样调查，但韩国仍然被定义为唯一没有一个人不使用手机的国家。

韩国目前已成为 IT 产业的领先国，这可以称作是个奇迹。历经数千年封建社会，35 年的殖民统治和朝鲜战争，从最贫困国家成长到今天。这多亏了工业发展，使制造业得以发展，打开了出口市场。也多亏了进入 21 世纪，韩国积极培养 IT 产业来引领市场。当时在韩国被当作座右铭的一句话便是："我们在产业化上落后了，但在信息化上领先了。"随着这种趋势的出现，像三星和 LG 等家电企业都积极投资信息产业，如今韩国在存储芯片世界市场上的占有率最高。随之开始生产电脑和笔记本电脑等各种信息化设备，尤其是三星的智能仪器有世界最高的销售量。事实上日本在电子产品方面微型化和精密化非常成功，在世界市场上是公认的名牌产品。但是，如今他们在将信息技术融入电子产品这一领域，让出了市场支配者的地位。

另外，在韩国，LG 和三星等企业还积极投资液晶显示器（LCD）产业。在电视显示器和手机 LCD 液晶屏上的开发上已经领先。为了配合显示屏技术的发展脚步，从 2000 年开始 FHD 电视节目试播，在 2012 年底正式结束模拟播放。在 2013 年开始 UHD TV 节目（4K）试播。2017 年开始正式播出 UHD 节目，现在韩国全国都可以收看。

通信网络也在 1985 年首次开通使用电 PTSN 电话网络的低速（1200 Bps）通信网。之后 1995 年开始，通过 ISDN 网络实现了较快的（128 K）的通信。通信网络的扩张上韩国政府提出"无处不在"（Ubiquitous）的口号，努力使所有人都可以接触到信息。因此，如今大多数家庭都配备了有线电视调制解调器或光缆，可以使用 100M bps 或 1G bps 的超高速电脑通信网。

韩国的电脑和网络通信普及率一直维持着世界第一。网络通信的速度是最上游，手机的网速也是非常迅速。2007 年开始手机 3G 服务，2011 年开始 4G 服务，2019 年 4 月 3 日开始开通世界最早的 5G 服务。各个服务开通时期，韩国几乎都是世界最初开通的几个国家之一。尤其是 5G 服务在 6 秒之内可以下载完 15GB 大小的一部 UHD 电影。因此理论上来说无线网能够比有线网快得多。

这样的信息社会环境提供了超高速、超直接、超精密的基础设施。因此，手机不仅可以用来搜索信息，还可以用来表述信息。随着社交网络服务平台的普及，韩国的互联网社会形成，韩国的互联网文化也随之诞生。

五　网络主播成为梦想

其中一个结果就是 Youtube[①] 的出现。Youtube 在 2005 年 2 月由

---

① 윤서영.1인 미디어 시대, 영향력 있는 BJ, 유투버를 꿈꾼다.커리어북스，2016：35－37.

乍得·贺利（Chad Hurley）、陈士骏（Steve Chen）、贾德·卡林姆（Jawed Karim）3 名 Paypal 前雇员共同创办。2005 年 4 月 23 日上传了第一个视频，正式开始提供服务。2006 年 10 月以 16.5 亿美元的价格被谷歌收购。开发安卓系统普及浏览器 chrome 的谷歌不仅仅提供搜索，作为内容提供企业以及视频平台服务提供企业而有了质的飞跃。智能仪器迅速普及的同时，主要手机系统安卓的开发成为企业谷歌的非常重要的服务之一。韩语版本是从 2008 年 1 月开始的。Youtube 首先是视频流通网，从媒体层面来看可以称作 1 人媒体节目的形态。

在信息社会的基础设施完善的韩国，Youtube 服务开始飞跃式发展。随着"鸟叔"（PSY）和防弹少年团（BTS）等的演出视频一直在更新历史上最高播放数的记录的同时，引发了 Youtube 的热潮。并且不但是 Youtube 的使用，最近一两年来在韩国网民开始成为 Youtube 内容的提供者，也就是 Youtuber。

不再是 Youtube 的用户而是成为 Youtuber 并非难事。只要是可以上网的智能手机都可以用 Youtube 账户建立一个电视台。实时直播也是可以实现的。

Youtuber 的增长非常明显的地方可以说就是进行电子商品的科技城了。21 世纪初期科技城的商户都是销售电子产品和电脑的商家，出现手机店之后到现在已经完全变成销售 Youtuber 所需装备的地方了。为了播放更好画质和音质的视频，有线无线话筒、照明、视频剪辑、编辑装备、照明装备以及支架等都成套出售。

Youtuber 的人数像这般增长表明了什么呢？21 世纪初未来理想还是游戏玩家的青少年梦想着成为被称为 Youtuber 的 1 人创作专家的理由是什么呢？作为 Youtuber 而成功的人成为青少年的憧憬对象的理由又是什么呢？①

第一层的理由大概是经济上的成果。从热门博主开始产生的虚

---

① 根据最近的调查，韩国小学生的梦想，即将来的理想职业中，YouTube 入围前 10 名，在 2018 年 6 月 12 日至 7 月 20 日韩国教育部进行的调查中，YouTube 已经上升到第 5 位。参见联合新闻 2018 年 12 月 13 日。

拟经验世界使Youtube上的网红诞生了。热门博主接受商品公司的资助，而网红自己就可以创出上亿的收入。

最近在韩国非常热门的Youtube频道为青少年的梦想又加了一把火。这个频道在一个月之内提升了30亿韩元的收益，据说一年可以赚到360亿韩元。以孩子们的成长过程作为主要内容的服务可以取得如此成功的传闻更是吸引了很多年轻的Youtuber。Youtuber的收益甚至可以比肩公营电视台。最近韩国的电视台收视率渐渐下降，因此作为电视台财政来源的广告收入也大幅下降。这固然有公营电视台自己的问题，但Youtuber的登场也有非常大的影响。

另外，除了经济收益，社会认知度的提高这点也带来了成就感。因为Youtuber的认知度和收入是成正比的。甚至出现了进入人生黄昏的老人受到关注的情况。朴奶奶在接受教育程度不足的情况下把与孙女一起朴素地生活的故事上传到Youtube之后成为有人气的Youtuber。结果她与Youtube的CEO苏珊·沃西基（Susan Wojcicki）见面后又受到了谷歌CEO桑达尔·皮查伊（Sundar Pichai）的招待，成为传奇人物。

另一个理由是Youtube可以增强人类的表达能力和传达能力。从电脑的编辑能力来看，我认为电脑是人类表达能力的延展。并且从Dos进化到了Windows。即从单纯的文字表达发展成了可以自由表达视听信息的体系。一开始人类被机器限制住了，现在AI的发展使得机器能够开始辅助人类。

因此电脑上出的各种信息的形式都进化到了人类标准。黑白单色画面到VGA，发展到XGA，现在FHD、UHD也普遍起来，最后已经开始使用8K显示屏。可以制作出和人眼看到的画面一模一样的影像。之前只能发出简单的电脑游戏效果音的电脑现在可以发出人类听力无法听到的声音了。

随着照相机的发展，手机也可以拍摄出不输电视台摄像机的视频。甚至拍摄的同时还可以编辑，再当场通过无线媒体服务器传送出去。

从毛笔蘸墨手移动写出的书法作品到动用人类全部无感的创作

都可以做到。并且这种创作可以毫无障碍地通过沟通频道传达。这与人类的表达欲和使用表达工具的本能有关。

从沟通的角度看,1人媒体双向性的特征也很有吸引力。不仅仅是单纯录像后上传到Youtube,Youtuber们正在做直播。最近4K的视频可以实时上传,因此直播也渐渐可以上传高画质的内容了。特别是直播的观众还可以对内容留下评论,不论是肯定还是否定都会对直播内容有影响,这种双向的相互作用使Youtube更加吸引人。

另外Youtube的1人媒体直播提供了一种新的创收模式。不是直播的情况下,以订阅和播放数为基准,在视频播放中插入广告,Youtuber从中获得收益。直播的情况下,观众通过聊天给Youtuber打赏。通过super chat的方式给Youtuber发送一定程度的金钱,Youtube的运营企业谷歌提成30%。此外主播可以公开自己银行账户收取定期或不定期的支援金。

在这个就业困难的时代,不用投资太多自己就可以获得收益,因此青少年和年轻人尤其被Youtube吸引。他们既是节目的制作者也是消费者。不同于通过门户网站提供信息的传统方式,可以直接利用谷歌的平台运营自己的频道这点,对他们相当有吸引力。

Youtube上播出的内容从琐碎的日常到专业领域全部覆盖。ASMR视频有一阵子人气非常高,但现在却过时了,因为提供信息的质量和娱乐因素很重要,Youtuber的个人特点也是无法忽视的吸引观众的要素。

六 互联网的文艺复兴会发生吗?

笔者认为韩国正在进入个人创造性社会。更夸张地说就是互联网的文艺复兴正在展开。

在传统时代,对话只有在共享同一空间的时候才有可能实现。在同一个地方,在可以听到对方声音的距离内交换意见。因此学堂和学校这类的教育机构都需要沟通的空间——教室。并且只有会识别文字的人才能写。

现代化时代以后的产业时代，大众印刷媒体和大众播放媒体形成了沟通路径。报纸和节目的语言都由专家们掌握，需要有相当高水准的教养和知识，以及说写的能力。没有社会名声的人，书即便写得再好也会被出版社拒绝。这种媒体的社会属于一个神圣的领域，与世俗世界严格分离。

信息化社会最初继承了这种神圣和世俗的区分。只有专家才用互联网，想要获得高级的创作工具需要较高的经济能力。但现在这种区分消失了，互联网媒体普及后谁都可以打字出版。为了成为作家，过去需要通过报社的新春文艺制度（征文）或者文学杂志社的新人推荐制度。但现在没有制约，谁都可以简单加入门户网站在博客或论坛上发文。并且只要保证有读者，瞬间就成为作家了，这几乎是同时实现的。读者的反映也很直接，好的文章瞬间会在网络上传播开来。

现在情况颠倒过来了，在网上成为人气高的文章之后出版成书。职业小说家中有先在网上连载看看反响后再出版成书的人。门户网站并不是只能发表符合公共道德文章，几乎没有审查。

节目也发生这样的变化。原来做个人节目是非常难的。设备费用已经很多了，播放信号只分配给电视台。想要出演节目必须有特别的才能，长得好看或者唱歌唱得好，声音好，有特别的知识，让大家笑的才能等，必须是特别的才能。

但网络普及，特别是智能手机普及，使得文字、声音和影像结合的多媒体节目变为可能。节目设备不用另外准备，只用智能仪器就可以发送影像。没有才能的人也可以建立一个电视台，出演一整天的节目。说话表演随心所欲。这种 1 人媒体不是特别触犯法律的话是没有审查的。

这种节目最初是用在 TED 等高级知识传播上的。TED 也需要听众坐下的空间，专家需要制作播出的内容，甚至通过一般电视播出。但是现在个人或小规模法人就可以运营收益巨大的Youtube①频道。内容可以从日常生活到兴趣爱好、娱乐等人类活动的全领域。

最近韩国Youtube频道中最活跃的频道之一就是政治,网络媒体可以左右选举形势。网络进化前的2016年总选(韩国国会议员选举)中正式开始使用播客(podcast)②。政治立场相同的人坐在录音棚里,通过播出声音来表达自己的主张。相比学者和政治评论家,有一定娱乐能力的人更吸引一般人的注意。他们的主张深得选民的心,尤其是能接触到这些播客的人,主要是年轻白领层中的网民,会对他们的主张深有同感。

2020年总选近在眼前,媒体产生了变化。播客衰退,Youtube节目成为流行。甚至韩国的电视节目中参与对社会问题讨论的人也流行开通自己的个人频道,他们在自己频道上把电视上没能全部表达的自己的立场直接且有深度地传达给观众。因为各种政治原因无法在电视上说的内容也都多少可以在Youtube上被允许。甚至将电视节目的片段重新编辑上传到Youtube。

七 开放网络及其敌人

现实社会中的"恶"也存在于虚拟空间。人类的罪恶也在数字世界里横行着。因为没有实质暴力发生,因此网络上道德心和良心对人的制约很微弱。这种现象在互联网文艺复兴展开的韩国也无法例外,有可能更加严重。

信息时代开始后令人忧虑的信息鸿沟渐渐缩减。在电脑昂贵通信困难的时候拥有电脑的人和没有电脑的人,有无通信线路等都会引发信息鸿沟的产生。但是现在比人口更多的手机,大部分还都是智能手机,信息鸿沟大幅度闭合。现在老年人们也能活用智能仪

---

① 고광훈.1인미디어 시대 SNS마케팅 전략.고시계사, 2016: 44.
② 이정기.팟캐스트.커뮤니케이션북스, 2019: 3.

器。例如，老人为了看孙子孙女的照片也会去使用智能仪器。

不过如今对网络通道的理解还不够充分。Youtuber 作为信息提供者会导致名誉损伤、诽谤等社会问题的发生。虚假信息也是个大问题。因为不是面对面，所以不用对所产生的表达负责任。

另一个问题就是对信息提供者即创作者的知识产权有必要注意起来。对知识产权的保护仍然有争议，尊重他人的知识产权就是保护自己的知识产权提供基础。尤其是在视频中插入音乐成为最大的问题。虽然对音乐或视频的知识产权 Youtube 会进行检查，并且知识产权组织也会经常进行调查，但首先 Youtuber 自己要培养对知识产权的保护意识。当然对知识产权的过度干涉会导致创作者能力的下降，这点也需要留心。

从信息使用者的角度来看，留言是双向的沟通方式，需要注意语言表达。留言时不使用真名而是昵称，因此在匿名后会使用粗俗的表达的情况也存在。这不是由 Youtube 开始的，是在网上开留言板开始出现延续到 Youtube 上的。有很多人参与留言，因此一个个检查也很困难。

总而言之，现在网络空间的语言表达尚未形成完善的道德性。面对面时不能使用的语言暴力在网上可以随意表达。只有把网络通道的空间意识上升到现实生活中的空间意识水准才能解决这个问题。结论就是需要依靠教育，像教授礼节一样教授网络礼节。同时像人类学习语言一样，必须熟悉网络上沟通的要领。

尽管存在这些问题，互联网文艺复兴发展中的韩国的情况仍值得全世界关注。手机数量超过人口数量的国家，世界首个开通 5G 服务的国家，小面积国土上有五千万人口的国家，人口密度过大导致几乎没有未覆盖网络区的国家，传统节目和通信衰退、单向通行节目衰微导致 1 人媒体信息提供者取而代之的国家。这种网络基础设施中，社会体系和政治怎样变化这点需要格外注意。

1 人媒体以后会再次进化。它的创意性使人类表达能力达到最大，它的影响力可以达到地球村上的每一个人。只是 1 人媒体领域中，平台被 Youtube 和谷歌支配，不仅有垄断的弊端，还存在会诞生另一个巨大权力集团的忧虑。总之，对梦想建立电脑博物馆的笔者来说，Youtube 频道运营成为一个新的梦想。

参考文献

고광훈.1인미디어 시대 SNS마케팅 전략.고시계사，2016:44.

나동현.유튜브의 신.비즈니스북스，2018：6-76.

윤서영.1인 미디어 시대, 영향력 있는 BJ, 유투버를 꿈꾼다.커리어북스，2016：35-37.

이정기.팟캐스트.커뮤니케이션북스，2019：3.

장은성.네트워크 사회의 에티켓 암호학.전파과학사，1999：62-64.

Network Culture of Korea
——A Prospect on One-Person Media

Kim Byongsun, Zhao Yongxu

Abstract：I can be called the first generation user personal computers（PC）in Korean. Starting in 1980, I learned how to use a main frame, and by the summer of 1984, I had a personal. Then upgraded and purchased my equipment and software. As a humanities scholar, I dreamed of becoming a curator of a computer museums. It's obvious for all to see the development and achievements of Korean IT industry and network culture. A live-streaming channel recently earned 3.6 billion won（twenty million RMB）a month, so many South Korean teenagers dream of becoming a popular Internet anchor or "Internet celebrity". South Korea's TV ratings have been falling recently, and advertising revenue, a source of revenue for broadcasters, has fallen sharply. This has its own problems with public television, but the rise of Internet celebrities has also had a big impact. And then there's the evening anchor. Why are webcasts so popular From a communication point of view, the bi-directional nature of 1-person media is very attractive. And there's a lot of money in advertising. South Korea is entering a society of personal innovation and, to put it more grandly, an internet renaissance. There are a few issues that should be addressed in this era. First, we should pay attention to words; second, we should pay attention to intellectual property issues; and third, we should abolish vicious follow-up messages. One person media will evolve again. Its creativity maximizes human expression, and its influence reaches everyone in the global village. For me, who dreamed of building a computer museum, running a live channel became a new dream.

Keywords: One-person Media; Anchor; Internet Renaissance

越南网络文化概况

Nguyen Hoang Anh（越南）[*]

摘　要：据互联网数据资讯中心（We Are Social）2019年的统计，越南目前有6400万人（占66%人口）使用互联网，其中6200万人（占64%人口）使用各种网络社交平台，5800万人（占60%人口）使用手机社交平台。随着高速发展的互联网时代的到来，这些数字还在不断增多，网络文化也随之显得多样、多元，且十分复杂。本文通过文献研究法和抽样调查法综述越南十大网络社交平台，越南网络文化的有关统计分析、越南校园网络文化案例分析以及越南网络文化研究趋势。

关键词：互联网　网络社交平台　越南网络文化

引　言

全球互联网和无线电传讯技术的出现与发展已经并正在引发通信领域中的一场变革。随着社会经济生活的提高和高科技的迅速发展，互联网在人们生活中无处不在、无时不见。网络社交平台也随之进入了人们生活的每一角落。互联网和网络社交平台由于其低成本、高效率，吸引了社会不同年龄、不同行业、不同社会阶层的人

---

[*] 作者简介：Nguyen Hoang Anh（阮黄英），女，越南河内国家大学下属外国语大学教授，博士，硕士生导师，研究方向为汉语教学，中越语言与文化比较研究。

们踊跃参与，慢慢形成了一种新鲜的社会文化现象——网络文化。网络文化是人类文化发展的网络化形态的最典型体现。

在越南，1997年11月互联网正式开通。8年后，2005—2006年开始出现社交网络交流方式。在20多年和10多年的发展过程中越南互联网和网络社交平台的发展规模不断扩大、技术设施紧跟世界先进水平、用户数量也迅速增多。据互联网数据资讯中心（We Are Social）2019年1月的统计，越南目前有6400万人（占66%人口）使用互联网，其中6200万人（占64%人口）使用各种网络社交平台，5800万人（占60%人口）使用手机社交平台。与该单位在2018年同一个时间的统计相比，虽然头一个数目没有变化，但后两个数目分别增加了13%和16%。① 可见，互联网和社交网络已经深入越南社会生活，形成越南当代文化不可缺少的组成成分——越南网络文化。

一 越南十大网络社交平台

在国外的Linkedin、Facebook、Youtube、Twitter、Google+等一系列社交网络进入越南市场的同时，越南自己开发的ZoomBan、Yobanbe、Yume、Tamtay.vn、Truongxua.vn、ZingMe、Go.vn、Zalo、Mocha等社交平台也先后出现并得到越南用户的关注。可在运作过程中由于一些客观、主观原因（如技术基础尚未完备、屏幕界面吸引力不足、使用覆盖面受限制、系统功能过泛或过窄等）令人不满，使得不少原来充满希望的网络平台在激烈的竞争中逐渐被人遗忘，甚至关闭了。随着高速发展的互联网时代的到来，社交用户数量猛增，人们对社交平台的要求也越来越高，使得社交平台之间的竞争日益激烈。据We Are Social的统计、越南中央宣教部《宣教杂志》的一份报告②与本人的抽样调查显示，目前在越南最受欢迎的、使用人

---

① https://drive.google.com/file/d/15mvrxj624b2wlNv8W2O_oqzpQkfBEXvr/view.
② http://tuyengiao.vn/khoa-hoc/diem-danh-11-mang-xa-hoi-ua-thich-cua-nguoi-viet-nam-118867.

数最多的是以下十大网络社交平台。

1. Facebook

Facebook是世界上最大的社交网络，也是在越南最受欢迎的社交平台。目前在越南一共有6100万人使用Facebook，使得越南成为拥有Facebook用户第七名的国家。由于Facebook在世界上使用人数最多，加上它的使用功能不断更新，所以我们认为在未来很长的一段时间内，在越南Facebook会继续统治这一领域。

2. YouTube

YouTube是一个用于视频短片分享和观看的网络平台。用户用计算机或手机就可以直接上传和观看各类视频短片。此网络以快速传送及高质量视频的优势吸引着全球人，成为越南月活跃人数仅次于Facebook的社交平台。

3. Facebook Messenger

多年来，Facebook的messenger一直是一个内置功能。它目前在越南已经是同类应用中最常用的工具。这款app允许用户发送消息、照片、视频等，还可以与聊天机器人进行互动，免费视频和语音通话（FaceTime），分享所在位置，玩游戏，汇款和其他功能。

4. Zalo

Zalo是"Made in Vietnam"的社交平台。自从第一次开发的2012年以来一直吸引来自越南、美国、韩国、日本等不同国家和地区的用户。Zalo的优点是只要通过有效电话就可以注册使用，所以在越南目前它拥有的用户占越南人口的45%，相当于Facebook用户的70%。越南政府目前也通过Zalo运行若干管理工作。

5. Instagram

Instagram是Facebook旗下的社交媒体应用，是一个有趣的照片图片分享平台。在越南有大概38%互联网用户使用Instagram。据统计，Instagram的女性用户相当于男性用户的1.6倍，并且主要是年轻人。这可能是因为此平台具备修复图像与抓拍照片的有趣功能。

6. Twitter

Twitter是全球互联网上访问量最大的十个网站之一，是微博客的典型应用。它可以让用户更新不超过140个字符的消息，这些消息也被称作"推文"（Tweet）。Twitter在全世界都非常流行，被形容为"互联网的短信服务"。在越南Twitter是一个广受欢迎的社交网络及微博客服务的网站，允许用户将自己的最新动态和想法以移动电话中的短信息形式（Tweet）发推。

7. Skype

Skype是一款即时通讯软件，其具备IM所需的功能，如视频聊天、多人语音会议、多人聊天、传送文件、文字聊天等功能。由于Skype可以高清晰与其他用户语音对话，也可以拨打国内国际电话，并且可以实现呼叫转移、短信发送等功能所以更受办公室职员的欢迎。

8. Viber

Viber是一种智能手机用的跨平台网络电话及即时通讯软件。Viber对用户个人信息加以保护，得到越南人的信用。不过由于Viber平台所传送的照片清晰度不高，所以也影响到月活跃人数。

9. Tik Tok

Tik Tok是一个用来拍摄各类创意短视频的社交平台，以音乐加上图像视频的形式呈现。2017年Tik Tok出现在越南并很快受到越南年轻人的欢迎。不过Tik Tok平台上偶尔出现一些低俗或恶趣味视频，所以人们常常提醒用户谨慎使用。

10. Mocha

Mocha是越南Viettel通讯集团开发的社交平台。自从2015年出现以来，由于它可以提供与Viettel用户免费通话、免费3G使用，甚至在没有互联网的情况下仍然收到Viettel内网的短信，所以吸引了不少学生用户。

除了上述十大网络社交平台以外，Wechat、Line、Pinterest、Tumblr等其他平台也出现在越南网络市场上。其中由于Wechat是中国开发的、在中国使用率高、覆盖面大的跨平台通讯方式，所以似乎与中国大陆有经贸、文化、教育等业务联系的越南人都使用Wechat来互相通讯、互传信息、交流业务。着迷于电子游戏的年轻人也会使用 Wechat 来满足他们的游戏需求。

二　越南网络文化的有关统计分析

此节会从越南互联网、网络社交平台用户的大概情况、网络活跃时间、网络使用动机与目的、网络上的用语、人们对互联网与网络社交平台的态度等问题作简要的介绍。

1. 用户概述

据越南一家互联网服务单位 MT Telecom 2018 年 8 月 11 日的一份统计报告[①]，越南互联网及社交平台用户从性别上看，男性用户多于女性用户。用户年龄分布情况如表 1 所示。

表 1　　　　越南互联网及社交平台用户年龄分布情况

用户年龄	百分比（％）
14 岁及以下	24.84
15—24 岁	16.69
25—54 岁	45.22
55—64 岁	8.24
65 岁及以上	6.01

从上述数据可以看出越南网民年龄集中在 25—54 岁。

2. 活跃时间

据 We Are Social 的统计，越南人每天上网搜索资料的平均时间为 6.42 小时，在网络社交平台聊天时间为 2.32 小时，浏览观看视频时间为 2.31 小时，听音乐时间为 1.11 小时。据越南的另外一个研究机构 Vinaresearch 的统计，[②] 目前每天越南 16 岁以上的成年人

---

① http：//www.mtt.vn/2018/11/08/cac-con-so-thong-ke-ve-su-dung-internet-cua-viet-nam/.

② https：//vinaresearch.net/public/news/2201 - bao-cao-nghien-cuu-thoi-quen-su-dung-mang-xa-hoi-cua-nguoi-viet-nam – 2018.vnrs.

用 2.12 小时的时间访问各种各样的社交网络。其中 Facebook 的访问时间为 3.55 小时。用户活跃频繁时间集中在每天 18—22 点，即工作与学习之外的时间。

3. 使用动机与目的

人们上网、访问社交网络的动机、目的众多。综合若干资料的统计，加上笔者最近在社交网络上的考察得知，[①] 人们使用网络社交平台的主要目的及其排序如下：

休闲娱乐 > 看新闻 > 聊天分享 > 搜索资料 > 广告购物 > 其他

其中，"休闲娱乐"主要包括听音乐、看微电影、玩游戏等；"看新闻"包括国内外热门新闻、单位或学校通知等；"聊天分享"的内容更丰富，包括个人、朋友、家庭的日常活动、照片、想法、疑问、评论、态度等；"搜索资料"包括工作、学习、生活、旅游、就业所需的资料、图片；"广告购物"包括产品的文字与图片介绍、订货、订票、订座等。其他目的比如呼吁大家为某些困境中的人提供赞助、寻人寻物启事等。

上述目标也会因人年龄、性别、文化水平、社会身份、经济条件不同而不同。比如聊天分享目的的女性用户显得比男性用户多。搜索资料目的的智力工作者比体力劳动者更多。再比如，据另外一份考察资料得知，[②] 使用互联网的目的对经济条件不同的人有明显的区别。此考察显示，61% 富人（年收入 50 万美金以上的）常常使用互联网及社交网络来汇款、查询账户、订酒店、酒席、机票以及享受各种娱乐服务（包括色情服务）。根据对越南一所大学的学生的抽样访谈，[③] 我们还了解到，不少学生在上网之前打算搜索某些信息，但很多情况下，一上网看到某些有趣的娱乐，如 Gunbound，就试玩一下，一玩就玩半个小时，甚至更久。若见到朋友，

[①] 为了验证现成的统计资料，我们最近也对 Facebook 与 Zalo 的 88 位用户做了小范围的调查。

[②] https://seovip.vn/bat-ngo-muc-dich-truy-cap-internet/.

[③] 此考察是笔者 8 月 20 日对河内国家大学下属外国语大学的 6 位大学生进行的访谈。

一聊也就聊几十分钟。结果是本来打算将整个晚上用于搜索资料的时间就没多少！此同学还补充说，像她这样的同学是相当多的。可以说，学生使用社交平台的目的主要是娱乐、聊天与搜索资料。

除了这些正面的动机与目的以外，从社交平台上的观察与国家对网络犯罪的相关报告资料可以看到，部分人利用网络社交平台来实现他们的不良目的，甚至进行了犯法行为，如炫耀自己、色情挑逗、捏造事实、抹黑别人形象、歪曲国家政策、诈骗等。这些动机与目的往往隐含在一些休闲游戏、传送新闻、评论或直接与网友聊天的内容中。

4. 网络语言

网络文化的表现形式之一是网络语言。网络语言是人们在网络社交平台中产生并运用的文字、标点符号、数字、图片等表达形式的综合。这种"特殊语言"的产生与运用是为了满足网上聊天的高效率、诙谐、逗乐等特定需求。网络语言是伴随着网络发展而新兴的一种既相同又有别于传统媒体使用的一种特殊语言形式。它的主要特点是自由性、开放性、互动性、简略性、混合性、神速发展性并受制于使用者的年龄、性别、文化水平等要素。网络语言往往缺乏规范性。越南网络用语具备上述特点，并有自己的特色。据 Nguyễn Văn Khang 的研究，[①] 越南人在社交平台中所使用的语言常常出现语音变体（主要是改变声母的写法或韵母的某些韵头、韵腹、韵尾：b-p,c-k,d-z,đ-d,g-j,gh-g,kh-h,gi-j/d/dz,a-ur,uôn-un,iêu-iu/êu,ât-urt,……）、省略声调（不显示声调符号：khong biet dau nhe）、音节声母连用（只取每一音节的声母连写：đcm）、方言用语（用方言的词语：rứa, mô）、越南语与英语、数字混合（có biết về girl đó k0? Có quà cho you,G9,Cu 29,2day）、押韵表达形式、言语"年轻化"（50多岁的网民使用年轻人的表达形式：nè, thui, rùi）。

---

① Nguyễn Văn Khang "Một số vấn đề về ngôn ngữ mạng tiếng Việt" Kỉ yếu công trình khoa học 2015,phần II, http://thuvien.thanglong.edu.vn:8081/dspace/bitstream/DHTL_123456789/2239/1/Ng.%20Văn %20Khang%20.pdf.

5. 对互联网与网络社交平台的态度

经不同资料的考察结果,大部分越南人,无论是年轻人还是中老年人,是学生还是职员、退休者,都承认互联网与网络社交平台对当代生活的积极作用,是当今人们日常生活中不可缺少的活动。大家都认为,网络的创造性催生青少年的现代观念,如学习观念、效率观念、平等观念、全球意识;网络的丰富性拓宽了青少年求职途径;网络的超时空为青少年扩大了交往面;网络的平等性为青少年创造出自我实现的新空间。可以说互联网与网络社交平台能够减轻人们学习与工作的压力,"美化"人们生活,有效协助人们的学习与工作,缩短人们之间的空间与时间的距离。这也就是目前在越南网民人数逐年猛增的原因之一。

尽管大家对互联网与网络社交平台的巨大用处做了如此的肯定,在评估它们的各种各样平台上,越南管理学家、社会学家、教育学家、法律学家等仍然非常强调互联网与网络社交平台的负面影响。比如在关于网络文化评论的十篇优秀议论文里,[①] 似乎每一篇都用大量笔墨通过案例来分析网络社交平台对年轻人的思维、生活方式、道德观念、社会责任感等的负面作用。比如信息泛滥使得青少年无所适从;色情照片、黄色信息导致性犯罪动机或行为;道德意识弱化、道德失范,乃至网络犯罪;出现网络综合征、互联网成瘾综合征、网络孤独症;网络自我迷失、混淆了网上角色与现实生活中的角色,网上网下行为缺乏同一性,人格缺乏相应的完整性、和谐性,心理发展不平衡;自由主义网络文化现象,如网络语言随意化、论坛中"灌水"现象大量存在、爱情观和性爱观呈放纵倾向、对传统文化的调侃倾向等。

三 越南校园网络文化的案例分析

为了具体化第二节的内容,此节对越南大学生网络社交平台的

---

① https：//toplist.vn/top-list/bai-van-nghi-luan-ve-mang-xa-hoi-hay-nhat – 19305. htm.

使用情况做了案例分析。

大学生在身体发育上已经完成，思维方式已经成熟，体力与脑力的稳定有利于他们的学习、社交等智力活动。大学生由于自主学习与自主生活所需，加上这年龄段的好奇心及高程度情感的发展，所以似乎没有人不用网络社交平台来满足学习与生活上讯息收集、独立创新以及广泛交往的需求。

实际上，在很多课程上，老师要求学生充分利用社交网络快速扩大知识面，搜索并积累与专业相关的知识，建立生生互动、师生互动的平台。不少学习资料库是从这些平台建立起来的。大学生的友情、爱情总是很天真、很浪漫的。社交平台就是他们之间的这些天真、浪漫情感的桥梁与见证。下面详细介绍大学生使用社交平台的访问时间、分享信息、互动方式、语言使用以及校园网络文化建设等问题。

1. 访问时间

因为大学生的学习生活具有高度自主、自觉性质，它不像高中生那样学习压力大、时间被管理得很紧，也不像已工作了的职员那么忙碌，所以访问社交平台的时间多于其他人，并且集中在晚上10—12点。据Nguyễn Thị Bắc（阮氏北）对（越南）海洋大学300名会计专业与经贸专业大学生的社交平台使用行为的一份研究，[①]此大学生访问平台的具体时间分布如表2所示。

从表2的统计可见，学生利用任何一个时间、空间来访问平台，最多的是睡觉前的时间。不少学生表示，睡觉前访问一下平台就有一种放心感，更容易入睡。有趣的是50%学生说跟朋友直接见面时各自仍然上自己的网络，这说明虚拟空间的吸引力对大家来说实在太大了。另一个值得关注的数字就是33.3%受考查学生承认经常在课堂上上网。这事实提醒老师和学校管理人员必须对课堂上使用电话的情况加以管制。

---

① Nguyễn Thị Bắc (2018) Hành vi sử dụng mạng xã hội của sinh viên Trường Đại học Hải Dương, LV Thạc sĩ, Viện Khoa học xã hội - Viện Hàn Lâm Khoa học xã hội Việt Nam.

表2　　　　越南海洋大学学生访问平台的具体时间分布

访问网络社交平台时间	频率								平均
	经常		偶尔		很少		从不		
	N	%	N	%	N	%	N	%	
上课的时候	100	33.3	110	36.7	50	16.7	40	13.3	2.90
课间休息时间	130	43.3	90	30.0	50	16.7	30	10.0	3.07
公交车上	30	10.0	90	30.0	130	43.3	50	16.7	2.33
吃饭时	30	10.0	121	40.3	125	41.7	24	8.0	2.52
上厕所时	5	1.7	25	8.3	40	13.3	230	76.7	1.35
床上睡觉前	210	70.0	70	23.3	18	6.0	2	0.7	3.63
床上起来后	120	40.0	80	26.7	60	20.0	40	13.3	2.93
跟朋友见面时	150	50.0	125	41.7	50	16.7	25	8.3	3.42
等候时	140	46.7	115	38.3	40	13.3	5	1.7	3.30
工作时	50	16.7	50	16.7	80	26.7	120	40.0	2.10
参加某些娱乐活动的时候（体育运动、看电影、喝咖啡等）	100	33.3	125	41.7	50	16.7	25	8.3	3.00

2. 分享讯息

大学生跟其他人一样经常在平台中分享个人的日常活动，讨论一些热门话题或学习生活环境中所发生的一些事情。比如跟学习有关的有，如何选课、对某些课程的感受、对学习资料的收集、对奖学金的争取情况、对功课或考试的讨论等；跟日常生活有关的有，爱好交流、对食堂的饭菜、学生的时髦、集体课外活动等问题的讨论或对某些流行歌曲、影片、人物发表个人看法，等等。除了上述分享内容以外，越来越多的大学生，关注政治、经济新闻分享、社会活动以及就业信息分享。据阮氏北的上述研究，海洋大学的学生讯息分享领域分布如表3所示。

表3　　　　　　　越南海洋大学学生讯息分享领域分布

分享讯息领域	频率								平均
	经常		偶尔		很少		从不		
	N	%	N	%	N	%	N	%	
个人生活相关讯息	256	85.3	42	14.0	2	0.7	0	0.0	3.53
政治、经济新闻	180	60.0	100	33.3	20	6.7	0	0.0	3.85
与专业有关的讯息	60	20.0	98	32.7	140	46.7	2	0.7	2.72
社会活动问题	90	30.0	70	23.3	90	30.0	50	16.7	2.67
"live stream"（直播）分享	100	33.3	125	41.7	50	16.7	25	8.3	3

此统计显示"live stream"（直播）分享受到本校学生的欢迎，因为这种分享方式的主要目的是线上购物与线上销售，而受考察的学生主要来自会计与经贸专业。笔者也考察过48名河内国家大学下属外语大学的大四学生，只有8名（占1.13%）说偶尔使用"live stream"来购物。可见学生在平台上分享内容也会受他们学习专业的影响。

3. 互动方式

学生在社交平台上的互动方式很丰富。但最常见的还是用"like"这一普通的表达。采访学生，他们解释说"like"的含义比较中性，可以体现自己已经受到这一信息并互动一下，也可以表示赞同或积极性的响应，并且花费的时间最短。除了"like"以外，学生也会根据不同的讯息用不同表情图片进一步表示更具体的态度，如高兴、生气、反对、发愁、惊讶、同情等。根据考察，学生在使用这些具体的表情图片，往往还会要加上一两句评论，所以若时间不允许的话他们还是比较少用。另外的一种互动方式是对自己感兴趣的，需要交流观点、看法的，或要表示对对方的更多关注与关心，学生也愿意花时间使用文字评论（comment）。此类评论可以不止一轮对话，可延长几轮，最后往往还是用某些表情图片来结束对话。

4. 语言使用

大学生都是年轻人,所以他们网络用语比较自由。其中"mix"语言的现象比较普遍。如常用英语词"OK""FUN""YES""NO""LAZY""LET'S GO""LOVE"等。另外,大学生跟所有的年轻人一样,常用字母的缩写方式,这些缩写一般学生、年轻人之间才能理解。

5. 校园网络文化建设

意识到当代社会网络已成为校园文化建设的重要手段,校园文化通过网络向社会辐射的必然,所以越南各院校不断提高校园文化的科技含量,加强校园文化主体在网络中的参与与延展,增多校园文化与社会文化以及校际文化之间的交流,增多校园文化的社会性,减弱传统校园文化的独立性、封闭性特征。为了发挥网络在校园教育活动中的作用,学校网不断弘扬校园主流文化,推动素质教育,师生信息沟通,获取各类知识信息资源。

四 越南网络文化研究趋势

1. 越南互联网发展趋势

越南文化以村子为核心。随着都市化、现代化的发展,越南"村落文化"的现实空间缩小,同时迎来了可弥补这一缩小空间的虚拟平台——互联网、社交网络,让越南人得以在这一虽然虚拟但充满活力的平台上满足互相交流、互相分享的习惯。这使得越南成为世界互联网与网络社交平台用户最多的国家之一。据越南信息通讯部部长阮孟雄(Nguyễn Mạnh Hùng)2019 年 8 月 15 日回答国会常务委员会代表丁维越(Đinh Duy Vượt)时指出①,目前在越南由越南自己开发的社交平台用户大概 6500 万人,而国外开发的社交平台用户高达有 9000 万人使用。可估计到 2020—2021 年随着越南

---

① http：//vneconomy.vn/mang-xa-hoi-viet-nam-da-co-khoang–65–trieu-nguoi-dung–20190815102518041.htm.

网的发展，这两个数字会达到平衡。社交平台除了为越南拥护者的学习、工作与生活提供不可否认的莫大效益以外，同时也给一些捣乱分子做诈骗、赌博、捏造事实等系列社会弊端行为的机会。因此越南政府有关部门、学校、各社会团体组织等都已经采取系列积极措施来保护越南网络文化健康发展。据阮孟雄部长，目前越南已经把原来30%消极讯息控制在10%以内。关于对国外网络平台的检测问题，阮部长承认目前碰到一些困难，可经与他们商讨之后已达成一定的共识，比如Facebook和Youtube接受越南政府建议的比率从以前分别为30%和70%增加到2019年的60%和80%。与此同时，以信息通讯部为主的越南各个有关部门都加强网络文化的依法管理和行政管理，重视网络素质教育，网络文化的硬件、软件建设，网站建设，队伍建设和网络学科建设。

在控制互联网与社交平台的负面作用的同时，越南政府和有关部门越来越重视发挥互联网正面作用的工作。其中特别重视发展互联网的商务活动。据电子商务与信息技术局2019年3月28日报告，[1] 从2015年至今越南电子商务一直保持增长。2018年增长率高达30%。估计到2020年越南电子商务总金额会达到100亿美元。越南电子商务发展趋势具体如下。

第一，手机电子商务得以开发并快速发展。由于手机电子商务的货物查询、购买、收藏、管理等巨大潜力，所以越南各软件开发公司重视研发此项目，希望能够在不久的将来为手机用户提供简单顺畅、放心应用、全面精准的购物服务。

第二，货物价钱竞争激烈并且交货时间迅速缩短。由于互联网的讯息分享快速透明，所以各产品仍然是以低价为主要的竞争手段。各厂家经常以不同促销形式来吸引顾客及购物数量。

第三，网络社交平台就是电子商务的有效平台。如上所述，越南人每天访问网络社交平台时间每天高达2.12—2.32小时，所以

---

[1] http://ebi.vecom.vn/Tin-Tuc/Tin-tong-hop/40/Bao-cao-Chi-so-Thuong-mai-dien-tu-Viet-Nam-2019.aspx.

拥有庞大的越南用户平台，如 Facebook、Zalo 等往往被厂家与推销单位利用大作货物广告与销售平台。

第四，接货后交钱目前仍是受越南人欢迎的付款方式。越南人的销售习惯是一手交钱一手交货的这一购物方式。这样就可以避免货物质量不如意或遭受诈骗现象。这问题也说明目前，越南电子商务还存在一些管理上和法律保障上的一些漏洞。

2. 从传统民间文化研究看越南网络文化

关于网络文化研究可以从互联网用户信息、网络语言、网络互动方式、互联网对社会生活的利弊等角度进行分析。在这里我们通过越南 Lê Thi Thanh Vy（黎氏青薇）的研究介绍如何从民间文化了解越南网络文化。[①] 首先黎对"传统民间"概念做了重新地界定。她认为，"传统"具有历时与共时属性，包括创新性。因此"传统"并不是固定不变，只属于过去的，而是动态的并且不断发展变化；"民间"并不是指文化水平低的农民社群，而是指不同范围、不同层级、不同行业、不同宗教、不同年龄、不同爱好的所有社群人。这些社群人互相交流、互相分享正统文化之外的一种文化——民间文化。这样，任何地方、任何时候在任何环境下，只要有人们的互相交流就有"民间文化"。根据黎的上述界定，网民社群是一种民间社群，他们之间在互联网与网络社交平台上的交流文化属于"民间文化"。换句话说"网络文化"就是当今社会的"民间文化"。

越南当今社会的民间文化——网络文化在越南互联网、网络社交平台上形成运作并呈现出丰富多彩的文化产物，如政治、社会、文化讽刺笑话、都市传说、个人经验、软技能等。这些文化产物是丰富了民间文化，使民间文化充满着当代活力。从呈现方式可以看到，网络社交平台所使用的表达方式越来越"大胆"，表现为破格的语言结构、语义违反逻辑，加上无数的表情，有力地反映"民间

[①] http://khoavanhoc-ngonngu.edu.vn/nghien-cuu/van-hoc-dan-gian/7047-hiểu-về-mạng-xã-hội-từ-góc-nhìn-nghiên-cứu-văn-hóa-dân-gian.html.

文化"的所谓自身发展。尽管是自身发展,但是越南网络文化跟其他民间文化类型一样都有自己的不成文的内在规则。这些规则虽然还受到争论意见,并且还在不断调整,可目前可以归纳如下。

第一,越南网络社交平台倾向于以轻松娱乐的内容为主。因此人们一般毫无拘束地分享、表白自己对某一问题的赞同、反对、同情、怀疑等态度或看法。

第二,保持互动的礼貌原则。网络社交平台是互动平台。因此参与者如果没有任何互动,可能会成为旁观者。越南人具有热情好客传统,这也体现在网络社交平台上各方互动的需求。我们发现越来越多的用户干脆请出一些缺乏互动意识的网友。换句话说,人们越来越重视具有互动意识的实质性的网友而不只是网友人数。

第三,向往并充分发挥社交网络的积极功能。目前越来越多的越南人积极地主动在个人网页上分享有利于社会发展的信息,如利用社交平台揭示指责社会弊端现象,或一起形成一些具有共同利益或共同爱好的各种"网络民间社群"来互相分享所关注的问题。

这样从传统民间文化研究角度可以看越南网络文化是一种当代民间文化。它的发展趋势既受到传统民间文化发展规律的制约,又要遵守当代社会发展的规则。

结　语

国际互联网及社交网络已成为一个世界性、大众性的全球信息网络。网络不仅是一种技术与社会现实,更是一种文化现象。网络文化是人类在互联网环境中,尤其是在网络社交平台上的互动方式、行为态度的总和。网络文化是人类文化发展的网络化形态的最典型体现。网络文化打破了传统的国家、民族界限的观念,拉近空间与时间距离,因此越南网络文化跟全球网络文化一样是具备信息平等共享、雅俗兼容、冲突与整合并存等性质的多元文化。随着社会经济和科技,特别是互联网技术的蓬勃发展,包括越南在内的全球网络文化也会发生变化。虽然网络社交平台具有虚拟性,但由于越来越多越南人使用此平台就实际社会现象进行交流，所以越来越接近现实生活。网络文化原属亚文化，也因此越来越往主流文化靠拢。排除它日益受控制的负面影响，互联网和网络社交平台在越南日益发挥其正面作用，并得到有关部门及社会阶层的关注与研究。

参考文献

Nguyễn Văn Hiệp- Đinh Thị Hằng (2014), Thực trạng sử dụng tiếng việt "phi chuẩn"của giới trẻ hiện nay nhìn từ góc độ ngôn ngữ học xã hội. Ngôn ngữ & Đời sống, số 5.

Nguyễn Văn Khang (2012), Ngôn ngữ xã hội học. NXB Giáo dục Việt Nam. Nguyễn Văn Khang (2015) "Một số vấn đề về ngôn ngữ mạng tiếng Việt" Kỉ yếu công trình khoa học 2015, phần II

Trần Văn Phước - Võ Thị Liên Hương (2014), Một số vấn đề về ngôn ngữ SMS của giới trẻ, số 6.

https://drive.google.com/file/d/15mvrxj624b2wlNv8W2O_oqzpQkfBEXvr/view.

http://tuyengiao.vn/khoa-hoc/diem-danh-11-mang-xa-hoi-ua-thich-cua-nguoi-viet-nam-118867.

http://www.mtt.vn/2018/11/08/cac-con-so-thong-ke-ve-su-dung-internet-cua-viet-nam/.

https://vinaresearch.net/public/news/2201-bao-cao-nghien-cuu-thoi-quen-su-dung-mang-xa-hoi-cua-nguoi-viet-nam-2018.vnrs.

https://seovip.vn/bat-ngo-muc-dich-truy-cap-internet/.

https://toplist.vn/top-list/bai-van-nghi-luan-ve-mang-xa-hoi-hay-nhat-19305.htm

http://vneconomy.vn/mang-xa-hoi-viet-nam-da-co-khoang-65-trieu-nguoi-dung-20190815102518041.htm.

http://ebi.vecom.vn/Tin-Tuc/Tin-tong-hop/40/Bao-cao-Chi-so-Thuong-mai-dien-tu-Viet-Nam-2019.aspx.

http://khoavanhoc-ngonngu.edu.vn/nghien-cuu/van-hoc-dan-gian/7047-hiểu-về-mạng-xã-hội-từ-góc-nhìn-nghiên-cứu-văn-hóa-dân-gian.html.

General Situation of Network Culture in Vietnam

Nguyen Hoang Anh

Abstract：According to 2019 statistics of the Internet Data and Information Center (We Are Social), sixty-four million people (66% of the population) in Vietnam use the Internet, of which sixty-two million people (64% of the population) use various online Social platforms, fifty-eight million people, or 60% of the population, use mobile social networks.

With the rapid development of the Internet era, these numbers are increasing, the network culture also appears diversity, diversity, and very complex. Through literature research and sampling survey, this paper summarizes ten network social platforms, relevant statistical analysis of Vietnamese network culture, case analysis of Vietnamese campus network culture, and research trends of Vietnamese network culture.

Keywords: Internet; Social Networking Platform; Network Culture in Vietnam

"仁德性"能占据互联网及互联网文化的时代优势吗?

Ole Doering(德国)　　梁琳(译)[*]

摘　要:本文以社会文化和伦理比较的视角,探讨了中德两国间互联网治理的哲学框架。首先,阐述了全球互联网的历史演进,特别强调了中欧在技术角度、社会角度和道德角度对互联网的影响。互联网文化中与健康有关的方法分为以生命为导向和以死亡为导向,研究发现,与死亡有关的理论与人类基本的道德标准相抵触,而生命导向包括处理社会难题的方法,以促进人类发展,从而利用互联网为人类谋福利,特别是儿童的健康利益应考虑其中。因此,中德两国应进行互联网文化资源融合,探索新的文化信息、正义和美德,以创新互联网文化安全治理。

关键词:互联网　互联网文化　健康　政府治理　仁德性

随着"互联网络"(Internet)和"一带一路"倡议(BRI)的融合,一个全球化的社会互动新时代开始了。这不只是技术发展的问题,同时也是文化活动,它挑战着仁德性的核心含义。本文从哲学人类学和技术伦理学的角度对相关问题进行了探讨。

---

[*] 作者简介:Ole Doering,男,德国卡尔鲁厄理工学院(Karlsruhe Institute of Technology)教授,研究方向为中欧文化哲学比较。梁琳,女,长春大学国际教育学院研究员,研究方向为国际关系。

一　互联网演进的历史步调

互联网是一种用来连接计算机系统间数据通信接口的先进技术。从形式上讲，这个系统是通过互联网协议套件（TCP/IP）在世界范围内连接计算机网络。这个网络由私人、公共、学术、商业和政府控制的网络组成，广泛结合了电子、无线和光网络技术。可视互联网承载着广泛的信息资源和服务，如互联的超文本文件和万维网（WWW）应用、电子邮件、电话和文件共享，通过服务器、存储器、算法的后台功能使数据和操作能够在与用户物理位置断开的位置进行处理，而且大多是隐藏或加密的。

德国和其他西方国家从20世纪60年代开始全面引入互联网及其核心组成部分。经过30多年的发展，各国家间和企业间的数据交换网络通过几个步骤（例如，TCP/IP、SMTP、DNS于1983年）连接起来，合并到一个标准协议（HTML、HTTP）下。20世纪90年代至21世纪初，随着浏览器的引入，Web 1.0在社会中得到了更广泛的应用。总体而言，这种发展遵循了一种从以数据为基础、以信息为驱动、以技术和科学为重点的通信技术向社会不断深入发展的模式。互联网社会文化始于自治社区，受益于创造力，并依赖于相对的实验自由，取决于开发目的和设计。总之，互联网的历史是一个渐进的、缓慢的、半组织的、稳定的生长过程；它是自下而上的、由"自由和创造力"驱动、为多种目的而设计、用于科学和艺术表达、用于商业和某些目前暂时无法界定的活动。

1994年中国加入互联网，这项技术作为支持"社会主义市场经济"、保障社会商品以及与国际科学和工业相连接的工具而受到欢迎。此外，作为全面现代化发展的一部分，中国新兴互联网发展较快，实行自上而下的管理，将技术连通性扩展到创新和促进管理。在中国，2005—2019年的互联网用户数量增长了6倍，而同一时期欧洲互联网用户仅增长了一倍。随着移动革命和计算技术的发展，Web 2.0迅速蔓延，互联网的全球化趋势快速发展。

"仁德性"能占据互联网及互联网文化的时代优势吗?

二 互联网全球发展前景

为了达到多种半定义的目的,因特网可以提供一个基础设施,用于管理数据的中继和实时控制信息。互联网是社会和技术互动的"温床"。它将标准协议和已定义的数据加密与多种正式和非正式语言、新词和行话连接起来,进行有限翻译。而另一方面,隐藏用户、提供者或中继节点的位置和身份。网络的流动性渗透到了社会、符号、技术、行政和生态等各个层面的人机互动,产生了未定义的空间,也产生了具体的控制和安全问题,以及创造性自由问题和易受操纵性问题。

中国"一带一路"倡议是一项基础设施互联发展项目。其目标是,在中国经济和地缘战略增长势头的推动下,支持跨区域的商贸和民生。这一倡议于2013年正式启动。近来,该倡议的重点已经从硬件基础设施建设扩展到软件技能和软实力建设,从传统的重工业扩展到生态和社会的可持续发展设计。有了"一带一路"倡议,互联网作为一种全球化的数字技术转化成为一种社会的、生态的、地缘的现实世界中真实交易的连接模式。

将数字互联网和相类似的"一带一路"倡议相结合,将形成由虚拟世界和现实世界的先进 Mega 技术组成的协作式的 Giga 技术。当人类站在这个技术发展的新时代入口处时,就应该正视和解决潜在的文化问题。

我们需要交出何种答卷,才有能力以深思熟虑和负责任的方式,在技术发展的下一个阶段"登陆"?可以从互联网的历史中吸取哪些教训以便给一带一路倡议下的虚拟和现实世界整合开发计划提供有益的信息?在我们觉得我们能够并有权以一种深思熟虑的和负责任的方式登陆技术进化的下一个层面之前,我们先需要做哪些功课?

当我们根据人的目的多样性重新安排类似的、数字的和机器驱动的技术时,人的因素增加了复杂性,所以在 Giga 和 Miga 系统之后，以 Tera 的维度来思考这个世界显得合理而恰当。这不仅仅是技术性的事情，而是人类生死攸关的大事。技术是否会为人类服务，人类是否会逐渐成为技术功能的仆人？作为人类历史的宏大叙事，人类的尊严是会被保留，还是会羞愧地屈服于某些后人类情节的完美感知呢？这些影响互联网发展，及其影响社会"仁德性"（Humanity）的问题值得我们思考。

三 互联网的现实检验

中国和芬兰的尖端研究人员已经在研究下一代技术 6G。6G 预计可以支持每秒高达 1TB 的速度。目前，这仅是一项基础研究，但其可能带来的应用前景和机遇已经可以预见。随着可处理数据量的增加，网络交互将升级，以便建立更强大的虚拟现实装备。"互联网"的多层次流动性、所涉及的社会动态和应对经济或挑战的政策变化设想以及相关的创新治理也必须给予考虑。互联网正在向绑定 IT、生物 IT 和"人工智能"的集成系统转变。当我们对互联网进行编程，使其产生自学和自我重新编程能力时，就会触发这一转变，以激励那些希望把控制从人类责任中拿走并引入基于智能机器进行自我控制的人。

另一方面，应考虑到投资、资源和关注性的比例关系。如何衡量网络发展的相称性？"越快越好"的理论基础一直是资本主义唯物主义思想的传统核心。但这并不意味着我们可以让机器（代替人）来进行社会思考。关于 5G 的社会性争辩已经表明焦点即将转移。在全球范围内，相关政治、心理和安全问题仍有待解决，这加剧了不同文化、国家和人民之间的紧张关系。随着 6G 的即将到来，作为一个过渡阶段，天真热情的心态应该让位小心修补（紧张关系）。人类需要获得网络成熟。这意味着我们有能力从责任的角度来思考我们的行动方案的可持续性、使用的合法性和商业模式的合法性，以及在治理方面的领导力，即不能任由市场力量控制。

值得注意的是，在 2G—4G 甚至 0G 技术的框架内，许多悬而未决的问题已经堆积如山，如能源消耗、随机或不平等地获得收益和服务以及商业诚信问题。定义和重塑融资、财产主张、市场结构和云存储设施等实体世界的真正驱动因素大多隐藏在幕后，这些驱动因素以及程序员和高管大军长期以来一直在以创意自由为幌子在进行运作。它们实际上超出了国家和跨国家当局的控制。维持互联网功能的基础设施支持产业运用了连它自己都基本上无法解释的经济（模式）。它们将如何回答自己在诱发气候变化、资源浪费、安全问题、法律问题、公正问题、健康问题、社会和文化问题上的责任？它们在巨大的引力作用下，都在逐渐成形。我们能否不考虑后果而继续前进？或者为了我们的后代反思我们作为人类真正想要和需要什么？

治理互联网的措施应该是显而易见的、适当的和直截了当的。互联网所使用的冰冷机器不会告诉我们它们的价值和优点，但社会实践可以。特别是，以下提到的四项社会生活实践，既相互关联，又具有社会文化意义。

第一，健康和责任规定了个人生活的最佳活动准则：与互联网有关的活动应该作为我们共同生活的一部分发挥哪些作用，这些活动又将如何使我们能够更健康地为自己服务？

第二，经济和生态（问题）凸显了可持续发展的局限之处：如何客观地评价隐藏的成本和虚拟的承诺？

第三，现实和幻觉决定了辨别真伪的能力：在区分还原论者的虚拟世界观和健康的社会世界观时，人类的共鸣、创造力、自由和尊严的特征根深蒂固。如何提升这一特质？

第四，"仁德性"的意义包括将上述三种能力连接成负责任的公民权利。"仁德性"作为有目的实践的作者，存在于个人经验与社会和世界的联系之中。我们永远不能成为动物或机器，这一事实既不好，也不坏，既不受欢迎，也不令人遗憾，而是显而易见的本体论。它是对人性具体差异的基本洞察。我们能不能想出一种方法，把这一特点融入实践中去呢？

显然，这些指导性问题没有明确、简单和积极的答案。它们应该被嵌入对实践、语言和现实秩序的不断反思之中。人类已经开始了一个非健康的过程，即正在消耗无法被消化的网络世界的虚拟连通性的复杂性。这是因为互联网的性质已经被利益相关者定义了。描述不应以期望和一厢情愿为指导，而应反映出它能为仁德性的培养做出重大贡献。这是一项全面科学审查、持续监测和不断调整的任务。

幸运的是，一些有远见的整体观念支持者从实际角度支持这种方法。例如，阿里巴巴创始人马云在2019年上海举行的世界人工智能大会（World Artificial Intelligence Conference，WAIC）上与特斯拉大亨埃隆·马斯克（Elon Musk）交锋，并说："我不认为人工智能是可怕的事情，人类足够聪明，能够学会（适应）这一点。像我们这样的聪明人，不会畏惧。我们认为这是一种乐趣，我们希望接受挑战。"①

刚好显现了一个问题：在欣赏其创业精神并安排适当的人际交往的同时如何超越"街头智慧"？马云的主张让我们思考我们应该学习什么，以及我们想如何改变和接受人工智能。此前，在上海举行的2018年世界人工智能会议（WAIC）上，马云曾解释说，"我们应该把人工智能称为'机器智能'"。人类如果称之为人工智能就是高估了自己。在特定的设计目标下，机器可以比人类更强大、更精确、更耐用、更完美。"机器有智能，动物有本能，人类有智慧"②。马云认为，我们应该"尊重"机器的特定习性，而不是假设动物或机器具有人类的特性。

关键是：人机关系根本不是社会关系。人机关系不可能是情感上的、心理上的和有理性的——因为人类和机器相互共鸣、相互关联、相互理解是不可能的。我们可能会模仿社交式的人机互动。但

---

① https：//www.youtube.com/watch？v=Mchz9q84_BA&feature=youtu.be.
② Iris Deng, Jane Zhang, Zen Soo, 2019, China Dreams of Becoming and AI Utopia, Pushing beyond Surveillance and into Education and Health Care, South China Morning Post, https：//www.scmp.com/tech/big-tech/article/3042451/china-dreams-beging-ai-utopia-pushing-beyond-surveillance-and.

我们不能让自己被自己所造的机器愚弄。机器运用了复杂的合理性，但它们没有理性。和其他物体一样，我们需要保持一定的距离，以便恰当地联系并形成对它们的理性认识。它们既不是食物也不是药品。一般来说，人工智能的 Tera 时代的任务是培养成熟的和可后天获得的品位，区分和提炼各种细微差别。我们要以修行的精神来评价它，而不是本能地追随饥饿、欲望或恐惧、贪婪或迷恋。

这绝不是一个新的挑战，它和人类的哲学反思一样古老。健康观取决于正确的区分和关联、洞察力和决定，它们在现实世界中指导着我们。虚拟活动就像诡辩承担着哲学的角色，"一种生产性的艺术，一种模仿性的艺术，一种复制性的艺术，一种外表性的艺术，一种以对立的语言生产艺术的形式存在的不知情和不真诚的艺术"。因此，只有哲学才能提供适合人类的健康洞察力。这种区分表达了仁德性才是社会和政治文化的基本决定因素。[①]

四 互联网及其文化的社会生存选择：与生死文化的联系

在柏拉图和康德的理性启蒙传统中，当代哲学家提出了一个根本的选择。人类对技术进行构思、组合以及同技术共存的方式决定了我们的文化是为生还是为死、为人还是为物。把人当作事物或物体来对待，意味着人本身并不是结果。像对待人类一样对待技术之类的东西，意味着犯了一个本体论上的错误，是一种疯狂的行为。简言之，这两种选择之间的紧张关系一方面表现为马丁·海德格尔（1889—1976）的学说，另一方面则表现为他的前学生居特安德斯（1902—1992）的见解。

对海德格尔来说，存在于概念上与死亡和任何具体存在的有限性有关（海德格尔称之为"Da-sein"）。用他的话来说："事实上，

[①] Plato, 2015, English Translation: *Plato: Theaetetus and Sophist* (Cambridge Texts in the History of Philosophy), editor and translator: Christopher Rowe. Cambridge University Press.

一个人自己的 da-sein 总是已经死了,也就是说,它正在走向它的终点"①。安德斯批评海德格尔把"da-sein"(存在)作为一个主体的抽象概念,而不是与具体的人相联系。② 对于海德格尔来说,大多数存在都是不真实的:"da-sein 最初可以保持住自我,但大部分是在一个走向死亡的不真实存在中"。对海德格尔来说,当一个人接受死亡时,存在就变得真实,因此死亡是一个终结。因此,它将意味着一种真正的哲学决定,把相对于仁德性的优越感归因于那些不能死亡的东西,即技术和人工制品。

奥地利哲学家克里斯蒂安·福克斯(Christian Fuchs)观察到,海德格尔的存在概念是没有辩证法的,因此产生了一个一维的技术概念。它没有看到社会与技术关系中具有挑战性的矛盾。因此,海德格尔倾向于产品而不是生产者,违背了马克思主义、精神分析和哲学社会学的基本发现。③ ①人对生产资料失去控制;例如,遵循算法或机器设计所规定的目的,而不是成熟的自决。②"物之耻",即人的"不为物而耻"的感觉;把技术完善的理想标准应用到社会交往中,而不是探索自己在生活中的定位。③人类对机器的自卑感,即"在编造的东西面前的自我贬低":选择消费并遵循承诺瞬间幸福的便利产品的建议,而不是学会为自己的生活负责。当安德斯抱怨说,人类已经叛逃去了机器的阵营,他的意思是意识形态"颠倒了自由和不自由之间的关系"。坚持这种(自卑感)思想的人认为物是自由的,而人是不自由的。④

由此产生的"普罗米修斯鸿沟"意味着造物主和被创造物的混淆。除非我们努力地使算法为人类的目的服务,否则没有什么能够

---

① Heidegger, Martin, 1996, *Being and Time*, Albany, NY: State University of New York Press.
② Anders, Günther, 2001, *Über Heidegger*, Munich: C. H. Beck.
③ Christian Fuchs, 2017, "Günther Anders' Undiscovered Critical Theory of Technology in the Age of Big Data Capitalism", *Triple C*, 15(2): 582 – 611, 2017.
④ Günther Anders, 2016, "On Promethean Shame", In *Prometheanism: Technology, Digital Culture and Human Obsolescence*, Christopher John Müller, London: Rowman & Littlefield International.

填补对算法能够回答生命的意义这一希望的鸿沟。"当感到'普罗米修斯之耻'时，人类宁愿选择制造出来的东西而不愿选择制造者本身"。因此，理想的标准弥补了我们无法应付现实生活的不足。因为这个承诺无法实现，那些感到羞愧的人越来越沮丧。他们开始寻求对人的指责，致病的螺旋线变得更有势头，这增加了心理和情感的健康风险。

羞耻感的另一面是对机器引导我们生活的能力的狂热、赞美和不切实际的期望。症状之一是"大数据"改变了对"美好生活"的描述。尽管数据是由机器通过人编辑的程序而生成的，但它们只能通过人的意图才能获得作为事实的意义，并且只能通过人的解读才能成为社会互动（争论、话语、合作）的信息。数据的价值完全来自于人类的智力或物质劳动。它们不包括比黄金或污垢更多的内在价值，而只存在于想象中或以符号形式存在。然而，意识形态分子将大数据宣传为一场新的技术革命。例如，"大数据世界正准备改变一切，从商业和科学到医疗保健、政府、教育、经济、人文和社会的其他方方面面"[①]。这样的描述是有缺陷的，因为"大数据世界"并不是一个能够负责任行动的真正主体，而是一个抽象的烟幕，它掩饰了真正能产生利益的真实活动，例如工业或商业活动。

《经济学人》杂志在其头版头条"世界上最有价值的资源：数据和新的竞争规则"中宣称，数据是"数字时代的石油"[②]。"本世纪的数据就像上一个世纪的石油一样是增长和变化的驱动力。"不同的是，这些数据不会燃烧。它们完全源于技术，甚至仅仅是为了以虚拟的方式存在。因此，数据直接依赖于人的智力来产生意义，依赖于技术来凝聚成存在的形式，这使得人更加需要为数据负责。当然，数据可以在支持生命的价值和组织管理我们生命的力量方面发挥至关重要的作用，但数据就是人类创造的，也是我们必须为之负责任的。

---

① Viktor Mayer-Schönberger, and Kenneth Cukier, 2013, *Big Data. A Revolution That Will Transform How we Live, Work and Think*, London: Murray.
② *The Economist*, May 6, 2016, p. 9.

从人类对大数据崇拜的态度来看，要达到"后人类"或"跨人文"的愿景，只需在逻辑方面再多走一步即可。这一点在卫生领域尤为突出，在卫生领域，人们声称，在质量和数量问题之间的分类差异的逆转中，在生物学和仁德性之间的混淆中，人类和健康可以仅仅作为物体而减少。这就意味着忽视了生物学和客观分析仅仅是主观和整体的人类和健康鉴赏工作的一半（这一事实）。据称，用大数据设备量化人类自身，将在健康科技产品的商业推广中使医疗保健以及疾病防治个性化。例如，我们已经看到各种可穿戴设备、应用程序和数字健康设备的爆炸式增长，智能手表定期捕捉心率，很快可能会增加无袖带的连续血压监测和血糖测量。集成的家庭诊断"医疗手持分析仪"平台和在线药瓶即将上市。精神健康可以从分析我们的话语和智能手机的"数字化排放"中辨别出来。通过分析呼吸中的酒精含量，以跟踪水合作用的状态和分子就能预测代谢性疾病或恶性疾病。床上的传感器可以随时跟踪睡眠时间和睡眠质量。此外，就社会的健康而言，"大数据可以防止社会动荡和恐怖主义：大数据可以发现下一轮社会动荡将会出现在中东的哪个地方，或者揭示美国内战的新历史。新闻挖掘可以跟踪可能预示社会动荡的公共话语变化"。①

这种表述对计算机的所作所为可以代替清醒的科学审查心存敬畏。"我的天啊，这机器能做的真是不可思议"，安德斯半开玩笑地总结了这种态度。② 大数据崇拜无视计算机技术嵌入其中的社会语境、社会矛盾和权力结构，这种社会语境、社会矛盾和权力结构存在于健康、教育和社会秩序领域，以及与健康行为相关的整体人类学和文化知识之中。事实上，它主张用算法逻辑来取代人类的决策和行动。机器为人类服务的关系是颠倒的，因为人类是根据机器设计的特点被重新定义的。后人文主义最臭名昭著的支持者可以说是雷·库兹韦尔，他将计算机描述为上帝，一种可以从根本上改变

---

① Ian Steadman, 2013, "Big Data and the Death of the Theorist", Wired Online, January 25, 2013.
② Anders 2016, 34 [G: Anders 1956, 28].

自然的万能力量。在库兹韦尔的思想体系中，人类的自卑情结和对计算机的崇拜被带到了一个极端的高度，以至于人类物种的灭绝是有计划的，其目的是为了让人类成为机器的一部分。[①] 数字实证主义的大数据逻辑偏向于强调数据化可能产生的潜在的积极影响，却忽视了数据化潜在的甚至已经被证明的负面影响。

在安全方面，这增加了诚信问题。在大数据和物联网时代，人类活动和算法计算都在持续自动化。自动化不仅仅局限于经济领域的操作，而是扩展到日常生活的所有领域，当机器执行基于数字或类似机械的驾驶功能时，这些功能不需要人类的直接判断能力，但会随着时间的推移把需要负责任的行动与结果脱节。无人机炸弹、自动驾驶汽车和火车、推特机器人、用计算机生成声音的自动电话、算法拍卖和交易、智能家居中水、能源和供暖的自动调节以及智能零售和购物只是其中的一些例子。自动化的无处不在和微妙性，使得界定谁是在不同或不可预知的环境中发起行动的负责主体或始作俑者变得很困难，甚至更分辨不清对错和真假。没有人在场，用人的语言交流和回答询问，澄清意图和后果。一切都很抽象，甚至即使自动化的载体都很具体化地呈现出来，它们也无法被审判。

如今，算法影响着世界许多地区的政治，从而塑造了对现实的感知。机器不能为政治判断负责，因为它们没有道德或反思能力。计算机不能做出基于道德或政治的判断。虚假的关注和虚假的消息可以在一定程度上影响和操纵政治决策。一项研究估计，在 2016 年第三次美国总统大选辩论中，政治机器人发出的信息占支持特朗普的信息的 36.1%。[②] 这些算法本身没有公民资格或授权，它们的存在都是建立在模仿的基础上的，也就是说，用假设存在的签名来

---

① Gerhard Adam, 2009, "Transhumanism-Ray Kurzweil And The Singularity", Science 2.0, https://www.science20.com/print/59094.

② Bence Kollanyi, Philip N. Howard and Samuel C. Woolley, 2016, "Bots and Automation over Twitter during the Third U.S. Presidential Debate", http://politicalbots.org/wp-content/uploads/2016/10/Data-Memo-Third-Presidential-Debate.pdf.

进行欺骗,从而诋毁和颠覆人类的真实互动。政治已经半自动化了。很难辨别到底是人还是机器写了什么、发布了什么、喜欢什么和重新发布了什么。安德斯(Anders)认为,在人类的古老时代(他在德国的主要作品《2015年人类的古老》)中,物化呈现出一种形式,即产品和技术"将自己伪装成人"。这篇文章是在20世纪50年代对人类面对社会和技术的人性进行前瞻性分析时写的,没有任何预言性的假设。事实上,今天,已经很难界定到底是人还是机器在所谓的社交媒体或算法机器人中创造了社会互动,并借此操纵和产生人为的注意力。区分现实和外在变成了一种重要的能力,它支配着社会生活的各个层次,包括从个人到社区和国家,再到全球的延伸。

最后,物化混淆了运送或连通的内容和方式。这使得识别责任和管理互联网变得越来越困难。正如马克思主义社会学家大卫·哈维在2003年所观察到的那样,一切都变得非常容易,介质可以成为信息,因此似乎对我们的社会和政治演变具有指导作用。洞悉这种盲目崇拜是至关重要的,这不是因为它本质上是错误的或无效的,而仅仅是因为它限制了有意识的政治选择的可能性。因此,对于技术的重新定义和去除神秘化(法兰克福学派批判理论着手研究但从未完成的一项任务)似乎是朝着更普遍的解放方法迈出的必要的第一步,这不仅是从外部和自然强加的必要条件,也是为了打破迷信构想对我们自己的禁锢。①

五 互联网及其文化的后马克思主义批判

对大数据的崇拜和跨人文主义是被误解的人机关系的例子,它们带来了网络拓容性使用,并构成了相当部分的互联网设计。讨论相关的保守的消极的数字崇拜的特殊影响,过分强调这些技术所附

---

① Harvey, David, 2003, "The Fetish of Technology: Causes and Consequences", *Macalester International*, 13 (7).

带的焦虑和怀疑,这超出了本文的范围。不过,无论是积极的还是消极的虚拟空间行动技术,这二者都混淆了事物的本质,模糊了人类的责任。带着建设性的观点,安德斯与海德格尔形成了对比和对立,阐述了一种可以进一步完善的技术批判理论。对于安德斯来说,技术不仅仅是工具。资本主义和帝国主义本身就是软硬兼备的"世界机器",是为资本和权力的积累而制造的,这些资本和权力反过来和资本主义及帝国主义这一世界机器互相塑造。安德斯允许我们批判性地分析,与普罗米修斯鸿沟相关的技术崇拜如何在今天呈现出新的形式,如数字实证主义、大数据崇拜或跨人文主义意识形态。

德国哲学家阿明·格朗瓦尔德(Armin Grunwald)在其新作《屈服的人》(*Man in Submission*)中,采用了居特·安德斯(Günter Anders)所描述的生命文化方法。[1] 他将其与汉斯·乔纳斯(Hans Jonas)更为人所知和最近的责任命令相结合,并特别关注相关的人性问题。[2] 格朗瓦尔德谈到了技术进步的"悲剧性"表现:当我们发现我们自己被我们带到这个世界上的挑战压得喘不过气来时,我们最大的成就伴随着严重的代价。因为我们不完全理解这些技术的意义,也没有经验发展能力、实践和方式,并以成熟和负责任的精神管理这些技术。值得注意的是,这一挑战不同于运用有限资源以处理新信息,而这些新信息可以通过旨在提高效率的技术来方便地解决。它是根据人的本性和目的对新技术进行适当的关系整合。这需要对有效性进行反思,而不仅仅是效率。在提高效率之前,必须再次确认技术发展的目的是有效地为"仁德性"(Humanity)服务。

这一"悲剧",即管理具有不确定风险的技术的发展时在任务范围内的结构性上存在的不可避免的冲突,在转化为程序性承诺的

---

[1] Armin Grunwald Der unterlegene Mensch Die Zukunft der Menschheit im Angesicht von Algorithmen, künstlicher Intelligenz und Robotern, München, riva 2018.

[2] Hans Jonas, Das Prinzip Verantwortung, 1979; English version: *The Imperative of Responsibility: In Search of an Ethics for the Technological Age*, University of Chicago Press, 1985.

时候是可以被遏制的。从程序上讲，只要采取负责任的治理措施，平衡发展与审议的矛盾倾向就可以得到补偿，甚至变成相互支持。"谨慎规避原则"指出，当风险的实际规模未知时，应采取合理的努力，尽量减少不明确的风险。在一些西方国家，这一原则是在电磁辐射安全的背景下发展起来的，例如在斯堪的纳维亚、澳大利亚和新西兰。这一务实原则让管理当局、行业和社会取得互信。谨慎首先包括在风险不明确的情况下平衡预防和利用技术进步的思想。这与在技术设施的具体设计中谨慎行事相结合：寻找可能同样有用但会使有关人员接触较少病原体的替代品，例如低剂量辐射。这种方法与康德的反思相一致，即确定最佳的原则路线，而不是妥协于善治的优先事项。为了解决这一悖论，在谨慎和道德之间，在评估似乎不可能有效的情况下进行有效的评估，仍然具有挑战性。然而，这一挑战可以通过程序方法来应对，在这种方法中，参与性进程的参与似乎是合理的：这种方法是由严格的科学诚信、政治诚信、行政远见和社会诚意驱动的，它是一种原则性的做中学的方法。显然，这种方法必须吸收人文和社会科学的跨学科知识，以便能够支持有意识的、现实的和负责任的政策以及恰当的公众意识和负责任的创新教育。

六 未来研究方向

最终，全球化的 Tera 维度不是关于技术，而是关于"仁德性"。这使得建立整体的全球互联网以便为人类更美好的生活这一过程变得丰富和不可预测，变成了一种冒险和挑战。

管控互联网是一项特殊的任务，需要高技艺的管理技巧。无论是政府设计、行业设计还是社会设计，塑造和管理互联网的方式（都应该）是传播真相而不是传播谎言，传播社会商品而不是传播商业或权力利益，这将使"仁德性"的健康状态得以允许和表达。

如果让健康和责任导引互联网，从而寻求社会和平、可持续的经济和生态，那么就需要进行一些根本性的修正。互联网必须克服

"仁德性"能占据互联网及互联网文化的时代优势吗？

其不成熟的状态，同时保持和完善其创造性和实现性。但是，这些只有通过在算法设计、软硬件基础设施和静态交易中严格应用一致性和社会价值才能实现。因此，互联网可以产生社会资本，并对实体经济的基础产生影响，在教育、合作、社会和医疗保健等领域为个人和社会提供支撑，使整个国家更具有社会稳定性、文化弹性和适应创新的能力。

互联网作为一个高效的交际领域，其关键在于能够辨别现实与幻觉，判断真伪，用平实的言语来进行策略性的交流，真诚的期望而不是故意的虚假承诺，诚实的发现错误而不是精于语言操作。所有的互动都应该以它们能够实现和行使负责任的公民权利的程度来衡量。我们必须深入理解，我们不是动物，也不是机器，而是人类。我们能不能设计出一种方法论，把这一特点融入学习实践中去？根据《论语》，正名作为规范性批判的方法，也许早就存在于典籍之中了。正名有助于将言语、制度和意图联系起来并使之一致，因为如果不这样做，则言不顺，事不成，进而导致国家的社会规范和法律作用弱化。

正名是指在任何关于互联网能力的描述中，寻求有效性声明的合法性基础。它从语言的使用方式开始，例如"互联网做，说，解释……"实际上互联网没有说话，它不知道任何事，也没有做过任何事。这种有缺陷的表达方式可能会进入一个滑坡，这个滑坡使我们接受互联网作为一个主体或权威，从而让我们无法做出更好的判断。正名将有助于评估产品的名称，例如在医疗领域，"e-Health"真的能使任何人更健康或更智慧吗？在任何情况下，我们所希望的最好的办法是把它们当作有用的工具。最后，当涉及互联网相关产品的经济或社会价值时，我们可以参考普遍适用的准则，这一准则在《大学》中已经得到了很好的表述：以义为利。在这一观念下，正名提供了一种内在联系，以调整效用谨慎和价值伦理之间的明显矛盾。

德国和中国，基于其不同的历史和文化，承担着不同的社会责任。德国是一个通过文明联结世界，一方面通过知识和技术实现，另一方面通过非官方的权威实现。中国正设法将其东方世界的内部多样性通过"一带一路"倡议联系起来。这两种文化都认为，连通性是一种拓宽世界连接世界的机会，也是一种挑战，它将引导文明的力量和动机转变为社会参与。今天，健康成为全球社会的主要目标，对连通性和网络空间的妥善管理可以最大限度地促进这一目标的实现。中德两国在这些创新领域的社会安全保障合作面临挑战和机遇。如果我们把这些丰盈的世界联系起来，并结合它们的潜力，探索一种信任、正义和人类美德的新文化，将会发生什么？

参考文献

Anders, Günther, 2001, *Über Heidegger*, Munich: C. H. Beck.

Bence Kollanyi, Philip N. Howard and Samuel C. Woolley, 2016, "Bots and Automation over Twitter during the Third U. S. Presidential Debate", http://politicalbots. org/wp-content/uploads/2016/10/Data-Memo-Third-Presidential-Debate. pdf.

Christian Fuchs, 2017, "Günther Anders' Undiscovered Critical Theory of Technology in the Age of Big Data Capitalism", *Triple C*, 15（2）: 582 – 611, 2017.

Gerhard Adam, 2009, "Transhumanism-Ray Kurzweil And The Singularity", Science 2.0, https://www.science20.com/print/59094.

Günther Anders, 2016, "On Promethean Shame", In *Prometheanism: Technology, Digital Culture and Human Obsolescence*, Christopher John Müller, London: Rowman & Littlefield International.

Harvey, David, 2003, "The Fetish of Technology: Causes and Consequences", *Macalester International*, 13（7）.

Heidegger, Martin, 1996, *Being and Time*, Albany, NY: State University of New York Press.

Ian Steadman, 2013, "Big Data and the Death of the Theorist", Wired Online, January 25, 2013.

Iris Deng, Jane Zhang, Zen Soo, 2019, China Dreams of Becoming and AI Utopia, Pushing beyond Surveillance and into Education and Health Care, South China Morning Post, https://www.scmp.com/tech/big-tech/article/3042451/china-dreams-beging-ai-utopia-pushing-beyond-surveillance-and.

"仁德性"能占据互联网及互联网文化的时代优势吗?

Viktor Mayer-Schönberger, and Kenneth Cukier, 2013, *Big Data. A Revolution That Will Transform How we Live, Work and Think*, London: Murray.

The Internet and Its Culture—Can Humanity Prevail?

Ole Doering, Liang Lin (Translated)

Abstract: This paper discusses the philosophical framework the internet governance between China and Germany from the perspective of social culture and ethics comparison. First of all, this paper expounds the historical evolution of the Global Internet, with special emphasis on the influence of China and Europe on the Internet from the technical, social and moral perspectives. Health-related approaches in the Internet culture are divided into life-oriented and death-oriented approaches, and research has found that theories about death conflict with basic human moral standards, while life-oriented approaches include approaches to social problems, the use of the Internet for the benefit of humanity, especially the health interests of children, should be taken into account in order to promote human development. Therefore, China and Germany should merge Internet cultural resources, explore new cultural information, justice and virtue, and innovate Internet Cultural Security Governance.

Keywords: Internet; Internet-culture; Health; Governance; Humanity

网络文化安全评价指标体系的研究

李念峰　周　尚　李　岩[*]

摘　要：以互联网为主要载体的网络文化，成为文化传播的主要形式之一。随着中国信息技术的飞速发展，各种各样的信息资源就会充斥于网络中，形成的网络文化如果管理和利用不当就会产生许多社会问题。首先，对中国网络文化安全的现状和特征进行分析，分别对推荐信息和不良信息的两个级别评价指标进行结果分析，构建出了中国网络文化安全的评价指标体系，以技术安全为基础对网络文化安全评价指标进行了等级的划分和界定。最后，本文提出了目前实现网络文化安全的策略和方法，并指出我们在该研究中存在的不足。

关键词：评价指标体系　网络文化安全　网络技术安全

引　言

以互联网为主要载体的网络文化，成为文化传播的主要形式之一。随着中国信息技术和互联网产业的飞速发展，各种各样的信息资源就会充斥于网络中，这样形成的网络文化如果管理和利用不当就会产生许多社会问题。网络文化中各种不良内容充斥其间，鱼目混杂。网络文化安全覆盖面宽、容量大，网络文化安全的评价指

---

[*] 作者简介：李念峰，男，博士，长春大学计算机科学技术学院教授，硕士研究生导师，研究方向为计算机应用技术、人体状态辨识与康复技术、网络安全等。周尚，长春大学研究生院研究生。李岩，长春大学研究生院研究生。

标及其等级划分尚没有严格界定（王燕等，2008）。

首先，对中国网络文化安全的内涵、现状和特征进行分析，指出了目前其发展过程中存在的问题。然后，通过问卷的方式对我国网络文化安全评价指标进行调查研究，我们根据统计出的调查数据进行分析研究，分别对推荐信息和不良信息的两个级别评价指标进行结果分析（万桃涛，2017），构建出了中国网络文化安全的评价指标体系，并对网络文化安全2级评价指标进行了等级的划分和界定（胡楠等，2016）。最后，提出了目前实现网络文化安全的策略和方法，并指出我们在该研究中存在的不足。我们希望能以此研究为出发点，努力构建出中国网络文化安全的评价指标体系，逐步形成一套中国网络文化安全的评价标准，用于指导中国网络文化安全的政策法规建设、安全防范体系结构和系统平台的开发、网络文化监控系统的研制和网络文化安全预警平台的研发（高登明，2016）。

一 网络文化安全评价指标系统构成的初步分析

网络文化安全从字面上，看出其包含两大部分，即以互联网为主体的信息技术安全和存在于网络空间中的文化的发展与传播的安全。网络文化安全从广义上讲国家战略安全层次，网络文化产业健康发展、网络信息技术安全、网络文化产品内容都是其涉及的内容。从狭义上看，一方面中国网络文化能够保持自身的独立性，在网络空间抵御外国的文化入侵和渗透，保持中国特色社会主义文化在网络文化中占据主体导地位，发挥引领作用，维护中国社会主义意识形态的主导地位；另一方面，中国网络文化自身能够健康发展，丰富广大人民的网络精神文化、文化生活，创造出鼓舞人心、积极向上的文化作品，营造一个风清气正的网络文化氛围。

网络文化既包括资源系统、信息技术等物质层面的内容，还包括网络道德准则、社会规范、法律制度等制度层面的内容，还包括网络活动价值取向、审美情趣、道德观念、社会心理等精神层面的内容。根据美国非营利性组织ICRA的分级标准和中国公安部制定的《信息系统安全等级保护定级指南》，并在广泛收集网络文化安全相关资料和征求相关专家意见的基础上，初步构建出中国网络文化安全的评价指标体系，本文根据其包含信息的性质进行分类，该指标体系由 3 个一级指标、8 个二级指标组成（见表 1）。

表 1　拟构建出的中国网络文化安全信息评价指标体系

一级指标	权重	二级指标	权重
网络道德准则 C	0.5	网络技术道德 C1	0.20
		网络文化道德 C2	0.20
		网络文明道德 C3	0.10
法律制度 E	0.35	道德法律制度 E1	0.15
		文化法律制度 E2	0.05
社会规范 S	0.15	社会道德规范 S1	0.05
		社会文明规范 S2	0.05
		社会文化规范 S3	0.05

资料来源：杨文阳：《中国网络文化安全不良信息评价指标体系实证研究》，《民办教育研究》2009 年第 6 期。

按照面向对象软件工程方法学中的思想，网络文化安全评价指标体系的具体流程，步骤如图 1 所示。

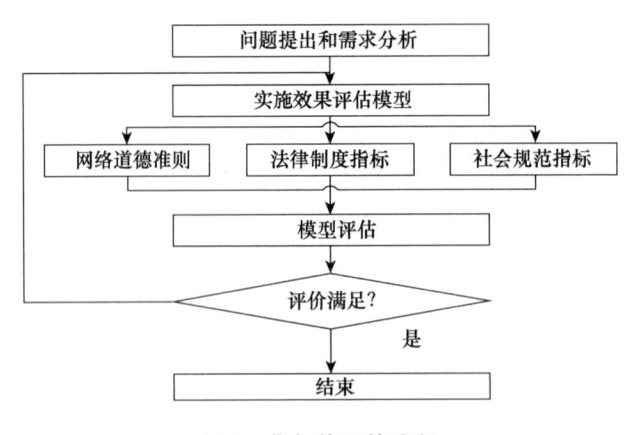

图 1　指标体系的流程

二 网络文化安全评价指标体系

W3C 有两个相关的标准：一是 PICS（Platform for Internet Content Selection），用来控制青少年浏览能力，它提供了过滤规则定义语言 PICS Rules；另一个是 APPEL10（AP3PP reference Exchange Language 10），可定义用户感兴趣的站点和过滤规则（王燕等，2008）。

美国的非营利性组织 RSAC（The Recreational Software Advisory Council）开发了一个 RSACi 系统，它以 W3C 的 PICS 所规范的分级格式为基础，能够针对网页内容进行分级评分，使大众特别是教师和家长，能够根据一个公开的、客观的评分系统所提供的信息来选择他们想要的电子媒体，如电子游戏和网站。

随着分级观念的普及与服务需求的扩大，RSAC 后来改名 ICRA，以网页内容分级研究及推广为其主要目标。ICRA 的分级标准主要针对暴力、色情、语言及其他四类项目，网页作者或网站管理者可以经由浏览器连接到 ICRA 在线评分系统对他们的网页进行评分。中国网络教育技术委员会制定了"教育内容分级标准（CHERS）"，本标准为中国网络教育中的教育内容分级提供统一的尺度。该标准提出了两维结构的内容分级方案，分别面向开发人员和用户。除了对不良内容进行分级，还对推荐内容进行了分级。标准还根据中国当前网络教育发展的实际需要，增加了国外内容分级标准通常不涉及的分级项。

（一）技术安全指标

网络文化技术安全的关键技术分析主要以两种方法：关键词匹配法和形状描述符。向量空间模型是最简便有效的文本表示模型之一。在向量空间模型中，文本被表示为一个高维向量，向量的每一维代表一个特征，通常是一个字或词，而其取值则是相应的权值。关键词匹配法是以特征向量为基础，将文本内容转换成向量方式，将用户的需求模型也转变成向量方式，然后以用户需求之向量与过滤文本之向量的夹角余弦（万丹梅，2018），来衡量文本同用户需求的相似度，根据事先约定的关键词匹配的"过滤阀值"来确定是否滤除。关键词匹配法利用用户需求模板与待过滤文本向量的夹角余弦来衡量文本 U 与主题 y 之间相似度 R_{uv}。

$$R_{uv} = cos\left(W_u, W_i = \frac{\sum_{i=1}^{n} W_{ui} \times W_{vi}}{\sqrt{\sum_{i=1}^{n} W_{ui}^2 \sum_{i=1}^{n} W_{vi}^2}}\right) \tag{1}$$

式（1）中，W_{ui} 表示关键词 T_{ui} 在文本 U 中的权重，既表示关键词 W_{ui} 在主题 T_{vi} 中的权重，根据需要规定一个过滤阀值，当文本 U 与主题 V 之间相似度大时，说明文本 U 的内容符合主题 V，是用户需要的信息，对信息进行保留。

第二是形状描述符，轮廓提取得到的只是一个灰度图，无法直接度量物体的形状特征。本文采用形状描述方法，并用区域的矩及其组合来描述形状。矩是对图像的一种统计形式，它的计算要用到图像或区域中所有相关的像素点。由于人的肢体和姿态的复杂性，一般的形状描述符难以胜任对目标图像形状的描述，理想的形状描述符应该对图像的平移、放缩、伸展、挤压、旋转和扭曲变化不敏感。对一个数字图像函数 $f(x, y)$，它的 $p+q$ 阶矩定义为：

$$M_{pq} = \sum_{x}\sum_{y} x^p y^q f(x, y) \tag{2}$$

在求得 $p+q$ 阶中心矩后，进行归一化处理，并将二阶、三阶中心矩进行组合，得到相应的平移、旋转和尺度变化的矩，以适应对不同大小和不同拍摄角度的图片处理。通常通过综合比较 R_{UV} 和 m_{pq} 的大小值来对技术安全进行评价（戴媛，2008）。

技术安全评价主要关注效果评估过程的流程，重点研究评估活动中的主要因素对其中的联系，以及评价中应该满足的约束条件，反映了对评估研究的不同视角。具体实施效果评价的构架模型如图 2 所示，实施效果评价的基本构架模型如图 3 所示。

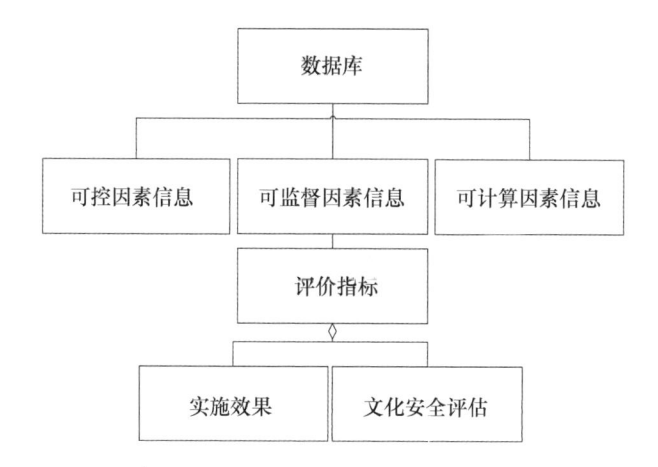

图 2　实施效果评价的构架模型

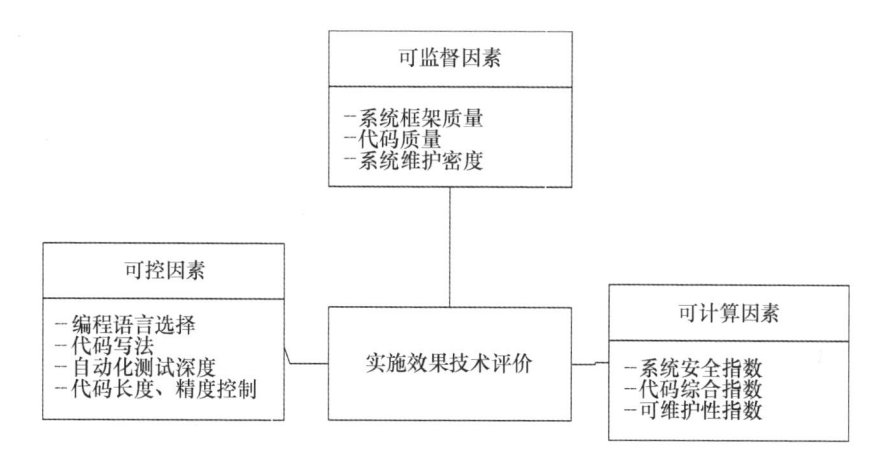

图 3　基于实施效果的技术评价

为了说明问题并简便起见，将某系统的安全状况影响因素从大的范围定为可控因素，可监督因素和可计算因素，故因素集为：

$U = \{$可控因素（$u1$），可监督因素（$u2$），可计算因素（$u3$）$\}$

评价集定为：

$V = \{$很好（$v1$），好（$v2$），可以（$v3$），不好（$v4$）$\}$

实际评价过程中，由许多因素决定的，必须采用多级模糊综合评价方法来分析。所谓多级模糊综合评价是在模糊综合评价的基础上，再进行综合评价，并且根据具体情况可以多次这样进行下去，二者的评价原理及方法是一致的。多级模糊综合评价分为多因素、多因素多层次两种类型，其基本思想是，将众多的因素按其性质分为若干类或若干层次，先对一类（层）中的各个因素进行模糊综合评价，然后再各类之间（由低层到高层）进行综合评价。

（二）文化安全指标

网络文化安全综合指数主要分为三大模块，分别是安全流通量指数、安全要素指数、安全状态趋势指数，其中每个模块有各自的子模块，具体分布如图4所示。

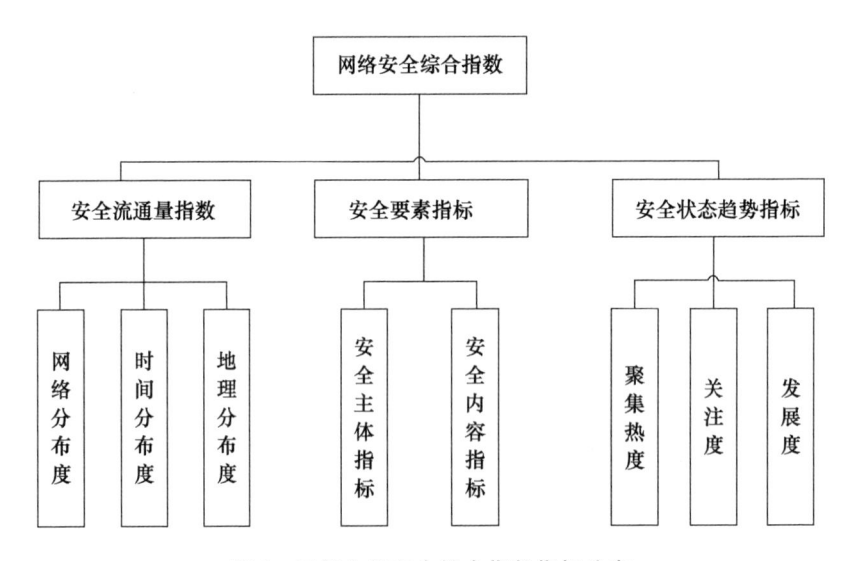

图4 网络文化安全综合指数指标分布

（三）网络文化安全评估技术

1. 基于网络信息熵的效果评估技术

为了有效评价网络安全效果，首先要选择恰当的标准对网络的安全性能进行形式化描述。网络安全一般应考虑以下原则：完整性原则、保密性原则、可靠性原则、可用性准则。

```
                    ┌─── 完整性原则
                    │
                    ├─── 保密性原则
网络安全性原则 ──────┤
                    ├─── 可靠性原则
                    │
                    └─── 可用性原则
```

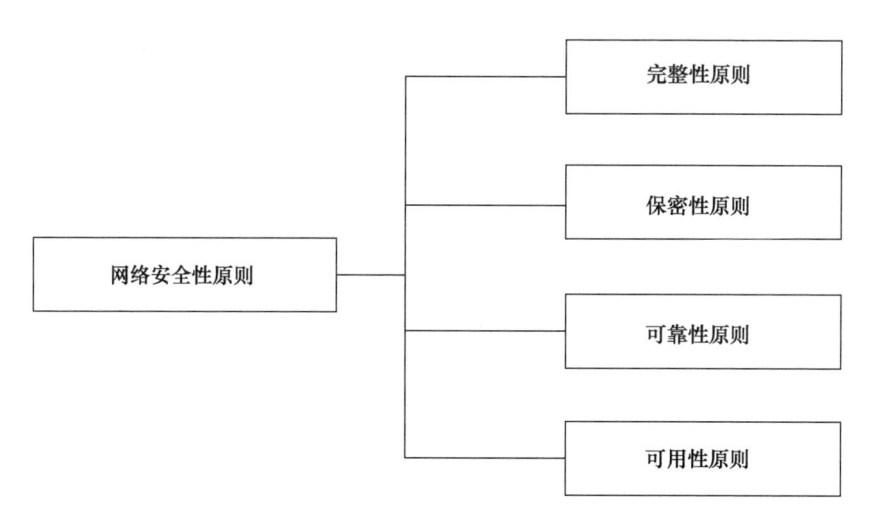

图5　网络安全性能分类

如何对网络的上述各项指标进行度量，现在国际上还没有一个通用的标准。利用信息论中的"熵"的概念，现提出评价网络性能的"网络熵"理论。

"网络熵"是对网络安全性能的一种描述，网络熵值越小（但不能为负数），表明对该网络系统的了解越少，该网络系统的稳定性越好。对于网络的某一项指标来说，其熵值可以定义为：$H_i = -\log_2 V_i$，V_i 为网络此项指标的归一化的性能参数。显然，网络信息系统受到攻击后，其信息的不确定性增大，系统稳定性变差，熵值应该增加。因此，可采用"熵差" $\Delta H = -\log_2 (V_2/V_1)$ 对网络安全性能进行描述。其中，V_1 为网络系统原来的归一化性能参数（可以取为传输速率、保密系数等），V_2 为网络受攻击后的归一化性能参数（王燕等，2008）。

经研究发现，对网络安全性能影响较大的主要有以下几项指标：网络数据流量；数据保密性；数据可靠性；数据完整性；延迟时间。现以网络数据流量指标为例，介绍熵差的计算方法。设测得网络受攻击前的数据流量为 V_1，受攻击后的数据流量为 V_2，把它们进行归一化，得归一化的数据流量分别为：V_1/V_g，V_2/V_g，其中

V_g 为网络的峰值数据流量，可以保证 $0 \leq V_2 \leq V_1 \leq V_g$。则在网络数据流量这项指标上的攻击效果为：

$$\Delta H = -log_2 \frac{V_2}{V_G} - (-log_2 \frac{V_1}{V_G}) = -log_2 \frac{V_2}{V_1} \qquad (3)$$

显然，若 $V_2 = V_1$，则 $\Delta H = 0$，表明攻击未取得任何效果；V_2 下降得越厉害，表明攻击的效果越明显，ΔH 也越大，可见 ΔH 确实可以作为网络安全的一种描述。网络的整体性能即为以上各项指标的加权和。

$$H = \sum_{i=1}^{n} W_i \times H_i \qquad (4)$$

其中，n 为衡量网络性能的指标个数，w_i 为第 i 项指标的权重。w_i 依攻击目的和网络环境的不同而定，有以下原则：以窃取敌方信息为目的，则主要考虑对方数据保密性的损失；以篡改敌方信息为目的，则主要考虑对方数据完整性和可靠性的损失；以破坏扰乱敌军信息系统的正常运行为目的，则主要考虑对方数据可用性的损失。评估模型建立以后，主要的问题是如何选取各项指标的性能参数 V_i。只有选择恰当的参数，才能对网络攻击的效果做出合理的、客观地评估。对于有些指标（如数据流量等），V_i 的选择较容易，而对于某些指标，则很难找到一个适当的参数进行描述。只有在实践中摸索，通过编制一些必要的工具软件，并经过反复的仿真试验，才可能找到一个有效的评价标准。

2. 基于系统安全层次分析的评估框架

对计算机网络系统攻击效果的评估，就是对攻击前后计算机网络的安全特征的变化进行评估。安全特征一般可以从完整性、保密性、可靠性、可用性、健壮性等方面来表征。从安全特性的角度出发，可以分析得出如图 6 所示的安全评估分层框架。最高层是目标层，它是用户关注的主要安全特征；第二层为安全准则层，包括许多安全子准则，它体现安全特性的基本要求；最底层为安全指标层，它是对具体安全属性的测度，通常需要量化。

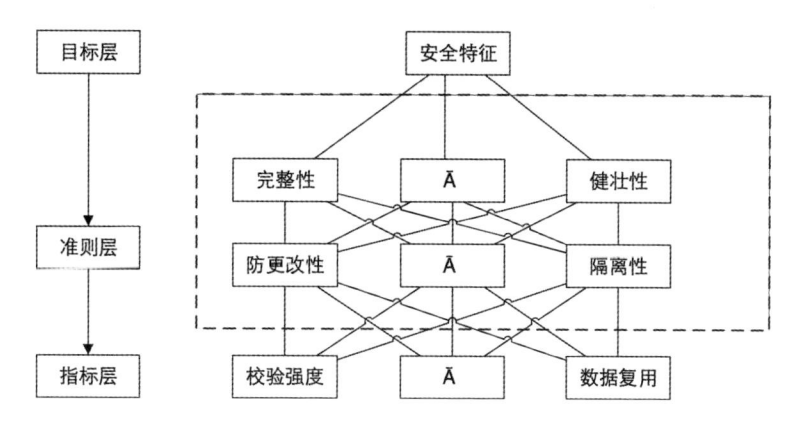

图6 安全评估分层框架

资料来源：魏文健：《安全技术在网络工程中的应用评价》，《电子技术与软件工程》2016年第16期。

根据对安全机制的深入分析，可逐步确定相应的安全准则。每一安全准则又可进一步细化为许多安全子准则，例如完整性准则可以由防更改性、多样性、隔离性、可审计性等来描述；健壮性准则可以由容错性、模块性、简单性等来描述。同样地，每一安全子准则又可以由许多安全指标来刻画。例如防更改性可以由物理难度、校验强度和自我验证等来描述；隔离性可以由代码隔离、数据隔离、数据复用、环境隔离和可中断性等来描述。其中，指标的选取和量化可以结合 $Delphi$ 法通过建立两两比较判断矩阵加以确定。对单项指标和系统安全能力的综合评估采用层次分析法得出。在得出单项指标的得分后，系统安全能力的综合评估为：

$$S = \sum_{i=1}^{n} W_i f(X_i) \tag{5}$$

由（5）式计算，w_i 为第 i 项指标的权重，$f(X_i)$ 为第 i 项指标的评分。假设第 i 项指标的最低得分为 C_i，则系统安全能力的最低得分为 $S^* = \sum_{i=1}^{n} W_i C_i$。于是根据对各单项指标的评价，也可以对系统安全的综合评估划分若干等级。因此，可以通过网络系统安全综合得分或安全等级的变化来对网络攻击的效果进行定量或定性评价。

三 总结与展望

笔者希望能以此研究为出发点，努力构建出中国网络文化安全的评价指标体系，逐步形成一套中国网络文化安全的评价标准，用于指导中国网络文化安全的政策法规建设、安全防范体系结构和系统平台的开发、网络文化监控系统的研制和网络文化安全预警平台的研发。

网络文化安全事关中国社会主义文化发展繁荣和中国特色社会主义核心价值观的贯彻与坚持，是新时代文化自信的重要基石。面对中国网络文化安全的诸多挑战，全体社会成员都应该行动起来，以习近平新时代中国特色社会主义思想为统领，以习近平网络强国思想和文化建设思想为指导，不断地改进现有工作中的不足之处，紧跟网络技术发展和社会思想变化的潮流，采取有效的应对措施来加强和巩固中国网络文化安全。为广大人民群众提供优质的网络精神食粮，为中国特色社会主义建设提供强有力的精神文化支撑。

参考文献

戴媛、姚飞：《基于网络舆情安全的信息挖掘及评估指标体系研究》，《情报理论与实践》2008年第6期。

戴媛：《我国网络舆情安全评估指标体系研究》，硕士学位论文，北京化工大学，2008年。

高登明：《社会主义核心价值观在动漫语境中的开发研究——以网络文明行为为例》，《艺术科技》2016年第1期。

胡楠、黄玥、徐春玲、方钟、苏雪娟、张旭：《基于模糊层次分析法的计算机网络安全评价探析》，《通讯世界》2016年第9期。

刘韧、吴婷、廖巍、陶娟、钟婷、李增荣、王珂、安春焕：《大学生网络文明教育与行为引导研究》，《当代教育理论与实践》2014年第4期。

万丹梅：《网络安全的随机模型方法与评价技术》，《科技创新导报》2018年第30期。

万桃涛：《大学生网络文明素养培育探析》，《新余学院学报》2017年第6期。

王燕、杨文阳、张屹:《中国网络文化安全发展现状及相关政策研究》,《情报杂志》2008年第4期。

王燕、杨文阳、张屹:《中国网络文化安全推荐信息评价指标体系研究》,《情报杂志》2008年第5期。

魏文健:《安全技术在网络工程中的应用评价》,《电子技术与软件工程》2016年第16期。

杨文阳:《中国网络文化安全不良信息评价指标体系实证研究》,《民办教育研究》2009年第6期。

Research on the Evaluation Index System of Network Culture Security

Li Nianfeng, Zhou Shang, Li Yan

Abstract: Taking the Internet as the main carrier of network culture, has become one of the main forms of cultural communication. With the rapid development of information technology in China, all kinds of information resources will flood into the network, and the network culture formed will cause many social problems if it is not properly managed and utilized. First of all, the status quo and characteristics of China's network culture security are analyzed, and the results of two levels of evaluation indexes of recommendation information and bad information are analyzed, and the evaluation index system of China's network culture security is constructed, based on the technology security, the evaluation index of Network Culture Security is classified and defined. Finally, according to our research, we put forward the current strategies and methods to achieve network culture security, and point out the shortcomings of our research.

Keywords: Evaluation Index System; Network Culture Security; Network Technology Security

网络文化安全及其治理：
内涵、思路与策略[*]

王玉英[**]

摘　要：网络文化安全是国家文化安全的重要范畴，网络文化安全治理问题近年来愈发引起学界高度关注。本研究在对相关研究学术史梳理的基础上，进一步厘清了网络文化治理的内涵，从网络文化安全治理相关主体对网络文化安全的认知及参与治理的状况入手提出了网络文化治理的思路，并提出通过对网络文化安全治理相关主体价值观的正确引导、伦理道德的有效约束、法律法规的规范控制，将文化自律的"软约束"与法制他律的"硬规制"有机结合，充分发挥各主体的治理功能，推动其协同互动等相关策略，旨在促进网络文化从管理到治理的根本性变革，以保障网络文化、网络空间的有序健康安全发展。

关键词：网络文化　文化治理　文化自律　法制他律

引　言

随着以互联网、大数据、人工智能等为代表的网络信息技术与

---

[*] 基金项目：国家社会科学基金项目"平成年代芥川奖获奖女作家及其作品的价值取向问题研究"（16BWW026），阶段性成果。

[**] 作者简介：王玉英，女，长春大学网络安全学院教授、博士、硕士生导师，网络空间安全学科带头人，研究方向为网络文化、汉语国际教育、日本文学。

经济社会的深度融合，网络安全成为国家安全的重要组成部分，网络文化安全治理也成为世界范围抢占网络空间制高点的普遍选择。在国家治理体系和治理能力现代化持续推进的今天，网络文化安全的治理不仅要考虑如何有效解决其面临的问题，更要考虑如何有效提升各主体治理能力的提升，需对相关政策科学调整，达成共识，实现主体地位平等的协同共治。因此，探索网络文化安全有效治理，构建以共治、善治和法治为基础的网络文化安全治理体系，对保障网络上文化内容安全具有重要的理论和实践意义。网络文化安全作为一个新颖的研究主题，国内学界的相关研究成果虽日益丰富，但仍存在不足。体现在以下几个方面：一是研究缺乏系统性和整体性，研究的关注点多是针对单一性的具体领域的研究和分析，或是针对某些突出问题的阐释。缺少对网络文化安全治理的深层次思考，在制度安排、政策设计上缺少建设性见解；二是研究未充分考虑时间维度与历史因素，现有研究横向较为散乱，纵向不够深入，对网络文化安全治理的设定和阐释不够系统全面，没有形成完备体系；三是网络文化安全治理分析与相关理论的融合度不够，需进一步深化，应将网络文化治理经验和发展策略进行规范系统化整合，使其理论研究更加具有实际效应。本文以网络文化安全治理主体的"安全"为研究对象，阐释治理体系各要素之间的相互关系，探索网络文化安全的有效治理路径，建构网络文化安全的治理框架。通过对网络文化安全治理各主体的功能发挥状况的详细分析，从理论层面探讨各治理主体在预防、治理和惩戒机制中的作用，探讨"文化软约束"和"制度硬规制"的有机结合，有助于治理主体作用的充分发挥，有助于网络文化安全问题的有效解决。

一 网络文化安全治理的内涵理解

在西方语境中，仅有"网络安全"（cyber security）或者"网络安全文化"（culture of cyber security），学界对网络文化安全的探索发轫于20世纪90年代，经历了通俗知识介绍、内涵外延探索、深入理性剖析三个阶段。经过二十余年的发展，在概念界定、特征分析和治理建构等层面形成了一些较为成熟的研究成果，涉及政治学、社会学、传播学等学科。由于研究角度的不同，西方学界关于网络文化及网络文化安全的理解在内容和标准上一直未达成共识。学者们从各自的研究领域出发，在强调"网络不仅仅是一个技术概念，更是一个社会文化的概念"（唐·泰普斯科特，2009）的同时，将网络文化视为"以网络技术为基础而生成的诸如文字、图画和音频等各种网络文化形式"（David，1997），具有"即时性、开放性和平衡性等特征"（Tiziana，2004）。"网络信息对社会的进步具有促进作用，要在运行中确保它的安全。"（Anne，2003）在网络文化安全治理方面，西方学界的研究经历了由最初的零星涉及，到对管理机制的初步探讨，以及从理论上对网络文化所产生的弊端进行深入反思的过程。形成了以下四种模式：一是放任模式，强调要使网络成为一种普遍的资源，就必须使其毫无限制地发展，网络安全应当由专业技术人员来维护；二是控制模式。虚拟社会从来没有成为"一个不用现实社会中法律、条例、警察和军队约束的独立王国"；三是适度模式。政府在网络文化治理维度上要适度与有限，在适度管制与适度自由之间寻求合理的平衡；四是治理模式。政府应在网络文化安全的治理中发挥积极的协调作用、监管作用，在确保安全的同时保持鼓励创新和对公民个人文化权利的保障。

  国内学界对网络文化安全治理的研究始于1999年文化安全概念的提出，初始阶段的研究侧重于宏观的整体性研究，而后随着研究的深入，开始聚焦于网络文化安全治理的重点问题，形成了关于"文化治理"和"网络文化治理"内涵的两种理解：一是"对文化的治理"，是"为文化发展确定方向的公共部门、私营机构和自愿/非营利团体组成的复杂网络"（郭灵凤，2007）；二是"利用文化来治理（国家和社会）"，"是国家通过采取一系列政策措施和制度安排，利用和借助文化的功能用以克服与解决国家发展中问题的工具化，对象是政治、经济、社会和文化，主体是政府＋社会，政府发挥主导作用，社会参与共治"（胡惠林，2012）。基于此，网络文化治理可以看作一般文化治理过程的具体化，是多元主体在共同推动网络文化建设与发展的同时，利用网络文化的社会功能维护网络空间秩序、满足网民需求的公共管理活动与过程（翟中杰，2019）。

综上，"网络文化安全"是具有中国特色的网络空间安全理念，是国家义化安全的重要范畴，具体指网络文化中包含的各种信息内容的安全，可以从物质技术层面、管理制度层面和精神文明层面来保障（胡正荣、姬德强，2017；徐龙福、邓永发，2010）。"网络文化安全治理"是指遵循文化安全和公共治理理念，运用法治、技术等手段，解决网络文化安全问题，以期构建一个具有监控、引导、保护等功能的网络文化安全治理体系（汪伟、韩璞庚，2015；解学芳，2013）。

二　网络文化安全治理的基本思路

网络文化安全作为一个新颖的研究主题，目前国内学界网络文化安全研究成果中最为丰富的部分是网络文化安全现状的研究，主要体现在以下几个方面：一是网络文化安全政策机制等状况的研究。与网络文化的快速发展相比，相关的制度与管理建设滞后问题还相当突出，存在现有政策漠视主体、政出多门、操作性差的实际情况（李宁蒙，2014；宋红岩、汪向红，2016）；二是网络文化安全媒介融合建设研究。媒体应将自身定位为优秀文化的生产者和传播者、文化"走出去"的推动者和健康文化环境的维护者（芦珊珊，2014）；三是网络文化内容的分级分类研究。将网络文化安全的信息内容分为推荐信息与不良信息两大类，并从正确性、稳定性、冗余性三方面对网络文化安全推荐信息评价指标体系和文化安全不良信息评价指标体进行合理性实证研究（谷志远等，2008；王海琴，2014）；四是网络文化安全中社会公众能力素质要求的研究。网民要将自律作为第一要义，网络从业人员职业道德水平、网民素养等问题都会影响中国网络文化安全（郑亚楠，2010）。而网络文化安全治理方面的研究则主要着眼于管理机制、培育机制、治理机制等层面的探讨。认为，网络文化的管理机制应由"法规""技术"和"自律"构成，应建立"以自律为基础、以他律为约束、以技术为保障"的三维管理机制（曾静平，2010；刘桂珍，2008）；培育机制必须坚持马克思主义指导、社会主义方向、人的全面发展指向以及和谐社会的建设目标，坚持"党的领导、循序渐进、加强立法、缩小鸿沟"及"有序性"原则，

坚持以人为本，保护人的权利，满足人的需求（徐仲伟，2012；宋元林，2011；吴满意、王欣玥，2016）；治理机制应从加强网络伦理建设、保护民族文化、保护知识产权、维护网络安全和构建电子化政府五个方面开展网络文化治理活动，建立政府主导、企业负责、社会广泛参与的多元模式，发挥企业和社会的协同作用。同时，网络文化乱象治理的根源在于人的思想转化，应融合自律与他律手段，在自律与他律中，建立政府主导与社会协同的耦合机制（丁义浩、陈国秋，2002；田旭明，2015）。这些研究尚没有对治理主体的功能界定、理论演绎、实证研究和机制构建等内容的系统研究，缺少对治理主体治理能力提升的系统关注。

本文认为网络文化安全问题归根结底是人的问题，网络文化安全治理的关键是相关主体治理能力的提升，通过各主体治理功能的发挥，实现网络文化安全的有效治理。基于此，本文提出网络文化安全治理的基本思路（见图1）。该思路以主体治理能力提升为实现网络文化安全有效治理的目标，从网络文化安全治理相关主体对网络文化安全的认知及参与治理的状况入手，揭示影响各参与主体治理能力提升的因素，并结合社会学、政治学、传播学等相关理论，探究网络文化各参与主体的价值取向、行为特点和发展规律。同时，运用相关分析、回归分析厘清各参与主体之间的互动状况、内在关联，将文化自律和法制他律有机结合，实现网络文化安全治理主体间的协同，并结合中国实际，从预防、治理和惩戒层面构建网络文化安全治理的框架、模式与路径。

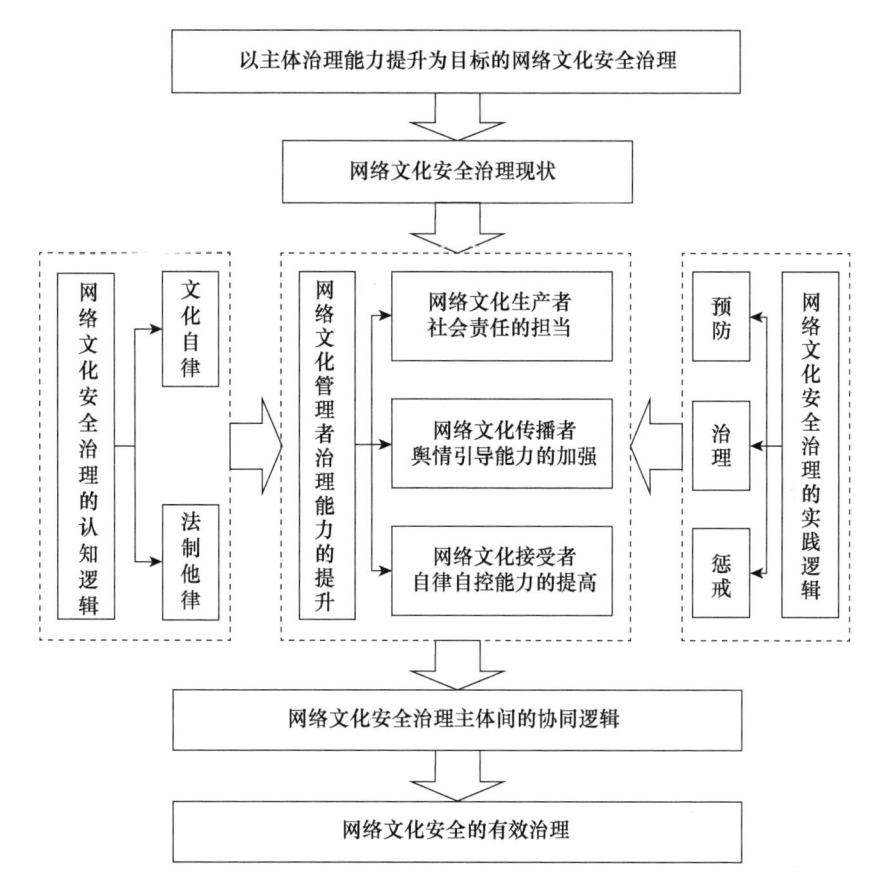

图 1　网络文化安全治理的基本思路

三　网络文化安全治理的主要策略

安全是国家网络文化建设的重中之重，网络文化安全保障的关键在于治理体系的建构（王岑，2009；解学芳，2016）。基于网络文化安全治理基本思路，应以网络文化安全治理主体的"安全"为研究对象，通过对网络文化安全治理相关主体（管理者、生产者、传播者、接受者）价值观的正确引导、伦理道德的有效约束、法律法规的规范控制,将文化自律的"软约束"与法制他律的"硬规制"有机结合,充分发挥各主体的治理功能,推动其协同互动,探讨网络文化良序治理的路径、对策,促进网络文化从管理到治理的根本性变革,以保障网络文化、网络空间的有序健康安全发展。

(一) 分析网络文化安全治理的状况

从近年来中国网络文化面临的矛盾和冲突来看,网络文化安全问题主要体现在意识形态安全、民族宗教(文化)安全、违背社会公德、侵害个人文化权利等四个方面。习近平总书记在"第二届世界互联网大会"上强调"互联网虽然是无形的,但运用互联网的人们都是有形的"[①]。因此,对网络文化安全治理的管理者、生产者、传播者、接受者参与网络文化安全治理的状况进行系统地、全景式分析,应将重心放在各主体对网络文化安全认知及参与治理的状况的综合评价,充分揭示影响各参与主体治理能力提升的因素。重点对网络文化管理者状况、网络文化生产者状况、网络文化传播者状况、网络文化接受者状况等要素进行调查。

(二) 提升网络文化管理者的治理能力

信息时代网络文化发展所呈现出的多样化态势给网络文化安全治理者的治理能力提出了严峻挑战。网络时代,政府的力量是有限的,应发挥其他社会主体的治理作用,从"应当如何"的规范范式转移到"实际如何"的现实范式上来(熊光清,2017)。因此,在网络文化治理中,党和政府应转变治理理念,以"权利理性"代替"权力理性",尽可能做到在尊重各方利益的同时又明确各自的责任,在加强协调作用的同时又不过分干涉控制,使网络参与主体的自律与对网络参与主体的硬性管理彼此相益,促进网络参与主体利益的最大化与均衡化,发挥多元主体在治理过程中的协同作用。

---

① 中国共产党新闻网:《习近平总书记关于网络安全和信息化工作重要论述综述》,2018年11月6日,http://cpc.people.com.cn/GB/n1/2018/1106/c419242-30383547.html。

(三) 强化网络文化生产者的社会责任担当

随着网络技术的发展,以网络文学、网络音乐、网络游戏、网络动漫等为代表的网络文化产品大量涌现,在丰富人们精神文化生活的同时,也出现了一系列社会问题。一些网络文化产业经营者只注重经济效益,忽视网络文化产业的文化责任,严重污染了网络文化生态。应从网络文化产业经营者社会责任维度展开研究。第一,网络文化产业经营者要主动承担社会责任。网络文化产品和服务能够对消费者的世界观、人生观、价值观及其具体行为产生影响,甚至是决定性的作用(张世君,2013)。网络文化产业在追求商业利益的同时,不能忽视自身的文化属性,应该和社会效益统一起来,并以实现社会效益为核心和指导。网络文化产业经营者要摆脱"一切向钱看"的经营思维,正确处理经济效益同社会效益的关系(博远,2016),坚定不移地大力发展优秀文化,承担企业社会责任,为网络文化的发展保驾护航;第二,作为网络文化产业管理者,政府部门要加强对网络文化产业的有效监管,加快完善相关领域法律法规,依法严厉打击利用网络技术传播不良信息的犯罪行为,重视网络文化产业监管队伍建设,形成科学的网络文化产业经营管控机制,让网络文化产业最大限度地传递正能量,引领网络文化正向生长;第三,引导和教育广大网民增强鉴别能力,帮助网络文化产品使用者提高自身道德修养,自律抵制网络不良信息。

(四) 提高网络文化传播者的舆情引导能力

在全媒体快速发展的时代,在虚拟的互联网世界里,每一个网络参与者已从被动的信息接收者转为具有独立选择权的信息发布者。网络文化的主要传播者(主流媒体)扮演着信息"守门人"的角色,引领大众合理正确地运用互联网,培育网络参与者树立强烈的责任意识,让网络传播真正有价值的信息。应通过对网络舆情引导机制的整体分析、网络舆情引导理论的深入把握、网络舆情引导机制的重点研究,从网络文化传播者如何扮演好文化信息"守门人"的角色入手，探讨"守门人"如何发挥意见指挥者和引领者的职责，不断提升网络舆情引导能力，正确引导舆论的走向，有效应对网络舆情风险，平抑、引导、疏解网络舆情，构建一个干净、健康的网络传播新秩序，以实现网络文化的有效治理，维护网络空间的稳定和谐。

（五）提高网络文化接受者的自律自控能力

网络文化的多元特性造就了一个多元文化、多元思想、多元价值的网络社会（夏丹，2019），在带给人们丰富信息的同时，也带来了信息抉择的难题和价值观念的冲突，出现了种种价值变异现象：主体价值取向紊乱和迷失、主体现实社会交往欲望和能力消退、主体道德观念变异和理性丧失等现象；网络文化商业价值的逐利性、不良文化遗存、无度的文化狂欢加剧了网络文化内容的粗鄙媚俗化；网络文化价值评价标准的多重性导致价值目标模糊，多元化的网络价值观消解了社会核心价值观，导致民族传统文化的认同危机；个性怪异化的符号追求使得网络文化语言变异，自我表达的变异导致了个人隐私的脆弱及泄露（杨喜冬，2016）。从对网络文化价值变异的治理入手，探讨如何增强网民的自律自控能力，提高网民对核心价值观认同，培养高素质的网络参与者，处理好网络文化价值主体与客体的关系，通过对网络文化价值变异的治理，正确引导网络文化的发展方向。

（六）实现网络文化安全治理主体间的协同

从网络文化安全面临的问题，到网络文化安全治理相关主体（管理者、生产者、传播者、接受者）治理功能的发挥，目的在于探讨如何对网络文化安全问题进行有效治理，这即是治理体系和治理能力现代化的整体要求，又是解决网络文化安全问题的内在需求。从网络文化安全问题的风险界定、预防机制建设、治理体制建设、治理机制建设、完善相关立法和惩戒机制建设等方面，通过文化自律的"软约束"与法律他律的"硬规制"有机结合，建立预防、治理和惩戒三位一体的完善体系，充分发挥各个治理主体的作用，实现由管理到治理的转变，实现网络文化安全的有效治理。

结　语

网络文化在属性上是一种社会文化，是社会文化在网络时代的一种表现形式（刘洋、尚菲菲，2015）。作为一种全新的文化形态，网络文化深刻地影响着政治、经济和社会生活，不仅对人们的生产方式、生活方式、思想观念和价值取向的确立及选择产生积极影响，同时也带来一系列消极影响，引发一系列复杂的道德问题和社会问题。将文化治理的理念和策略引入网络空间安全中，通过文化来约束调适人们的社会行为，是维护网络空间安全的最佳选择。"文化治理作为一种融文化弹性和惩戒刚性为一体的现代治理形式，通过公共权力的制度化和政府职能的重构，增强政府决策的艺术性和非常规性，实现政府文化职能由传统的强制管理向现代'善治'的根本转变"（潘建红、韩鹏煜，2015）。这种"善"的文化治理其切入点是网络环境下的社会主体及其行为，其"善"的实现需要对作为网络行为活动主体的人的价值观进行引导，包括网络文化各个层面的行为主体——接受者、传播者、生产者、管理者。应充分发挥政府、网络媒体、网络产品生产者、社会组织、社会公众等多元主体的治理作用，推动多元主体在治理过程中的协同互动，通过文化自律与法制他律的有机结合，构建符合中国国情、具有中国特色的科学、完善、有效的网络文化治理模式，进一步提升网络文化治理能力，保障国家意识形态安全、文化安全，推动网络空间有序健康安全发展。

参考文献

博远：《公务员遴选模拟试题系列解析（十七）》，《领导科学》2016年第25期。

丁义浩、陈国秋：《谈网络文化建设中的政府职能》，《辽宁广播电视大学学报》2002 年第 11 期。

谷志远、张屹、杨文阳：《构建我国网络文化安全评价指标体系的实证研究》，《电化教育研究》，2008 年第 2 期。

郭灵凤：《欧盟文化政策与文化治理》，《欧洲研究》2007 年第 2 期。

胡惠林：《国家文化治理：发展文化产业的新维度》，《学术月刊》2012 年第 5 期。

胡正荣、姬德强：《网络文化安全：概念、规范与趋势》，《汕头大学学报》（人文社会科学版）2017 年第 1 期。

解学芳：《网络文化产业公共治理全球化语境下的我国网络文化安全研究》，《毛泽东邓小平理论研究》2013 年第 7 期。

解学芳：《文化产业、文化权益与政府规制逻辑：兼论文化治理》，《毛泽东邓小平理论研究》2016 年第 3 期。

李宁蒙：《我国网络文化安全政策分析》，《新闻世界》2014 年第 3 期。

刘桂珍：《网络传播与文化安全》，《高校理论战线》2008 年第 10 期。

刘洋、尚菲菲：《中西方网络文化的差异与融合》，《沈阳工业大学学报》（社会科学版）2015 年第 5 期。

芦珊珊：《网络时代媒体在国家文化安全上的角色定位》，《新闻知识》2014 年第 5 期。

潘建红、韩鹏煜：《应然与实然：现代技术伦理风险的文化治理能力提升》，《自然辩证法研究》2015 年第 11 期。

宋红岩、汪向红：《近十年国内外网络文化安全研究的评述与展望》，《中州学刊》2016 年第 6 期。

宋元林：《指向人的全面发展的网络文化内容结构体系研究》，《重庆大学学报》（社会科学版）2011 年第 5 期。

田旭明：《守护在线之德：网络文化乱象的伦理反思》，《中州学刊》2015 年第 9 期。

汪伟、韩璞庚：《网络文化安全治理理论建构》，《南京社会科学》2015 年第 12 期。

王岑：《从人—机—环境看网络文化安全体系的构建》，《福建论坛》（人文社会科学版）2009 年第 4 期。

王海琴：《基于合理性评估的网络文化安全指标体系研究》，《中国公共安全·学术版》2014 年第 2 期。

吴满意、王欣玥：《国内学界网络文化问题研究状况述评》，《电子科技大学学报》（社会科学版）2016年第2期。

夏丹：《浅析多元网络文化背景下价值观的冲突与整合》，《南方论刊》2019年第1期。

熊光清：《中国网络社会多中心协同治理模式探索》，《哈尔滨工业大学学报》（社会科学版）2017年第11期。

徐龙福、邓永发：《社会信息化发展的网络文化安全》，《江汉论坛》2010年第11期。

徐仲伟：《论网络空间发展中的我国文化安全问题》，《重庆邮电大学学报》（社会科学版）2012年第1期。

杨喜冬：《网络文化价值变异及其治理研究》，南京师范大学，硕士学位论文，2016年。

曾静平：《论中国网络文化分级分类研究》，《现代传播》2010年第3期。

翟中杰：《我国网络文化治理：概念、过程及其辩证反思》，《山西高等学校社会科学学报》2019年第3期。

张世君：《网络文化产业中的企业社会责任问题》，《首都师范大学学报》（社会科学版）2013年第2期。

郑亚楠：《论网络文化与网络安全管理》，《黑龙江社会科学》2010年第5期。

［美］唐·泰普斯科特：《数字化成长3.0》，云帆译，中国人民大学出版社2009年版，第136页。

Anne Carblance, Sven Moers, 2003, "Towards a Culture of Online Security", Obsemer, No. 240–241.

David Porter, 1997, *Internet Culture*, Routledge.

Tiziana Terranova, 2004, *Network Culture: Politics for the Information Age*, Pluto Press.

Security and Governance of Network Culture: Connotation, Ideas and Strategies

Wang Yuying

Abstract: The security of network culture is an important category of national cultural security, and the issue of Network Cultural Security Governance has attracted more and more attention in recent years. On the basis of sorting out the academic history of related studies, this study further clarifies the connotation of network culture governance, this paper puts forward the idea of network culture governance from the cognition of network culture security related subjects and the situation of participating in the governance, and proposed that through the correct guidance to the network culture security governance related main body values, the ethics morals effective restraint, the law and Regulations Standard Control, combining the "soft restriction" of Cultural self-discipline with the "hard regulation" of Legal Heteronomy, giving full play to the governing function of each subject, promoting the related tactics of their coordination and interaction, aiming at promoting the fundamental change of network culture from management to governance, to ensure the orderly, healthy and safe development of network culture and network space.

Keywords: Network Culture; Cultural Governance; Cultural Self-discipline; Legal Heteronomy

域内微博大 V 对东北区域形象的呈现*

郭桂萍　张文怡**

摘　要：作为地区的无形财富，区域形象在经济一体化发展的今天对区域的发展尤为重要。新媒介环境下，微博以其短、平、快等传播特点成为区域形象传播的重要阵地。作为微博中的意见领袖，微博大 V 具有庞大的粉丝群体，在区域形象的呈现与传播过程中具有深远影响。通过对域内微博大 V 的相关微博信息进行内容与文本分析，可知其呈现了正面形象为主、人文形象突出、政府形象薄弱等东北区域形象，指导政府部门、大 V 个人对未来东北区域形象进行更有裨益的传播。

关键词：微博大 V　东北区域　区域形象

在全球步入经济一体化发展的今天，区域形象作为地区无形的标识与财富，受到越来越多的重视。从某种程度上可以说，区域形象是公众认知印象，这种认知印象会直接作用于该区域的发展。在传统媒介环境下，区域形象的传播多由政府部门及其相关舆论所引导。在新媒介环境下，传媒的生态环境正发生着巨变，以微博、微信为代表的新媒体以其短、平、快等传播特点对区域形象传播带来

---

* 基金项目：吉林省哲学社会科学基金项目"从青年人才流失看东北区域形象的重塑"（2018B164），阶段性成果。

** 作者简介：郭桂萍，女，长春理工大学文学院教授，硕士生导师，研究方向为新闻与媒介；张文怡，女，长春理工大学文学院硕士研究生。

了深远影响。

东北区域形象正面临急剧下滑的严峻形势。2017年5月17日,美团点评系统员工田源在其内部工作群中发布一系列招聘信息,并附上筛选条件:"原则上不要泛黄区域及东北人士"。2019年5月9日,著名作家、编剧六六发布微博称自己在候机的过程中,被一名有东北口音的女子霸占原本想坐下的座位,虽强调自己无意引起地域之争,但该博文的末句同时强调"对某三省不知为何如此捏鼻"。

针对东北区域受地域歧视、区域形象急剧下滑的客观现象,目前少有学者或刊物对其进行鞭辟入里的原因剖析。2019年4月13日,英国著名期刊 *The Economist*(经济学人)刊载了一篇名为 "Province and Prejudice"(《省份与偏见》)的长文,全篇导语为:"在中国,外来人口生活通常很艰难,尤其是来自河南和东北的外来人口。"文中对地域歧视的现象描述较为细致,但对其形成原因仍没有明确的解释,并在文末给出结论:"这样的地域歧视将会长期存在。"基于以上,本次研究的价值体现在研究视角的创新和现实指导意义两个方面。首先,研究视角方面,通过对目前可查到的文献来看,从微博看东北区域形象传播尚是空白。本次研究以微博大V的微博内容为研究视角来分析其呈现的东北区域形象,填补了此方面研究视角的空白;其次,如何纠正现有传播中的偏颇?如何构建更好的东北区域形象?此次研究对解决此类现实问题具有指导意义。

一 区域形象传播中的微博大V

据2019年11月新浪微博数据中心发布的2019年第三季度财报显示,截至2019年9月,微博月活跃用户达4.97亿,比2018年同季度增长5100万,日活跃用户达2.16亿[①]。可见,因具有信

---

① 新浪财经:《微博发布2019年Q3财报:月活近5亿,营收33.18亿人民币》,http://finance.sina.com.cn/money/smjj/smgq/2019-11-16/doc-iihnzhfy9643463.shtml,2019年11月16日。

息传递便捷、进驻门槛低、交互作用强等优点,微博已经获得庞大受众群体的青睐。因此,其对于区域形象传播的重要作用也不言而喻。

(一) 概念界定

1. 微博大 V

微博大 V 是微博日益发展的产物。微博大 V 中的"V"有两层含义,一是指"VIP",即 Very Important Person 的缩写,译为"非常重要的人"或"贵宾";另一层含义指"Verified",译为"认证",即表示该用户的真实身份被官方认可、证明。本文对于微博大 V 的概念界定为:指在微博平台有不少于 10 万粉丝量的,拥有对网络舆论传播有巨大影响力的认证用户。值得注意的是,微博大 V 包含微博名人,但不等于微博名人,微博大 V 的身份必须得到官方的认证。另外,本研究中的"微博"仅指新浪微博。

2. 东北

按行政区定义,"东北"区域为黑龙江、吉林、辽宁三个省份的集合,本研究即采用这种定义方式。

3. 区域形象

地区形象表示一个地区的内部公众与外部公众,对这个地区的内在综合实力、外显前进活力和未来发展前景的具体感知、总体看法与综合评价。一个地区的形象如何,对这个地区的发展起着很大的作用(罗治英,1997)。区域形象是社会公众对于一个地区能够被感知的所有要素的整体印象和综合评价,是区域状况的综合反映。

值得注意的是,对区域形象的理解必须认识到:区域形象是人们通过感知形成的,这并不客观的等同于区域本身的发展状况。媒介通过对相关信息的整合与加工,达成对某地区形象的刻画,信息发布者受到文化、传媒组织定位、个人价值判断等因素的影响,会对同一个地区的事物做出不同的媒介化呈现,从而直接影响到受众对该地区形象的接收与感知。媒介加工出的"区域形象"与受众解读出的"区域形象"皆会与实际的区域状况存在偏颇。

(二) 微博大 V 在区域形象传播中的功能

因其身份特殊、粉丝群体极为庞大,微博大 V 成为微博中的"意见领袖",在传播信息、引导舆论等方面具有十分强大的媒介影响力。

微博大 V 是联结域外受众与区域的"桥梁"。对于某个地区来说,意在提升自己的知名度,就要使自己"被知道"。人们通常对自己赖以生活的区域有较为深刻、全面的认知,但在现有条件下,人们想随心所欲地感知地理距离较远的区域,是不太容易的。微博大 V 因其巨大媒介影响力成了信息传播过程中不容忽视的力量,通过信息的传递与反馈,在域外受众和该区域之间建立了信息的"桥梁"。

微博大 V 是提升区域美誉度的"扩音器"。对于某个地区来说,意在提升自己的美誉度,就要使自己的"优点被知道"。美国学者拉扎斯菲尔德1994年提出了"意见领袖",指活跃在人际传播网络中,经常为他人提供信息、观点或建议并对他人施加个人影响的人物,在大众传播过程中具有扩散与传播的功能,其影响是由点及面的。良好的区域形象通过微博大 V 的多次、长期传播,能够被更广泛的受众所接收、接受,从而达到提升区域美誉度、提升区域地位的作用。

微博大 V 是区域形象建构过程中的主体。从传播学角度来看,区域形象是媒介和受众互动的结果,而媒介在此过程中扮演着把关人的角色,通过信息的筛选与组合,直接作用于该区域形象的建构。民间舆论场中,微博大 V 传递着与地区相关的信息,而区域外部分受众正是通过解读媒介组织出来的这些信息,达成对某地区事务的认知与见解。

(三) 基于受众感知的区域形象综合评价指标体系

通过对已有文献中对城市竞争力指标和城市形象构成指标的筛

选，本次研究采用由复旦大学工商管理博士后苏永华提出的由 5 个一级指标、22 个二级指标构成的基于受众感知的区域形象综合评价指标体系（见表1），来作为本文研究区域形象传播的指标体系评价标准，应用到微博内容主题的研究中去。

表1　基于受众感知的区域形象综合评价指标体系

评价对象	一级指标	二级指标
区域形象	基础资源	基础设施、区域规划、市容卫生、风景名胜
	经济发展	经济水平、投资环境、产业优势、知名企业
	科技人文	科技实力、教育水平 历史文化、民俗风情、市民素质
	人居环境	居住环境、消费环境、物产美食 社会治安、交通出行、社会保障
	政府行政	公务员素质、政府管理水平

二　研究设计

微博大 V 呈现了何种东北区域形象？基于此问题的设定，此次研究将分别考察以下内容：①微博大 V 所发的（可查）所有微博数量；②其中能体现东北区域形象的微博条数占比；③相关微博发布类型（原创\转发）；④相关微博传播了怎样的东北区域型形象（正面\中性\负面）；⑤相关微博呈现形式（文字\图片\图文\视频\文章\其他）；⑥相关微博内容主题（基础资源\经济发展\科技人文\人居环境\政府行政）。

为了更好地回答以上问题，从可行性与客观性出发，本次研究采用内容分析法。内容分析法是一种对于传播内容进行客观、系统和定量的描述的研究方法，实际上就是对所收集的整体传播内容进行科学分析的研究方法。

（一）研究假设

在选取样本之前，本文先做这样的研究假设：东北区域内的微博大V比区域外的微博大V更适合做研究样本。

为了验证此研究假设，本文选取了沙溢、姚晨两个区域内外的身份相当的微博大V做内容对比。例如，沙溢：演员，吉林长春人，微博粉丝数为1063万；姚晨：演员，福建泉州人，微博粉丝数为8362万。

表2　　　　　　　　沙溢、姚晨微博数量与内容对比

微博大V	所有微博数量	东北区域相关的微博数量（占比）
沙溢（东北区域内）	3682	35（占比0.95%）
姚晨（东北区域外）	10071	2（占比0.0002%）

由表2数据可以看出，作为吉林长春人，沙溢有关东北区域形象的微博数量占比远远高于区域外的姚晨，在成为研究样本上具有较大效用。所以，此次的研究样本将在东北区域内的微博大V中选取。

（二）样本选取

微博大V的数目众多，且在不断更替、变化中，具有不固定性，受研究限制，本次研究不能将所有的微博大V纳入研究样本，只选取有代表性的三个微博大V做细致的研究，从而得出结论。本次研究选择了三个籍贯属东北区域内的，具有巨大传播影响力的微博大V：@王楠乒乓球、@东北红人、@沙溢。需要特别说明的是，本次样本选取的时间段为该微博大V发第一条微博起，至此次研究时间（2019年12月20日）止。

@王楠乒乓球：辽宁抚顺人，粉丝103万，微博认证：乒乓球奥运冠军王楠。

@东北红人：黑龙江哈尔滨人，粉丝402万，微博认证：视频自媒体人。

@沙溢：吉林长春人，粉丝1063万，微博认证：演员。

东北区域内的其他微博大V也有很多，如歌手李健、运动员武大靖、乒乓球员马龙等。选择以上三个微博大V的原因是其可供研究的有效样本数比较多。例如，拥有847万微博粉丝的运动员武大靖的微博总数为325条，其中与东北区域相关的微博数仅为1条，故未被选取为本次研究的样本。

（三）内容性质界定

微博信息的呈现形式多为文字、图片、视频或它们之间的组合，有时并不是直接的文字呈现，这就导致在有效样本的确定中，会出现许多模糊的、需要先转换再对其进行判断性质归属的内容。所以，关于微博内容的性质界定与归属，这里需要对两点问题做详细的说明：①什么样的微博算是体现了东北区域形象？②在分析微博内容性质时如何界定正面\中性\负面？

首先，关于第一个问题，什么样的微博算是体现了东北区域形象，可以被纳入研究的有效样本中？我们可以依据不同的微博呈现形式来对其进行界定，即规定出现以下情况之一的，视为体现了东北区域形象，为有效样本：①微博文字中提及东北区域内地名、风景名、学校名、特产、社会风俗等特属于东北区域之内的名称或事物；②微博图片、微博视频中以东北区域内某地、某景观、某特色建筑、某特殊气候为拍摄素材或拍摄背景的；③微博视频中的人声、配音、背景音乐等有声物强调东北区域方言的。

其次，关于第二个问题，即什么样的微博算传播了正面的东北区域形象，什么样的微博算传播了中性\负面的东北区域形象？我们会在很多研究中看到类似正面\中性\负面等划分性质的词组，在这里，我们有必要对这些词语的界定进行说明。

（1）正面形象：微博文字中以褒义词语为主体的；微博图片或视频中反映的主体、画面是积极、乐观的；可以从该微博明显看出博主的喜爱、开心、自豪、向往、不舍等思想情感。

（2）中性形象：在对东北区域内事物的描述、拍摄时多为第三人称视角，没有表现出过多的个人情感色彩，通常表现为对区域内某事件的阐述而非评论。

（3）负面形象：与正面形象相反；微博文字中以贬义词为主体的；微博图片或视频反映的主体画面是消极的，或是对负面人物、负面新闻的传播；博主通过该微博传达的是伤心、难过、不安、反感、厌恶等思想情感。

三 变量分析——微博大V对东北区域形象的呈现

基于以上研究前提的设立，研究将运用内容分析法，从微博信息发布数量、微博发布类型、微博内容性质、微博呈现形式、微博内容主题这五大维度来分析研究样本，以基于受众感知的区域形象评价指标体系为标准，考察微博大V及其评论如何呈现区域形象、如何进行区域形象传播。

通过对选定的三个样本进行信息筛选与统计，得出个人的有效样本数：

@王楠乒乓球：总微博数：392；有效样本数：11，占比2.81%

@东北红人：总微博数：1281；有效样本数：73，占比5.70%

@沙溢：总微博数：3682；有效样本数：35，占比0.95%

表3　　　　　　　　　　研究样本分析

考察维度	类别	@王楠乒乓球		@东北红人		@沙溢	
		数目	占比（%）	数目	占比（%）	数目	占比（%）
发布类型	原创	8	72.7	54	74	23	65.7
	转发	3	27.2	19	26	12	34.3
内容性质	正面形象	11	100	45	61.6	26	74.3
	中性、负面	0	0	28	38.4	9	25.7

续表

考察维度	类别	@王楠乒乓球		@东北红人		@沙溢	
		数目	占比（%）	数目	占比（%）	数目	占比（%）
呈现形式	文字	2	18.2	5	6.8	8	22.9
	图片+文字	8	72.7	45	61.6	22	62.9
	视频	1	9.1	16	22	4	11.4
	其他	0	0	7	9.6	1	2.9
内容主题	基础资源	4	23.5	14	16.9	5	11.1
	经济发展	0	0	7	8.4	2	4.4
	科技人文	10	58.8	35	42.2	25	55.6
	人居环境	3	17.7	19	22.9	12	26.7
	政府行政	0	0	8	9.6	1	2.2

（一）正面区域形象的呈现居多

总体来看，关于东北区域，三位微博大V均给出了相对正面的、积极的形象呈现。其中，王楠的有效样本全部呈现了正面形象，反映非正面东北形象的微博数为零。值得注意的是，"东北红人"有3条微博呈现了负面的区域形象，分别是：哈师大夜市乱象、不文明的劝酒文化、不满国家对东北的政策红利。在沙溢的有效样本中，也存在3条微博呈现了负面的东北形象，分别为：2013、2014年两次提及东北雾霾、2014年提及"哈尔滨驱狗"事件。但从总体来看，微博大V更多地传达了热情的东北人民、丰盛的地方特产、独特的冰雪气候等正面形象。

（二）人文形象最为突出，政府形象薄弱

形象是从来不是单维度的，一个区域的总体形象是该区域多种子形象作用而成的结果。通过对上述变量的分析，及对相关微博关键词的梳理（如图1）可知，三位微博大V的相关议题集中在东北的民俗风情、居住环境与物产美食，经济发展、政府行政等方面的形象则鲜有呈现。

图 1　相关微博关键词云图

（三）基础资源：资源绰沃、人杰地灵的"黑土地"

2019 年 4 月 25 日，@沙溢发布微博："再次回到我的大东北，空气中弥漫着黑土的芳香……"并配上显示家乡蓝天、高楼、黑土地的远景图片；2019 年 5 月 30 日，@东北红人发布微博："我国被称为音乐之城的是哪一座城市？答：哈尔滨"并配图哈尔滨音乐剧院的全景建设图。从相关微博对东北基础资源的表述来看，微博大 V 总体呈现了区域规划良好、土地资源肥沃的东北形象。

（四）经济发展：经济疲软、亟待飞跃的"潜力股"

经济水平、投资环境、产业优势、知名企业等反映东北经济发展状况的很少被微博大 V 提及。其中比较有代表性的言论有：2017 年 3 月 13 日，@东北红人发表头条文章《不要把国家责任都推给东北》，在文中表述"东北经济振兴的口号响了那么多年，时至今日仍无起色，东三省的GDP放缓已震惊全国……东北衰落，真正的原因在于，改革开放三十余年，东北没有享受到应有的政策红利。也就是说，这三十余年来，在政策层面，东北一直遭到了无情的忽视，甚至是抛弃。"虽然对疲软的东北经济现状表示失望与不满，但该博主对其发展前景仍抱以信心，认为东北地区作为中国老工业基地，有其与众不同的既有优势，是经济发展领域亟待飞跃的"潜力股"。

（五）科技人文：文化多姿、语言极具感染力的热情之都

科技人文是被呈现次数最多的内容主题，其中，民俗风情、市民素质是微博大V多选择的议题。2018年12月30日，@王楠乒乓球发布微博："听说大家都怀念我的东北话了，那就让我们都㧜一㧜……"2019年2月9日，@王楠乒乓球发布微博："大年初五，住咱娘家"，并配有冰雕、各种冰上游戏及特色小吃的图片。诙谐与极具感染力的东北话不仅一度成为东北人"走出去"的特色名片（如赵本山小品中的东北口音），至今也仍是区域外民众了解东北的一个窗口，对东北话的模仿与应用越来越被受众青睐，如抖音、快手短视频等自媒体中的东北话背景音等。

2016年6月5日，@沙溢发布微博称："东北三大狠人：喝酒不吃菜的，光膀子扎领带的，骑自行车80迈的！哈哈哈"。另外，@东北红人多次转发典型人物事迹，如"65岁东北奶奶用稻草造国庆阅兵车，梦想是让农民四季都有钱赚""零下30多度的哈尔滨深夜，顶着严寒坚守岗位的代驾司机"等，皆呈现了豪迈奔放、热情洋溢、辛勤劳作的东北人形象。

（六）人居环境：物产丰富的冰雪名城

严寒且漫长的冬季、一年一度的"冰雪大世界"……因为其天然的地理环境与气候，"冰雪"甚至成为一直都是东北地区为人熟知的独特之处。2019年6月17日，@东北红人发布微博表示："冬季有雪而不寒不冻港；春秋有景而不干；夏季不闷不热；能看到日出日落；有海洋气候调节；四季时间平均。"并配有注文"家在东北"的图片。2019年11月28日，@东北红人发布微博称："来吧，来吧，东北下雪了！"并配有房屋被皑皑白雪覆盖的图片。另外，@沙溢、@王楠乒乓球也通过文字或图片呈现了东北的冰雪环境特色。

物产美食是微博大V呈现较多的东北相关事物之一。2019年6月14日，@东北红人："烤大米饭，你吃过没，没有来东北就可以了，在东北万物可烧烤"。除烤大米外，东北酸菜、玉米、地瓜、东北大米等被提及的物产皆呈现了物产丰富的东北区域形象。

（七）政府行政：政府管理水平稳步提升的法治之区

政府行政是以上考察的微博大V最少采纳的议题，集中体现在@东北红人对政府新颁布政策或条例的转发宣传，多是当地政府对上级政策的响应，或是针对民情颁布的条例、开展的专项行动等，显现了东北地区政府管理正处于有条不紊地发展之中。

四 评论内容对东北区域形象的呈现

以上考察的微博大V都具有东北籍贯，为了客观、全面的达成研究，有必要对其评论做变量统计与分析。此处的评论样本选择的是上述每条有效微博下的评论前五名（按热评排序）。判断该评论是否归属东北区域内的标准是看发布该条评论的人微博主页显示的归属地，当然，归属地中也会出现无归属地信息或归属地为海外等情况。

@王楠乒乓球微博选取有效评论数：55

@东北红人微博选取有效评论数：365

@沙溢微博选取有效评论数：180

表4　　　　　　评论内容对东北区域形象的呈现

地域	类别	@王楠乒乓球评论		@东北红人评论		@沙溢评论	
		数目	占比（%）	数目	占比（%）	数目	占比（%）
东北区域内	正面态度	12	21.2	86	23.6	38	21.1
	负面态度	0	0	17	4.7	7	3.9
	其他	0	0	55	15.1	10	5.6
东北区域外	正面态度	24	42.4	82	22.5	45	25
	负面态度	0	0	16	4.4	9	5
	其他	10	18.2	95	26	53	29.4
海外或归属地缺失		9	16.4	14	3.8	18	10

从以上数据可以看出，东北区域内外的人对东北区域形象大都持正面态度，即大部分人所感知的东北区域形象是正面、积极的，通过对具体评论内容的分析可知，正面形象主要体现在特别的冰雪文化、喜剧文化、迷人的名胜古迹、热情的东北人、搞笑的东北方言等方面。关于少数人持有负面东北区域形象的，则主要体现在雾霾天气严重、经济发展落后、东北人扮丑、东北人衣着打扮俗气、气候太过严寒、东北女人很"可怕"等方面。

五　对未来东北区域形象传播的建议

（一）政府的认识与态度尽快转向"形象自为状态"

地区形象的改善是当地政府、机构团体、普通个人等多通力合作的结果。其中，地区领导人对区域形象建构的主观认识与态度起者至关重要的引领作用。根据罗治英教授的理论成果，地区领导人的主观认识与态度可分为"形象自在状态""形象半自为状态""形象自为状态"三种类型。其中，"形象自为状态"指地区领导人具有较为强烈的地区形象意识，能够按照地区形象理论的原则与方法，正规地开展地区形象设计与建设，争取投入最少而产出（效果）最大（罗治英，1997）。因此，相关政府应主动地重视东北区域形象问题，尽快转向"形象自为状态"，把东北区域形象问题当作一项系统工程来抓，将之纳入科学化、系统化和规范化的轨道。

（二）利用微博大V填补传播空白，发挥长尾效应

目前，新媒体与传统媒体相结合的传播方式，是区域形象传播的必然发展趋势。因此，相关领导人应重视微博、微信等当下炙手可热的自媒体传播平台，重视其中意见领袖的诸多传播功能，引导意见领袖有意识地向构建更为美好的东北区域形象靠近。虽说，微博大V的本质身份还是公民个人，他本没有责任参与到区域形象的构建过程之中，但如果政府部门能与某正面形象的区域内名人、微博大V达成合作，甚至树立"区域形象代言人"等，这将很大程度上提升东北区域的知名度和美誉度，填补此方面的传播空白。

我们的文化、经济重心正在加速转移，正在从需求曲线头部的少数热门转向需求曲线尾部的大量利基产品和市场，这是长尾理论的基本观点。如今，在信息高速更迭的传播环境下，若想通过持续的曝光改善东北区域形象，长尾效应的有效发挥是必要的。利用微博大V或类似的区域名人长期、系统的进行相关议题的设置，将对区域形象的可持续改善大有裨益。

（三）丰富传播内容与形式

关于东北区域形象，什么样的信息产出能够被受众最大程度的接受？这是需要系统考虑的问题。从发布者的角度来说，新奇的信息内容、全面的信息展示往往能使其获得更多的关注，但信息形式与内容常常受到传播平台的限制；从受众的角度来说，在"信息快餐时代"，受众越来越青睐于真实的、新奇的、轻松愉悦的信息产品。这指导区域形象传播者在传播内容上，从东北区域实际发展情况出发，凸显冰雪气候、殖民文化、东北方言等地域特色，开辟新型栏目，避免模式化内容传播。在传播形式上，区域形象传播者则应结合利用好多种媒体，如报纸、微博、短视频APP抖音，包括新

兴的新浪微博"绿洲"APP 等。

参考文献

罗治英：《DIS：地区形象论》，中央编译出版社 1997 年版。

The Presentation of the Image of the Northeast Region by Micro-blog V in the Region

Guo Guiping   Zhang Wenyi

Abstract: As the intangible wealth of the region, the regional image is especially important to the development of the region in today's economic integration. Under the new media environment, micro-blog has become an important position of regional image dissemination because of its short, flat and fast spreading characteristics. As the opinion leader of micro-blog, micro-blog bigV has a huge fan base, which has a far-reaching influence in the process of presenting and spreading the regional image. Through the content and text analysis of the relevant micro-blog information of the bigV of micro-blog in the region, we can see that it presents the image of the northeast region such as the positive image, the prominent humanistic image, the weak government image, etc., guide government departments, bigV individuals to the future image of the northeast region more beneficial dissemination.

Keywords: Micro-blog V; The Northeast Region; Regional Image

数字文化产业发展的新格局和大趋势

武欢欢*

摘　要：本文以数字文化产业为核心，分析数字文化产业产生的物质基础，梳理国家推进数字文化产业的相关政策，概述当前数字文化产业的发展状况，展望数字文化产业的未来走势。旨在探索数字文化产业发展的新路径和新方法，推动数字文化产业又好又快发展。

关键词：网络网民　数字文化产业　现状与未来

一般说来，文化产业分为四大版块，即传统文化产业、数字文化产业、文化旅游产业、文化产业与其他产业相融合而形成的新产业。2017年，文化部颁布的《关于推动数字文化产业创新发展的指导意见》，对数字文化产业做出了明确的界定：数字文化产业是以文化创意内容为核心，依托数字技术进行创作、生产、传播和服务，呈现技术更迭快、生产数字化、传播网络化、消费个性化等特点，有利于培养新供给，促进新消费。近年来，随着经济社会的快速发展和人们文化消费需求的提质升级，在各级政府的大力推动下，数字文化产业井喷般发展，成为数字经济和文化产业的一个重要增长极。本文对数字文化产业的发展基础、目前状况及未来走

---

* 作者简介：武欢欢，女，长春大学外国语学院教师，硕士，社会工作师，主要研究方向为社会工作、数字文化产业。

势,做初步探讨,以期构建数字文化产业的创新生态体系,推动数字文化产业再登上一个新台阶。

一 数字文化产业产生的物质基础

数字文化产业产生的物质基础有两个,一个是互联网,一个是互联网网民。尽管互联网、互联网网民和数字文化产业产生的时间不同,但它们三者一经联系在一起,就形成了一种彼此促进、共同发展的关系。为了线索清晰,我们将它们三者分开来叙述。

20世纪中叶,世界产生了三项伟大的发明:1946年,美国生产出了第一台电子计算机;1947年,英国生产出了第一台电视机;1957年,苏联成功发射了第一颗人造地球卫星。1965年,人类使用第一颗国际通信卫星,将这三项伟大发明连为一体。1983年,美国建立起了互联网;1988年,全球互联网开通。由此,第三次技术革命——信息技术革命的帷幕渐次拉开。

1994年,中国与国际互联网全功能对接,建立起了中国的互联网。从此以后,中国不断加大互联网基础设施的投入和建设。截至2017年底,中国光缆线路总长度达3606万千米,互联网宽带接入端口数量达7.6亿个,移动通信基站达604万个,互联网数据中心部署的服务器达116万台。经过20多年的努力,我们现在已成为互联网大国。

随着互联网的不断普及,网民数量也日益增多。中国网民数量2007年为2.1亿人,2008年为2.98亿人,2009年为3.84亿人,2010年为4.57亿人,2011年为5.13亿人,2013年为5.64亿人,2016年7.1亿人,普及率为53.2%,2017年为7.7亿人,普及率为55.8%,2018年为8.3亿人,普及率为59.6%。

在互联网这个虚拟世界里,聚集了8亿多人,他们需要各种各样的产品和服务,因此,数字文化产业应运而生。不仅如此,全世界哪个省能有8亿人,全世界又有几个国家能有8亿人,因此,互联网既是一个巨大的平台又是一个巨大的市场,依托于此的数字文化产业有着广阔的发展空间。

二 数字文化产业发展的政策红利期

近几年来，国务院及有关部委准确把握文化产业发展的新动向及广大人民群众文化消费的新需求，乘势而上，借势布局，密集出台了一系列推动数字文化产业发展的文件，数字文化产业迎来了前所未有的政策红利期。据初步统计，国务院及相关部委出台的文件如下所示。

2014年3月，国务院印发《关于推进文化创意和设计服务与相关产业融合发展的若干意见》，明确提出加快数字内容产业发展的任务和要求。

2016年5月，文化部等四部委印发《关于推动文化文物单位文化创意产品开发的若干意见》，提出支持数字文化、文化信息资源库建设，用好各类已有文化资源共建共享平台，面向社会提供知识产权许可服务，促进文化资源社会共享和深度发掘利用。这是为数字文化产业发展提供文化资源。

2016年底，数字创意产业首次被纳入《"十三五"国家战略性新兴产业发展规划》。根据《规划》，到2020年，数字创意产业产值规模将达8万亿元。而数字创意产业在文化领域的具体体现，即是数字文化产业。

2017年4月，文化部出台《关于推动数字文化产业创新发展的指导意见》，进一步确定了数字文化产业的发展方向和路径。

2017年5月，文化部制定的《文化部"十三五"时期文化科技创新规划》，明确文化科技创新是国家科技创新的重要组成部分，是社会主义文化强国建设的关键支撑力量。这是把数字文化产业的科技创新也提升到了国家科技创新的高度。

2017年7月，文化部发布《文化部"十三五"时期公共数字文化建设规划》，明确指出公共数字文化建设是加快构建现代公共文化服务体系的重要任务。

2017年8月，国务院发布《关于进一步扩大和升级信息消费持续释放内需潜力的指导意见》，再度提出大力发展数字创意产业，并透露将制定相关政策，促进数字创意产业的进一步发展，全面推动"互联网+文化"的新业态、新模式、新趋势的发展。

2019年3月，文化和旅游部出台《文化和旅游部办公厅关于征集2019年"一带一路"文化产业和旅游产业国际合作重点项目的通知》，明确提出项目重点方向包含打造具有丝路特色的旅游线路、拓展数字文化产业合作等工作方向。

在这些政策的大力推动下，数字文化产业业态不断扩大，层次不断攀升，效益不断提高，成为数字经济和文化产业中一条亮丽的风景线。

三 数字文化产业发展的火热局面

数字文化产业的业态十分丰富，但无论是大的领域还是小的方面，都取得了长足发展，呈现出一派如火如荼的局面。仅就其高光和亮点而言，就有以下几个方面。

（一）各业竞放

各业竞放是数字文化产业的各个细分领域行业百花齐放，竞相发展。

（1）游戏领域

根据《2018年中国游戏产业报告》，2018年，中国游戏行业整体营业收入约为2144.4亿元，同比增长5.3%，占比全球23.6%。中国游戏用户规模达6.26亿人。截至2018年年末，中国上市游戏企业数量达199家，其中A股上市游戏企业151家，占75.9%；港股上市游戏企业33家，占16.6%；美股上市游戏企业15家，占7.5%。

（2）动漫领域

据艾瑞咨询发布的《2018年中国动漫行业研究报告》显示，

动漫产业总产值突破 1500 亿元，在线内容市场规模近 150 亿元。泛二次元用户规模近 3.5 亿，在线动漫用户量达 2.19 亿。

（3）直播、短视频领域

根据第七届中国网络视听大会上发布的《2019 中国网络视听发展研究报告》，网络视频已成为网络娱乐产业的核心支柱，截至 2018 年 12 月，网络视频用户规模（含短视频）达 7.25 亿，占网民总数的 87.5%，短视频用户、网络直播用户、网络管频用户规模分别为 6.48 亿、3.97 亿、3.01 亿。

（4）音频领域

在 2018 年全民阅读年会上，中国新闻出版研究院发布《第十五次全国国民阅读调查报告》，其数据显示，中国的"耳朵阅读用户"正在飞速增长：2017 年成年国民听书率为 22.8%，较 2016 年提高了 5.8%，听书已经成为各种阅读方式中增长最快的方式之一。更令人震惊的是，2019 年 10 月 17 日，在喜马拉雅对外宣布其用户数突破 6 亿的同时，福布斯发布了 2019 年中国 30 岁以下精英榜，喜马拉雅主播"有声的紫襟"和"牛大宝"同时上榜。音频行业主播首次登上福布斯排行榜，这代表着主流商业世界的认可，也预示着音频行业的潜力和未来。

（5）影视领域

2018 年前三季度，共有 214 部网剧、118 档网络综艺、1030 部网络电影上线，由于精品化、独播化、创新化的内容不断增多，所以颇受用户欢迎。尤其是《如果国宝会说话第二季》、《国家宝藏第二季》等纪录片，通过更加轻松的小剧场等形式，吸引了众多年轻人，获得了超高的评分。

（6）网络文学领域

中国音像与数字出版协会发布《2018 中国网络文学发展报告》，报告显示，行业规模方面，2018 年重点网络文学总体营业收入 342 亿元，其中网络文学主营业务收入达 159.3 亿元，同比增长 23.3%，保持稳步增长。

当然，数字文化产业的其他领域亦表现不俗，这里就不一一阐述了。

(二) 质量提升

数字文化产业内容的供给者，有的是机构，有的是个人，无论是机构还是个人，他们的政治觉悟、文化修养、艺术品位、技术水准都不尽相同，因而内容品质也参差不齐。其中，有些作品粗制滥造、低级趣味、庸俗媚俗，有的甚至存在着政治取向问题。对于这些问题，需要有两方面的力量发力解决。

一方面，各级政府不断地加强管控和治理。例如，由于明星自带粉丝流量的特点，综艺节目和影视剧的制作方过度追捧流量明星，从而抬高了明星的片酬和行业制作成本，成为作品质量低下的重要原因。2018年，为了规范影视行业发展，国家广电总局出台了《关于进一步加强广播电视和网络视听文艺节目管理的通知》等规定，形成严格的审核制度，遏制影视圈天价片酬、"阴阳合同"等乱象，使盲目跟风、内容空洞的影视和综艺节目大大减少。

另一方面，许多经营平台和制作团队，为了加强市场竞争力，也在想方设法地优化作品形式和提高作品品质。例如，喜马拉雅在取得音频行业首席地位后，又分兵两路，再攀高峰。一是针对已有的有声小说、剧本和诗歌美文等文学文艺作品，专注于提升演播水平，以高音质、高音效、大制作为基准，丰富双播、多人播等演播形态，向"大片"靠拢，制作更有品质感的精品有声剧。二是针对人文社科、亲子儿童、商业财经、生活健康、自我成长和科技前沿等非虚构类作品，探索有声书形态的多样性。比如，将一本书浓缩成30分钟的干货，将一本冰冷的书变成一本作者亲授的课程、拉近与读者之间的距离，或者是将一本书变成一部评书、脱口秀甚至是节目等。中国声音的职业空间将因此而大不一样。

经过以上两方面的努力，目前中国数字文化产业的内容品质不断提升，市场不断扩大，消费者的满意度不断增强。

(三) IP 运作

一个产品一个产品地生产,一个产品一个产品地销售,是农业和工业的思维方式和经营方式。文化产业则不然,它是从打造精品入手,进而实行 IP 运作。所谓 IP,它必须具备三个要件:第一,知名度高,驰名中外,饮誉四海。第二,具象内容和意象内容极其丰富,可做多种理解和多种解说。第三,表现形式不受框定,可以用多种艺术形式进行多次的表达。也可以说,IP 就像孙悟空一样,摇身一变,幻化万千,越变幻越精彩。具体说来,打造和运作 IP,就是生产一个具有 IP 元素的产品,然后采用各种形式进行开发和利用,从一张牛身上扒下多张牛皮,使成本最低化,利润最大化。

2015 年被称为中国"IP 元年",IP 相关产品价值不断凸显,IP 产品交易呈现爆发式增长。从 2014 年至今,网络小说《何以笙箫默》《花千骨》《鬼吹灯》《盗墓笔记》《甄嬛传》《琅琊榜》《芈月传》《三生三世十里桃花》等,都被作为 IP 进行了开发。先是成套出版纸质图书,定价很高,发行量惊人,有的竟发行到 100 多万册。然后拍成了电视连续剧,都是几十集,都在黄金频道和黄金时段播出,观众达到几千万人。因此,无论是作者、网络运营者、图书出版者、电视剧拍摄者,都赚得盆满钵满,充分显示出了 IP 的巨大价值。

打造 IP 和运作 IP,表明数字文化产业的创新能力不断增强,发展水平不断提高。

(四) 资本青睐

资本市场是行业发展的风向标,上市公司的经营状况直接反映着行业的发展水平。自 2010 年以来,数字文化产业上市公司营收增速一直在 20% 以上。2016 年第一至第三季度数字文化产业上市公司营收达 657.8 亿元,增速为 42.5%。2015 年数字文化产业上市公司营收为 668 亿元,增速为 49.6%。近两年上市公司营收的迅猛增长，主要是由于2014年、2015年有多家数字文化产业企业或借壳上市，或调整业务方向，剥离传统产业，切入数字文化领域。据不完全统计，2014年以来，共有9家企业借壳，6家企业调整业务。资本市场的青睐，充分显示出数字文化产业近年来发展的火热程度。

四 数字文化产业发展的大趋势

文化产业尤其是数字文化产业，是一种不断创新、快速迭代的产业。在我们还在阐述其当下的如火如荼的发展局面时，它新的发展势头、发展趋势、发展方向已经向我们展现出来，几乎让我们措手不及，目不暇接。

（一）文化产业整体升级的新通道

近年来，5G通信技术、人工智能等新兴科技的出现，为文化产业的发展提供了新的路径。5G高速度、泛在网、低功耗、低时延等特点，推动了VR（虚拟现实）、AR（增强现实）、人工智能、大数据、物联网等越来越多的新技术横空出世，为文化产业创造了层出不穷的新应用场景，新技术支撑，让文化呈现得更加精彩。以下几个实例颇能说明问题。

第一，传统文化皮影戏，利用5G技术支撑，采用VR/AR、虚拟投影、屏幕等方式放映，吸引很多年轻的观众群体，产业发展进入了一个新阶段。

第二，5G通信技术下，动漫游戏、文学、音乐、影视等数字文化产品，在现有广泛的用户基础上，通过虚拟现实（VR）、增强现实（AR）、8K视频等技术，让场景呈现真实化、让文化触达便捷化；杜比全景声、8K超清、VR等在演唱会直播中流畅应用，使得人们足不出户就能"置身"演唱会现场，与偶像一起互动。这些数字文化产品无论在形式还是内容方面，都将呈现出新时代新技术下的"新面孔"。

第三，文化旅游产业通过VR、AR等技术，人们不用赶赴名山秀水，敦煌即便相隔千里也能如身临其境般地欣赏莫高窟的精美壁画；借助8K超高清互动技术、高清动态动画技术、全息影像，传世名画《清明上河图》"动"了起来、"活"了起来，原本静态的文物有了更真切灵动的全新表达。

新技术将引发一场生产方式的革命，整个数字文化产业也会因此发生颠覆式的改变。数字文化产业正迈入新时代。

（二）文化产业交叉融合的新模式

在高新技术的推动下，文化产业不仅自身内部各个门类之间互相融合，而且跨领域、跨行业地渗透和融合，尤其是其中的数字文化产业，跨界速度更快，融合程度更深，创造新业态的能力更强。例如，数字文化产业与旅游产业相融合，就使旅游产业发生了神奇的变化。

最近，人们津津乐道的云南丽江"数字小镇"，就是数字文化产业与旅游产业相结合的生动体现。这个"数字小镇"以数字文化为核心内容，不仅让游客可以体验5G视频电话、机器人服务、自动匹配位置的智能停车场等创新服务，更启动了"云南万物有灵"等计划，与游戏、音乐、电影和数字文创结合，营造出虚拟与现实自由切换的全新文旅体验。

总之，数字技术创新，不仅促使文化生产要素在创新过程中实现优化组合，更为文化产业赋予更多的新内涵，使各种业态出现新的融合趋势，随着5G等新技术大门的开启，文化产业和科技产业将擦出更灿烂的火花。文化产业所关联的IT产业、酒店产业、景区周边特色农产品产业等都将在新形态下产生更紧密的融合方式。未来10—15年，文化产业与互联网、科技、旅游、农贸等产业的融合，将推动数字文化产业形成一个超过100万亿元的大市场。

（三）文化产业走向世界的新成果

移动互联网铺天盖地地展开，为经济全球化和文化全球化插上了翅膀；智能手机、5G通信技术的应用，可以把全世界的文化信息快速地推送到每个人面前；"一带一路"建设的不断推进，为我们文化产业走向世界打开了通道；建设社会主义文化强国，更需要中国文化走向世界，增强中国文化的影响力、吸引力和感召力。在以上各种力量的作用下，近几年来，我国文化产业在走向世界的道路上迈出了坚实的步伐，并不断取得新的成果。

以游戏为例，网易2018年第三季报公布，海外游戏营收占比达到10%，三七互娱海外营收占比达15%。2018年中国自主研发网络游戏海外市场实际销售收入达95.9亿美元，同比增长15.8%，远高于国内5.3%的同比增速。

在短视频方面，字节跳动的抖音海外版Tik Tok已经收购了美国著名短视频平台Musical.ly，并在2018年10月份成为美国月度下载量最高的应用。快手则在东北亚、东南亚等全球近10个国家和地区推出海外版，并收获了不错的成绩。

现在，中国文化产品走向世界还仅仅是开始。随着我国国际地位的不断提升，随着"中国文化热"在世界范围内的逐渐兴起，我国的文化产品会更加受到世界各国的欢迎。为此，我们要倍加努力，推动传统文化产业向数字文化产业迈进，推动数字文化产业与其他产业相融合，创造出更多更好的文化产品，把我国的文化产业做大做强，使我国文化在走向世界的过程中产生更广泛的影响。

参考文献

陈端、赵胜国、王露：《数字创意产业蓝皮书：中国数字创意产业发展报告（2019）》，社会科学文献出版社2019年版，第40页。

陈少峰、王建平、李凤强：《中国互联网文化产业报告（2016）》，华文出版社2016年版，第145页。

范周：《数字经济下的文化创意革命》，商务印书馆2019年版，第97页。

解学芳：《网络文化产业：协同创新与治理现代化》，复旦大学出版社2015年版，第67页。

李文明、吕福玉：《网络文化产业研究》，经济科学出版社2014年版，第151页。

熊澄宇等：《中国文化产业政策研究》，清华大学出版社 2017 年版，第 281 页。

臧志彭：《数字创意产业研究》，知识产权出版社 2019 年版，第 87 页。

中国互联网络信息中心：《第 43 次中国互联网络发展状况统计报告》，http://cnnic.cn，2019 年 2 月 28 日。

中国网络空间研究院：《世界互联网发展报告 2018》，电子工业出版社 2018 年版，第 135 页。

中国网络空间研究院：《世界互联网发展报告》，电子工业出版社 2019 年版，第 107 页。

New Pattern and General Trend of Digital Culture Industry Development

Wu Huanhuan

Abstract: This article takes the digital culture industry as the core, analyzes the material foundation of the digital culture industry, combs the relevant policies of the country to promote the digital culture industry, and summarizes the current development situation of the digital culture industry, prospect the future trend of digital culture industry. The aim is to explore the new path and new method of the development of digital culture industry, and to promote the development of digital culture industry.

Keywords: Network and Netizen; Digital Culture Industry; Current Status and Future

偏离型网络言语行为与国家安全问题[*]

关彦庆　宋献群[**]

摘　要： 网络公民是网络空间世界的要素，网络安全多与网络公民的言语行为有关。研究发现，网络公民的言语行为分为常规型和偏离型，偏离型网络言语行为违反一般的人际互动模型，它具有动机的破坏性、方式的隐蔽性、观念的异位性、受众的广泛性特征。网络公民的年龄结构指数和职业结构特征警示我们必须重视偏离型网络言语行为问题，它容易造成社会不稳定，甚至引发社会动荡，与国家安全呈正相关。混淆现实与虚拟世界、没有形成独特的网络言语行为文化和缺乏有针对性的理性思维能力是产生偏离型网络言语行为的原因，网络空间言语行为管理能力是国家语言能力的要素。

关键词： 网络言语行为　国家安全　关系　管理

网络空间就是计算机网络空间。凡将地理位置不同，并具有独

---

[*] 基金项目：国家社会科学基金项目"新中国语言政策与国家语言能力发展关系研究"（19BYY068），吉林省社会科学基金项目"新时代国家语言能力建设策略与方法研究"（2019B129）阶段性成果。本文曾经在2019年9月5日长春大学举办"网络文化比较研究国际学术研讨会"上宣读，与会专家陆俭明教授、马真教授等给予充分肯定并提出了修改建议。2019年10月12日吉林省语言学学会第14次学术年会上，与会专家吕明臣教授、胡晓研教授等也提出了修改建议。特此致谢！

[**] 作者简介：关彦庆，男，长春理工大学教授，硕士研究生导师，研究方向为语言政策。宋献群，男，长春理工大学在读硕士研究生。

立功能的多个计算机系统通过通信设备和线路而连接起来,且以功能完善的网络软件(网络协议、信息交换方式及网络操作系统等)实现网络资源共享的系统,可称为计算机网络空间。它的构成四要素是:通信线路和通信设备、有独立功能的计算机、网络软件支持、实现数据通信与资源共享。[①] 我们认为网络公民也是网络空间的构成要素,计算机网络空间是网络公民活动的平台,网络空间的超时空性、便捷性使其发展迅速,网络公民在网络世界的活动越来越引起管理者的关注。

2015年12月16日,第二届世界互联网大会在浙江省乌镇开幕。国家主席习近平出席开幕式并发表主旨演讲,强调互联网是人类的共同家园,各国应该共同构建"网络空间命运共同体"。习近平总书记提出中国方案,强调:"网络空间同现实社会一样,既要提倡自由,也要保持秩序。自由是秩序的目的,秩序是自由的保障。我们既要尊重网民交流思想、表达意愿的权利,也要依法构建良好网络秩序,这有利于保障广大网民合法权益。"我们获得如下启发:第一,网络空间管理与现实管理同样重要。第二,网络的安全与现实安全同样重要。第三,互联网空间治理是当前的重要课题。第四,网络言语行为管理是网络空间治理的重要内容。

一 中国的网络现状描述

(一)基本信息描述

中共中央网络安全和信息化委员会办公室、中华人民共和国国家互联网信息办公室、中国互联网络信息中心2019年8月发布了《第44次中国互联网络发展状况统计报告》[②](以下简称《报告》),它围绕互联网基础建设、网民规模和结构、互联网应用发展、互联网政务应用发展和互联网安全五个方面说明了中国互联网

---

① https://baike.baidu.com/item/网络空间/7650101?fr=aladdin.
② http://www.cac.gov.cn/2019-08/30/c_1124938750.htm.

发展状况。

1. 网民规模统计。中国网民规模达 8.54 亿，互联网普及率达 61.2%。中国手机网民规模达 8.47 亿，使用手机上网的比例达 99.1%。农村网民规模达 2.25 亿，占网民整体的 26.3%，城镇网民规模为 6.30 亿，占网民整体的 73.7%。我国的 IPv6① 地址数量为 50286 块/32。域名总数为 4800 万个，其中".CN"域名总数为 2185 万个，占中国域名总数的 45.5%。我国的网站数量是 518 万个，移动互联网接入流量消费达 553.9GB。我国网民的人均每周上网时长为 27.9 小时。

2. 网络活动内容。这么多人，通过这么多的 IP 地址和网站，花去这么多时间，从事什么活动呢？《报告》统计网民在网上的活动主要是发送信息、阅读新闻、网络购物、网络支付等六个类型，具体数据如下：第一，即时通讯用户规模达 8.25 亿，占网民整体的 96.5%，手机即时通讯用户规模达 8.21 亿，占手机网民整体的 96.9%。第二，网络新闻用户规模达 6.86 亿，占网民整体的 80.3%，手机网络新闻用户规模达 6.60 亿，占手机网民整体的 78.0%。第三，网络购物用户规模达 6.39 亿，占网民整体的 74.8%，手机网络购物用户规模达 6.22 亿，占手机网民的 73.4%。第四，网上外卖用户规模达 4.21 亿，占网民整体的 49.3，手机网上外卖用户规模达 4.17 亿，占手机网民的 49.3%。第五，网络支付用户规模达 6.33 亿，占网民整体的 74.1%，手机网络支付用户规模达 6.21 亿，占手机网民规模的 73.4%。第六，网约出租车用户规模达 3.37 亿，占网民整体的 39.4%，我国网约专车或快车用户规模达 3.39 亿，占网民整体的 39.7%。

3. 网络活动规模。总的来说，网民的网络活动主要是面对信

---

① IPv6 是英文"Internet Protocol Version 6"（互联网协议第 6 版）的缩写，是互联网工程任务组（IETF）设计的用于替代 IPv4 的下一代 IP 协议，其地址数量号称可以为全世界的每一粒沙子编上一个地址。见百度百科 https://baike.baidu.com/item/ipv6/172297；又见总政宣传部编《网络新词语选编 2013》，解放军出版社 2014 年版，第 86 页。

息和支付。那么,8亿多网民在网络上活动的规模是如何呢?

根据中国人民银行官网2019年3月18日发布的《2018年支付体系运行总体情况》显示,2018年中国非银行支付机构发生网络支付业务5306.10亿笔,金额208.07万亿元。①

根据外交部官网2018年11月6日发布的题为《外交部副部长乐玉成:言论自由也有"红线"》显示:中国有8亿网民,近1.2万种报纸期刊,每月微博活跃用户超过4亿,网民每天产生的信息量多达300亿条。②

《报告》对中国互联网发展特点的总描述是:IPv6地址数量全球第一,".CN"域名数量持续增长;互联网普及率超过六成,移动互联网使用持续深化;下沉市场释放消费动能,跨境电商等领域持续发展;网络视频运营更加专业,娱乐内容生态逐步构建;在线教育应用稳中有进,弥补乡村教育短板;在线政务普及率近六成,服务水平持续向好。

(二) 网络安全问题描述

如此巨量的人数,支付如此巨量的资金,产生如此巨量的信息。我国的互联网安全状况如何呢?《报告》的第五章从网民网络安全事件发生状况、网络安全与漏洞、网络安全相关举报和受理等三个方面说明了中国互联网的安全状况。

1. 网民网络安全事件发生状况。包括"网民遭遇各类网络安全问题的比例"和"网民遭遇各类网络诈骗问题的比例"两个部分。安全问题包括个人信息泄露(24.0%)、网络诈骗(21.5%)、设备中病毒或木马(14.9%)、账号或密码被盗(13.9%)等。《报告》尤其关注网络诈骗,因此专门对网络诈骗进行了统计,作为网络安全的第二部分。网民遭遇各类网络诈骗问题的比例:虚拟中奖信息诈骗(58.1%)、网络兼职诈骗(45.1%)、冒充好友诈

---

① http://www.pbc.gov.cn/goutongjiaoliu/113456/113469/3787878/index.html.
② https://www.fmprc.gov.cn/web/wjbxw_673019/t1610851.shtml.

骗（41.9%）、网络购物诈骗（37.8%）、利用虚假招工信息诈骗（31.2%）、钓鱼网站诈骗（30.0%）。

2. 网络安全与漏洞。统计的数据所指时间是2019年上半年，统计的机构是国家计算机安全网络应急技术处理协调中心（英文简称CNCERT）。包括三个方面的数据：我国境内被篡改网站数量。发现并处置被篡改的网站近4万个。我国境内被植入后门网站数量。检测发现境内外约1.4万个IP地址对我国境内约2.6万个网站植入后门。信息系统安全漏洞数量。国家信息安全漏洞共享平台收录通用型安全漏洞5859个，其中高危漏洞收录数量为2055个。

3. 网络安全相关举报和受理。统计的数据所指时间是2019年上半年，统计的机构是CNCERT。CNCERT协调处置网络安全事件数量约4.9万件。全国各级网络举报部门受理举报数量6858万件。

梳理获得的数据，中国有8.54亿网民，非银行支付机构发生网络支付业务5306.10亿笔，金额208.07万亿元，网民每天产生的信息量达300亿条，受理举报各类网络安全事件6858万件，如果以天为单位计算，全国每天受理38.1万件网络安全事件，可见，网络安全事件的发生密度很高。网络安全事件包括各种违法犯罪案件，如网络语言暴力、网络色情、网络诈骗、网络人肉搜索、网络攻击、网络赌博、网络虚假信息散布等。这些网络安全事件从小的层面说影响社会稳定，从大的层面说威胁国家安全。"网络犯罪案件的发生又多与网络言语行为密切相关。"（陈景丰，2009）因此，网络言语行为成为我们观察、分析、解释网络安全事件的重要切入点。

二 网络言语行为的类型及特征

这里的言语行为与英国哲学家奥斯汀和美国语言学家约翰·塞尔提出的言语行为不同。他们是对使用中的语言的研究，"如果说Austin把言语行为理论看作是对孤立的话语的意义的研究，那么Searle则把这一理论提高为一种解释人类语言交际的理论。"（何兆熊,1998)本文的网络言语行为指网络上的信息传递行为,它包括言语行为主体发布的文字信息、图片信息、对话留言信息、短视频信息、推送的链接信息等。

(一) 网络言语行为的类型

网络已经成为人们日常生活、工作和娱乐的重要工具,成为人们行为的方式,离开网络是不可想象的事情。网络公民几乎与网络共存亡。由此网络安全事件数量急剧攀升,网络安全成为威胁社会稳定、威胁国家安全的重要因素之一。研究表明,网络安全事件大多与网络言语行为有关,那么哪些网络言语行为与网络安全事件有关?网络言语行为包括两种类型:常规型和偏离型。所谓常规型言语行为是指符合一般的人际互动的言语行为。所谓偏离型言语行为是指违反一般意义上人际互动的言语行为。一般的人际互动的言语行为是指个体与个体、个体与群体、群体与群体之间为了达到共同目的,彼此之间互相配合的一种行为。它要求互动双方有基本一致的行为文化,在合作过程中要求双方共同遵守双方认同的社会规范。社会心理学家利瑞将人际互动的行为模式分为八类:(1)由管理、指导、教育等行为导致对方的尊敬和顺从等反应;(2)由帮助、支持、同情等行为导致信任和接受等反应;(3)由赞同、合作、友谊等行为导致协助和友好等反应;(4)由怯懦、礼貌、服从等行为导致骄傲或控制等反应;(5)由尊敬、赞扬、求助等行为导致劝导或帮助等反应;(6)由反抗、怀疑、厌倦等行为导致惩罚或拒绝等反应;(7)由攻击、惩罚、责骂等行为导致伤恨和反抗等反应;(8)由夸张、拒绝、自炫等行为导致不信任或自卑等反应。①

这八种模式应该是人们共同生产、生活、工作言语活动规律的体现,成为人们社会行为的标准,是人际行为模型,具有典型的"刺激—反应"配对规律,它可以内化成个人的意识,形成自觉的行为模

---

① https://baike.baidu.com/item/人际互动/8161734?fr=aladdin.

式，即使没有外部的条件刺激也会遵从的，简称常模。它具有互动性、社会性、情感性、层次性等特征。这种模式被网民迁移到虚拟的网络社会中，成为网民人际互动的经典范式。有些网民利用这些范式，实现不良的网络交际目的，形成了偏离经典范式的言语互动模式，简称偏模。对应以上八类人际互动常模，偏离型的偏模如表1所示。

表1　　　　　　　　　常模与偏模的发展关系

	常规型人际互动模式（常模）		偏离型人际互动模式（偏模）	
	说话人（刺激1）	受话人（反应1）	说话人（刺激2）	受话人（反应2）
（1）	管理、指导等	尊敬和顺从等	利用顺从散布网络虚假信息	顺从等
（2）	帮助、支持等	信任和接受等	利用信任实施网络诈骗	相信等
（3）	赞同、合作等	协助和友好等	利用友好传播虚假信息	协助等
（4）	怯懦、礼貌等	骄傲或控制等	利用控制实施网络语言暴力	顺从等
（5）	尊敬、赞扬等	劝导或帮助等	利用帮助实施网络赌博	被骗等
（6）	反抗、怀疑等	惩罚或拒绝等	利用惩罚实施网络攻击	硬件损毁等
（7）	攻击、惩罚等	伤恨和反抗等	利用反抗实施网络人肉搜索	声誉受损等
（8）	夸张、拒绝等	不信任或自卑等	利用夸张实施网络攻击	信心受损等

表1把常模与偏模的发展关系呈现出来，先有常模，后有偏模。常模的"刺激1"和"反应1"是在现实生活中形成的，偏模的"刺激2"和"反应2"是在网络上呈现的。常模是人际互动的基本模式，它有一定的规律性，是普通的社会心理、情感的表现。偏模在现实生活中也有表现，但是这种偏模在网络上更为显著，尤其是

网络诈骗与网络攻击，呈现规模化、组织化、科技化、跨国化。

（二）偏离型网络言语行为的特征

偏离型网络言语行为是违反人们一般的合作前提的行为，它是利用人们现实世界中形成的社会行为规范即人际互动模式，实现个人或组织的不良动机的行为。偏离型网络言语行为具有以下特征。

1. 动机的破坏性。动机是指引起、维持、推动个体行为，以达到一定目的的内部动力。需要是驱动动机的动力。任何言语行为都是包含动机的，偏模言语行为的刺激^{2}与刺激^{1}有着性质的差别，刺激^{2}的虚假信息、语言暴力、攻击、赌博等蕴含的动机都具有破坏性。比如"网络语言暴力"问题，它已经频繁地出现在人们的网络生活中，主要表现是网络语言表达中存在不道德、攻击性和煽动性信息，以达到破坏、威胁他人人身安全或者破坏社会稳定、威胁国家安全为目的的行为。网络语言暴力的危害性已经成为人所共知的社会问题。

2. 方式的隐蔽性。网络世界是虚拟世界，人际互动的信息符号化，具有隐蔽性的特点。在虚拟的网络世界活动的人一般都不是真名，也不是真实的个人头像，可以随意修改自己的姓名、性别、地址等社会交际场景需要的重要的基本信息。一般有两个类型，一个是对人的，一个是对某个组织、社会团体或者国家的。前者，不法分子常常以虚假信息与对方交流，骗取信任，实施诈骗。比如，网恋，男人利用女孩名及女孩儿的言语方式赢得对方信任骗取钱财。骗捐，某些人成立虚假爱心组织，在网络上发布不实信息，利用人们的同情心、爱心骗取捐助。还有盗号诈骗、发送假链接诈骗、发送假网页诈骗、发布虚假信息以次充好诈骗、网络中奖诈骗等。后者，是不法分子认为自己处于隐身状态或者使用的不是真实姓名，就在互联网上，以造谣、诽谤等方式发布危害社会稳定和国家安全的言语，这是违反国家法律的。

3. 观念的异位性。所谓异位性是指大多是人还没有形成清晰的网络世界观，常常把现实世界与虚拟世界混淆，常常用现实世界形成的观念判断虚拟世界的事件,这是偏离型网络言语行为案例选出的主要原因。

4. 受众的广泛性。所谓受众的广泛性是从网络言语行为的结果出发形成的判断,判断的根据是网络辐射的范围。现实世界中,由于声音的即时性特点,人的言语行为受时空限制,受众极其有限,即使纸媒或者电视等手段,也会因为各种原因造成受众数量有限的结果。网络覆盖是指用户能接收到的网络信号的范围。根据《报告》的数据信息看,它作为工具辐射的范围极大。现实世界必须有受话人,人际互动才可能发生。网络平台的特点在于说话人与受话人可以跨时间、跨地域、跨国家互动,受众的辐射面和信息的传递速度不是现实世界观可以想象的。

以上是偏离型言语行为的特征,观察对象是信息的发布者和接受者。动机的破坏性、方式的隐蔽性是从信息的发布者获得的,观念的异位性、受众的广泛性是从信息的接受者获得的。发布者与接受者形成信息互动的一个循环。网络虽然是虚拟世界,但它不是法外之地。

三 网络公民的特征

偏离型网络言语行为属非常态行为,网络安全问题都是由网络公民引发的,哪些网络公民会出现这些问题呢?关于中国网络公民年龄和职业的基本信息,《报告》给出了如下数据。

(一)中国网民的年龄结构统计

《报告》把中国网民按照年龄划分为七个年龄段。每个部分网民占总网民数量比为(见图1):第一,10岁以下占4.0%;第二,10—19岁占16.9%;第三,20—19岁占24.6%;第四,30—39岁占23.7%;第五,40—49岁占17.3%;第六,50—59岁占6.7%;第七,60岁及以上占6.9%。其中10—39岁网民群体占网民整体的 65.2%，其中 20—29 岁网民群体占比最高，达到 24.6%。① 从年龄结构看，覆盖面非常广。基本判断是有网络行为能力和条件的现实公民都可能成为网络公民。

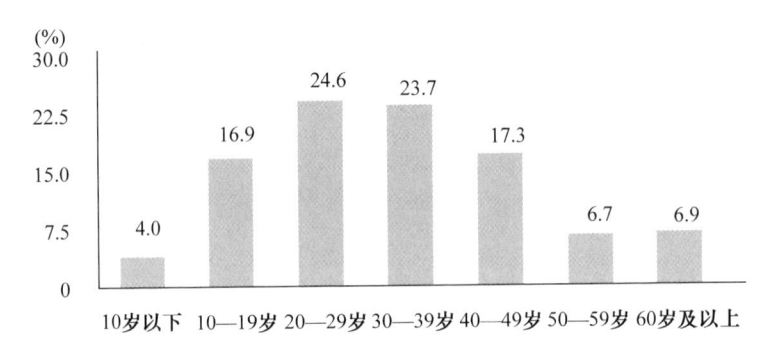

图 1　网民的年龄结构

（二）中国网民的职业结构统计

《报告》把中国网民的职业划分为 13 个小类。每类职业网民占总网民比例分别为（见图 2）：第一，学生 26.0%；第二，党政机关事业单位领导干部 0.5%；第三，党政机关事业单位一般人员 3.0%；第四，企业/公司高层管理人员 0.7%；第五，企业/公司一般人员 8.5%；第六，专业技术人员 5.1%；第七，商业服务业人员 5.4%；第八，制造生产型企业人员 2.8%；第九，个体户/自由职业者 20.0%；第十，农村外出务工人员 3.3%；第十一，农林牧渔劳动人员 8.1%；第十二，退休人员 4.3%；第十三，无业/下岗/失业人员 7.8%。其中学生最多，占比为 26.0%，其次是个体户/自由职业者，占比为 20.0%。②

---

① 《第 44 次中共互联网络发展状况统计报告》，http：//www.cac.gov.cn/2019 - 08/30/c_ 1124938750. htm。
② 《第 44 次中共互联网络发展状况统计报告》，http：//www.cac.gov.cn/2019 - 08/30/c_ 1124938750. htm。

偏离型网络言语行为与国家安全问题

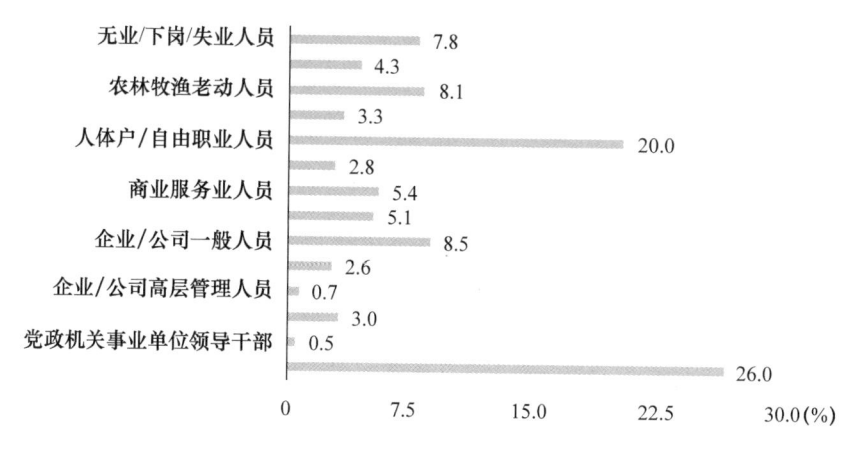

图2 职业结构

(柱状图数据)
无业/下岗/失业人员 7.8
4.3
农林牧渔老动人员 8.1
3.3
人体户/自由职业人员 20.0
2.8
商业服务业人员 5.4
5.1
企业/公司一般人员 8.5
2.6
企业/公司高层管理人员 0.7
3.0
党政机关事业单位领导干部 0.5
26.0

（三）网络公民年龄结构与职业结构关系分析

根据《报告》整理出来的网络公民与现实职业的对应关系。关于职业的类别，我们压缩了类型，选择区分度高的典型性特征，网民年龄与职业的具体对应关系如表2所示。

表2　网络公民年龄结构与职业结构对照

	退休	无业失业	学生	个体自由	企业	机关事业	农/林牧/渔
60以上	+	−	−	±	−	−	+
50—59岁	±	±	−	±	±	±	+
40—49岁	−	±	−	±	±	±	+
30—39岁	−	±	−	±	±	±	+
20—29岁	−	±	+	±	±	±	+
10—19岁	−	−	+	−	−	−	−
10岁以下	−	−	+	−	−	−	−

注："＋"表示年龄与职业有关系，"－"表示年龄与职业没关系，"±"表示年龄与职业可能有关系，也可能没有关系。

根据年龄和职业的二维图表，可以发现共计49个交汇区域，其中有22个区域是"-"，表明这些区域没有人，可以称为无人区；还有27个交汇区域是有人区域，这是我们分析的目标。这些区域按照年龄和职业分工的交汇分布特征可以分为安全区、准安全区和危险区。不同的区域发生言语行为安全事件的概率不同。第一，安全区。表格中的双框线内带"＋""±"区域属于安全区，共计19个，判断根据是这类区域的退休人员、无业/失业人员、农/林/牧/渔等行业的人员思想相对稳定，接触面相对封闭；企业人员、机关事业单位人员的思想稳定，他们的职业意识、社会服务意识、国家意思很强。第二，准安全区。单实线内带"＋""±"区域属于准安全区，共计9个区。判断依据是个体户和自由职业人员社会接触面宽，职业垂直管理不系统；10—19岁学生的正确世界观还没有形成，很容易被功利性很强语言蛊惑。第三，危险区域。双实框线内带"＋""±"区域属于危险区域，共计3个区。这个区域是20—29年龄段，包括学生、个体户/自由职业者、无业/失业等人员。他们上网能力很强，接触面很复杂，思想还不够成熟，容易被新奇的事物吸引，因此容易被人利用。我们认定的这个区分虽然不是很准确，但是主要问题的源应该不会错的。很明显，危险区的这三类人员是网络行为管理的主要对象。

四　网络言语行为与现实言语行为的差异

本文从两个角度观察网络言语行为与现实言语行为的差异，一是以现实世界为参照点观察，二是以虚拟的网络世界为参照点观察。

（一）以现实世界为参照的差异观察

任何行为的发生都必须具备地点、时间、情感（人物）、社会四要素。地点是行为发生的物理场所，时间是行为发生的时段，情感是行为主体的要素，社会是行为发生的社会环境。这四要素是构成言语行为的构件,不可或缺。

1. 物理上——空间距离

现实世界的言语行为要考虑情境,该情境被物理的环境分割成各种社会意义的场景,如饭桌、酒局、家庭、职场等。在不同的场景下,言语互动对象的服装、表情、态度、情绪等都是现实境况下言语互动的背景信息。人际互动的空间距离非常显著,通过会话主体音量大小判断空间距离远近。这些场景在网络言语互动上都没有或者不显著,言语互动双方是在电脑桌面或者手机屏幕上小小的平面的对话框里实现言语互动。所以网络言语行为物理上的空间观念与现实世界相反,它没有空间距离感。

2. 时间上——时空距离

现实世界的言语行为要考虑对话者双方的说话时间,强调对话的即时性,错开对话时间,即使明确了言语交际的地点,言语交际行为不能发生。这是现实世界的基本常识。虚拟的网络世界则不同,信息获取具有超时空性,交往具有延迟性。信息的呈现方式是文字、图片、语音留言、链接等。这些在QQ、微信等信息传播工具上已经是基本常识了。这些呈现方式消除了现实世界言语行为的即时性时间条件,颠覆了原有的言语行为的观念。由现实世界的即时性,发展成为网络世界的延迟性。

3. 心理上——情感距离

心理距离是社会心理学术语。指个体对另一个体或群体亲近、接纳或难以相处的主观感受程度。表现为在感情、态度和行为上的疏密程度。疏者心理距离远,密者心理距离近。[①] 现实世界人际关系复杂,人际互动的心理距离体现在方方面面。人际言语互动的目的是用语言传递信息,正确理解心理距离是形成良好言语信息传递关系、实现满意信息互动效果的条件。现实世界口语交际的方式必须考虑与对话者的心理距离,不认识的人无特殊情况基本不说话,认识的人会说很多话,亲密的人会说很多私房话。虚拟世界中,不

---

① https：//baike.baidu.com/item/心理距离/1898699？fr=aladdin.

认识的人经常说话，认识的人会说工作上的话，亲密的人以发送图片为主，基本不说话。网络世界的言语行为互动对象与现实世界相反。

4. 社会上——关系距离

现实世界的言语行为要考虑对话者之间的社会关系。这种社会关系主要体现为系统之间职业/行业的差异、系统内部领导与非领导的差异、专业系统内部权威与非权威的差异等。这些差异被言语行为主体以知识形态存储在知识库中，成为其行动的参考。这种社会关系距离，行为主体在其具体的言语行为事件中表现为言语行为的态度、方式、语气、词语选择等的不同。社会的关系结构在语言上形成与之对应的结构。比如，"交上去""发下来"中的"上""下"，就是职场上下级关系在语言上的经典再现，它会忽视物理上空间的上与下的对应关系，而强调职位的上下级关系。比如，领导在一楼办公，办事员在十楼办公，办事员要把材料交到领导那里，他得说，我把材料交上去，而不能说交下去，"交与上""发与下"形成了具有社会文化意义的固定搭配。虚拟世界网络言语双方的这种社会关系距离常常被淡化，尤其网络空间距离感消失，时间可以延迟，情感因素限制消失，再加上言语行为的伪装手段，便彻底消除对话双方之间社会关系制约，实施言语行为，实现自己的表达目的。

因此，以现实世界言语行为特征为依据观察言语行为，我们发现：现实世界言语行为更看重情感距离和社会距离。

（二）以虚拟的网络世界为参照点的观察

现实的言语行为与虚拟的网络言语行为都是事件。根据偏离型网络言语行为特征、网民的结构特点，以虚拟的网络世界为参照点观察现实言语行为与网络言语行为的差异，我们获得以下发现。

由于虚拟的网络世界淡化了情感距离和社会距离因素，判断二者的区别我们选择了言语行为事件构成的四要素是时间、地点、人物和信息。没有这四要素，虚拟的网络世界事件不能形成。据此观察,现实世界言语行为的这个四要素在量上具有一致性和稳定性的属性,即在数量上具有不变或者变化不显著的特性。社会影响力小,关注度低。而虚拟的网络世界的同样的言语行为四要素,除了言语行为的地点(虚拟平台)不变外,时间具有延迟性、人物具有显著增量峰值特性、信息具有能量显著增加并保持的特性。作为一个言语行为事件,信息并不会因为人的流量的减少而出现信息损耗,所以在人流量峰值时,开始出现信息与人流量分离现象。随着事件的终结,时间尽头人流量是归零趋势,但信息是客观的,不会因为事件终结而消失。网络世界的言语行为事件具有过程性、发展性、能量传递性。这三个要素的特性使网络言语行为的社会影响力和关注度都显著增强。常模的言语行为事件会增加社会友好度,促进社会稳定向好。偏模的言语行为事件会破坏原有的社会行为模式,甚至影响世界观、价值观、人生观。下面是我们根据现实的言语行为与虚拟的网络言语行为事件的分析,抽象出的图示①,目标是展示二者的不同。

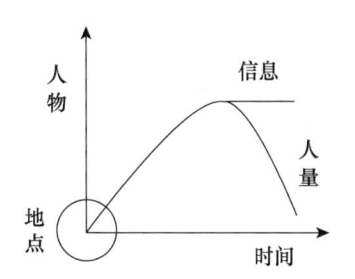

(a) 现实世界的言语行为模式　　(b) 虚拟网络世界的言语行为模式

图3　现实世界与虚拟网络世界的言语行为模式

根据以上分析,获得如下启发:第一,网络言语行为是网络空间范畴内容的构成要素。没有人的参与它就是个无人区,没有意义。第二,网络言语行为文明是形成网络文化的要素。要提高网络

---

① 本图意义的表达方式曾经得到长春理工大学语言学及应用语言学方向2019级研究生的建议,特此致谢!

言语行为文明水平，首先要建立健康的网络文化。第三，网络言语行为管理是网络间空治理的要素。网络人际互动主要是信息的互动，如前所述，它包括言语行为主体发布的文字信息、图片信息、对话留言信息、短视频信息、推送的链接信息等。因此网络管理主要是行为主体的言语行为管理。第四，网络空间言语行为管理能力是国家语言能力的要素。

五　偏离型网络言语行为问题产生的原因

网络空间是人类全新的活动平台，人们对它的认识还极其有限。表面上看，缺乏网络世界的必要的知识，在言语行为过程中常常混淆现实世界与网络世界，是给个人、社会、国家造成不同程度的损失或伤害的原因。根据前面的分析，我们发现导致出现如此多的网络言语行为问题的原因更为复杂，有关观念上的问题、文化上的问题，也有思维习惯的问题。

（一）网络空间架构与现实空间不同

网络空间以抽象的符号作为标记，现实空间是以区分度极强的实体形态为标记。网络空间省时省力，花钱没有数量感削弱，发送信息责任感淡化，交友只看网名是否喜欢，网约与否只看心情。很多现实中不可能发生的事情，在网络空间中随处可见。甚至出现了把网络中形成的习惯带到现实空间中的现象。2007年马云接受采访的时候，关于电子商务能够取代零售业务，当时龙永图先生说，电子商务绝对不能改变人们的购物习惯，人们已经习惯于即使不购物也喜欢逛商场，马云的淘宝能否做大也被质疑。事实按照马云的预言发展了，网络空间简约的独特的行为特点使人们快速地适应并喜欢上了网络生活，在不知不觉中形成了新的习惯。

（二）网络空间文化没有建立起来

网络世界的符号化特征条件下建立起来的网络世界架构的复

杂程度需要建立公共的交际文化。至少要建立公共的制度文化和个人的行为文化。公共的制度文化需要国家出台法律、法规等政策才能建立。个人的行为文化需要在国家出台政策的引导下在长期的实践中逐步形成。根据我们观察、分析，认为现实中的言语行为更加重视情感距离和社会距离，在合作前提下，首要的是礼貌原则。因为双方会话的基本条件是在某地、某时，因为某事碰面，有丰富的物理条件限制，有历史以来逐步形成的社会文化和交际文化制约，信息的真假不是关注的焦点，而是礼貌原则优先。网络中的言语行为在合作的前提下，关注的是信息的真假问题，因此凸显责任优先原则。因为言语行为双方没有了现实条件下的物理属性条件的制约，人际信息互动安全的基本保障是对传递的信息负责。只有这样才能做到对对方负责、对社会负责、对国家负责。总之，现实世界的言语行为文化是礼貌文化，网络世界的言语行为文化是责任文化。

（三）公民缺乏必要的理性思维

"理性思维是一种有明确的思维方向，有充分的思维依据，能对事物或问题进行观察、比较、分析、综合、抽象与概括的一种思维。说得简单些理性思维就是一种建立在证据和逻辑推理基础上的思维方式。"① 理性思维具有很强的怀疑和批判属性，应用特征鲜明，要求严格遵守形式逻辑规律。养成理性思维习惯，能减少发生被恶意诈骗、产生盲目信任和做出愚昧行动的概率。公民的理性思维水平是社会文化发展水平的试金石。现实世界环境的各种参照物成为言语行为的判断条件，它具有形象性可感性。网络世界环境的抽象性使网民失去了言语行为具体的判断条件。如果网民把现实世界的思维模式迁移到网络世界中来，那么他就容易接受非理性言语表达。网络世界的生存法则要求网民提升自己的理性思维水平。

---

① https://baike.so.com/doc/770358-815059.html.

六　新时代国家语言文字工作面临的问题

语言文字工作表面看起来不重要，做和不做没啥大的区别。但是从 1949 年到 2019 年，新中国已经走过了七十年的历史观察，语言文字工作重心发生的几次重大转向，都是涉及国计民生的重要工作。把这几次重大转向联系起来，就会发现语言文字工作的社会服务属性，语言文字工作的功能效果的战略意义。

新中国成立初期，以公民个人的语言文字能力为中心开展工作，主要是为人服务。1949—1980 年，语言规划主要是完成三大任务：简化汉字、推广普通话、制定和推广汉语拼音方案。这三项工作是 1958 年周恩来总理在政协全国委员会的报告《当前文字改革的任务》中提出来的。国家高度重视，工作规模大、时间长。以语言文字工作为突破口，实现了全社会层面的文化大普及，改善了人的精神面貌，推动了生产力的极大提升，国家发展取得了显著的效果。

改革开放后，以语言技术为中心开展语言文字工作，主要是为机器服务。1986—2005 年，这个时期的语言规划主要是语言文字的规范化、信息化和标准化工作。中国语言文字网的"法规与标准"菜单下可见到中国 1955—2005 年发布的 137 项语言文字规范标准名录。1955—1985 年发布的标准只有 15 项。其中为人服务的有 12 项，为机器服务的有 3 项。1986—2005 年发布的标准有 122 项。其中为人服务的有 9 项，113 项是为机器服务的。这个时期以语言文字信息处理工作为突破口，实现了语言文字信息与科学技术的结合，使中国在以信息产业为重心的世界经济发展大潮中没有被淘汰。

21 世纪以来，主要以"构建和谐的语言生活，提升公民和国家的语言能力"为中心开展工作，主要是为公民和国家的语言生活服务，这是对未来的展望。构建和谐的语言生活主要是处理好不同种类语言之间的关系、缓解语言矛盾。李宇明先生认为，处理语言的关系,往往就是处理语言使用者之间的关系,就是处理语言的"社会关系"(李宇明,2019)。关于语言的"社会关系"的提法非常具有前瞻性,敏锐地预见了未来现实生活中的语言问题。但是根据《报告》的统计,虚拟的网络世界也是公民未来语言生活的重要组成部分,而且可能发展成为公民生活的主要的部分。庞大的网络公民群体所寄居的虚拟世界形成了网络社会,它是国家管理范畴的有机的组成部分。网络世界的安全问题就是国家的安全问题,网络世界人际互动的言语行为所产生的安全问题是新时代国家语言文字工作面临的主要问题。以诈骗为例,《报告》认为,网民遭遇的各类诈骗包括虚拟中奖信息诈骗、网络兼职诈骗、冒充好友诈骗、网络购物诈骗、利用虚假招工信息诈骗等,这些都与公民的生活息息相关,与社会稳定息息相关,当然就与国家的安全息息相关。网络社会同现实社会一样,是从国家管理的角度说的。网络社会同现实社会又不一样,这是从物理形态上说的。所以,新时代国家语言文字工作面临的主要问题具有现实和虚拟双重属性,虚拟社会的语言文字管理成为维护社会稳定,保持国家安全的焦点问题。这个时期的语言文字工作主要是,以创建虚拟的网络社会言语行为文化为突破口,带动网络文明形成的新浪潮,从而实现提高网民生活质量,维护国家安全稳定、繁荣发展的社会治理目标。

结 论

偏离型网络言语行为特征鲜明。年龄在20—29岁的学生、个体户/自由职业者、无业/失业等人员是偏离型言语行为多发群体。现实世界的言语行为更看重情感距离和社会距离,虚拟的网络世界更看重信息的真实性。网络空间架构与现实不同、网络空间行为文化缺失和理性思维能力弱是形成偏离型网络言语行为的主要原因。网络言语行为管理是新时代国家语言文字工作重点,突破口是首先加强网络空间言语行为规范的研究,然后强化网络言语行为文化的研究力度,提高公民的理性思维能力,创建网络社会言语行为文化。形成网络言语行为文明带动网络社会文明，从而提高国家的网络管理与服务的能力，进而提高国家的语言能力。

参考文献

陈景丰：《网络虚拟社区言语行为及其侦查学意义》，《铁道警官高等专科学校学报》2009年第5期。

何兆熊编著：《语用学概要》，上海外语教育出版社1998年版，第78页。

黄燕芳：《网络虚拟社区青少年网民群体犯罪言语行为特点分析》，《铁道警官高等专科学校》2009年第6期。

李宇明：《语言学的问题意识、话语转向及学科问题》，《广州大学学报》2019年第5期。

李宇明：《中国语言文字事业70年——序〈中国语言生活状况报告(2019)〉》，语言战略研究微信公众号，2019年5月28日。

鹿钦佞：《语言文字工作功能的社会性、发展的周期性和理论的范畴性》，《通化师范学院学报》2019年第9期。

苏培成：《〈汉语拼音方案〉的完善与推行及周有光先生的贡献》，《通化师范学院学报》2017年第5期。

Deviant Network Speech Act and National Security

Guan Yanqing, Song Xianqun

Abstract: Network citizen is the essential factor of network space world, and network security is mostly related to the speech act of Network citizen. It is found that the speech acts of Internet citizens can be classified into the conventional type and the deviant type, and the deviant type violates the general interpersonal interaction model, it is characterized by the destructiveness of the motive, the concealment of the way, the dislocation of the idea and the extensiveness of the audience. The Age Structure Index and occupational structure of Internet citizens warn us that we must pay attention to deviant Internet speech act, which may lead to social instability and even social unrest, which is positively related to national security. Confusing the real world with the virtual world, not forming a unique network speech act culture and lack of targeted rational thinking ability are the reasons for the deviation of *Network Speech Act*, the Management Ability of Speech Act in cyberspace is the key element of national language ability.

Keywords: Cyber Speech Act; National Security; Relations; Management

2013—2018年网络流行语浅析*
——以"汉语盘点"评选的十大网络流行语为例

安华林 黄丽愿**

摘 要：网络流行语是在网络上流行、被网民广泛使用的语词或语句。本文以2013—2018年"汉语盘点"评选出来的网络流行语为研究对象，先从来源和传播方式两方面进行分类，并归纳出意义的继承性与创新性、词语的形象性、内涵的丰富性及组合形式的新颖性等语言特点；然后从语言内在因素和使用人群心理、传播方式等外在因素来探讨网络流行语的流行原因及其所反映的社会心理现象。

关键词：网络流行语 分类 语言特点 流行原因 社会心理现象

引 言

网络信息时代的到来，催生了网络语言。广义的网络语言包括与计算机有关的术语、与网络文化有关的用语和网民在网上交际时使用的有特点的语言。而狭义的网络语言则专指网民在网络社交时使用的、带有自己特点的语言，即网络用语（曾丹、吉晖，

---

* 基金项目：国家社会科学基金项目"新中国语言政策与国家语言能力发展关系研究"（19BYY068），阶段性成果。
** 作者简介：安华林，男，广东海洋大学教授，博士，研究方向为词汇学、词典学、语法学。黄丽愿，女，文学学士，现在深圳白芒小学工作。

2009）。本文讨论的是狭义的网络语言，而且是网络流行语，即某个时间段内在网络上盛行、被网民广泛运用的语词和语句。

网络流行语与生活息息相关，它在一定程度上反映社会的发展变化。自党的十八大以来，中国社会的发展更上一层楼。那么这期间网络语言又有怎样的发展变化呢？为了对此有一个比较深入的了解，本文主要以党的十八大以后即2013年以来国家语言资源监测与研究中心评选出的"十大网络流行语"为研究对象，在分类的基础上，归纳语言特点，并从内外两方面探讨网络流行语的流行原因及其所反映的社会心理现象。

一 2013—2018年历年"汉语盘点"十大网络流行语

通过各大搜索引擎，本文可以找到2013—2018年历年"汉语盘点"评选出的十大网络流行语。

表1　2013—2018年历年"汉语盘点"评选出的十大网络流行语

年份	十大网络流行语
2013	中国大妈；高端大气上档次；爸爸去哪儿；小伙伴们都惊呆了；待我长发及腰；喜大普奔；女汉子；土豪（金）；摊上大事了；涨姿势
2014	我也是醉了；有钱就是任性；蛮拼的；挖掘机哪家强；保证不打死你；萌萌哒；时间都去哪了；我读书少你别骗我；画面太美，我不敢看；且行且珍惜
2015	重要的事情说三遍；世界那么大，我想去看看；你们城里人真会玩；为国护盘；明明可以靠脸吃饭，偏偏靠才华；我想静静；吓死宝宝了；内心几乎是崩溃；我妈是我妈；主要看气质
2016	洪荒之力；友谊的小船说翻就翻；定个小目标；吃瓜群众；葛优躺；辣眼睛；全是套路；蓝瘦香菇；老司机；厉害了，我的哥
2017	打call；尬聊；你的良心不会痛吗；惊不惊喜，意不意外；皮皮虾，我们走；扎心了，老铁；还有这种操作；怼；你有freestyle吗；油腻
2018	锦鲤；杠精；佛系；skr；C位；确认过眼神；皮一下；官宣；土味情话；燃烧我的卡路里

二 网络流行语的分类

目前网络流行语的分类大多从语词方面进行研究，从流行语的表现形式分为语句型、单词型、字母型、符号型以及数字型（曹卫明，2010）。孙明强（2009）基于构成形式将网络流行语分为谐音类、简缩类、象形类、拆分类；基于流行时间则按年度分类；基于来源则分为方言词语、外来词语、影视文学作品、著名事件或人物、网民自造等。

通过分析近几年的网络流行语，笔者认为在基于来源的分类上除了孙明强（2009）列出的几类外还可以加入"旧词""漫画"这两类，同时也可以基于网络流行语的"引爆点"进行分类。

（一）基于来源分类

1. 来自漫画

漫画也是网络流行语的"产地"之一。比如"友谊的小船说翻就翻"，出自微博上的一则漫画《友谊的小船》，主要描绘了两只小企鹅共同坐在一艘船上，由于一只企鹅变瘦了，而导致船翻了。漫画火了之后，网络上就产生了"友谊的小船说翻就翻"这句话，并且网友们还特地引用到表情包中，从而加速了它的传播。

2. 来自旧词

网络流行语中也有不少是由旧词加新义而来的。2013年的"土豪"，原指"旧时农村中有钱有势的地主或者恶霸"[1]，而现在则指那些富而不"贵"的有钱人，文化品位较低，却极其富有，有的还很爱炫富。另外，每逢考试就被频繁转发的"锦鲤"，它本是普普通通的一种观赏鱼，有"鲤鱼跳龙门"的寓意。2018年国庆期间支付宝开展了"寻找'中国锦鲤'"的抽奖活动，它被赋予了

---

[1] 中国社会科学院语言研究所词典编辑室：《现代汉语词典》（第6版），商务印书馆2012年版，第1319页。

"幸运"的含义，成了"幸运儿"的象征。除此之外，"宝宝"可以代表"我"；"萌"可以表示"可爱"；"油腻"可以形容人……这些都是在旧词的基础上赋予了新的含义。

（二）基于"引爆点"分类

任何一则网络用语的流行，都有一个突破口，有它吸引人们眼球的"引爆点"。因此，我们也可以从网络流行语的"引爆点"进行分类。

1. 明星引爆

"洪荒"一词早有记载。《千字文》开篇第一句就是："天地玄黄，宇宙洪荒。"这里的"洪荒"指混沌蒙昧的状态，但此义知道的人并不多。在 2015 年热播的仙侠玄幻剧《花千骨》中，"洪荒之力"被定义为最强神力，在网络上掀起轻微波澜，但依然没有受到青睐。直到 2016 年里约奥运会上，刚游完女子 100 米仰泳半决赛的傅园慧在答记者问时，生动搞怪的表情配上那一句"没有保留，我已经用了洪荒之力啦！"，赋予了"洪荒之力"另一种赛场之美，瞬间就让"洪荒之力"火了。

再如，2014 年《爸爸去哪儿》中曹格的"蛮拼的"、吴镇宇的"保证不打死你"，2015 年王宝强的"吓死宝宝了"，2016 年王健林的"定个小目标"，2017 年吴亦凡的"你有 freestyle 吗""skr"，都是借助明星或名人之口才流行开的。

2. 微博引爆

微博，是信息汇聚的大平台，它的自由性、时效性、重复性等特点为网络流行语的形成做了很大贡献。

文章的"出轨门"事件一经曝光就引起了广泛的社会关注，微博上纷纷转发相关消息并猜测文章妻子马伊琍的选择。结果马伊琍用"恋爱虽易，婚姻不易，且行且珍惜"。这句话在微博上表达了她的立场，网友们在看到马伊琍回应的同时也产生了强烈的同情与共鸣——生活中总有一些无奈与不足，最重要的还是珍惜当下。因此网友们纷纷在微博、微信朋友圈上转发，各大娱乐媒体也相继报道。"且行且珍惜"这一语句便被更多的人所熟知。

2018年10月16日，赵丽颖、冯绍峰同时在微博上用"官宣"二字配上爱心和结婚照来发布结婚消息，两人微博关注人数皆为几千万。结婚消息一经发布立即引起吃瓜群众的围观，并纷纷效仿，发布自己的"官宣"消息，掀起一股"官宣体"大潮。还有2017年因一名网友发了一条微博"中年男性去油腻步骤"立即引起了网友们关于"油腻"的热议。这些流行语都是在微博上引起网友的大量关注并在微博上迅速传播开来的。

3. 游戏引爆

根据第44次《中国互联网络发展状况统计报告》，截至2019年6月，我国网络游戏用户规模达4.94亿，占整体网民的57.8%，较2018年底增长972万。手机网络游戏用户规模达4.68亿，较2018年底增长877万，占手机网民的55.2%。网络直播用户规模达4.33亿，较2018年底增长3646万，游戏直播用户为2.43亿。[①]总的来说，网络游戏依然在人们生活中占据重要地位，几乎每年都有一条网络流行语是从网络游戏中产生的。

2013年在网络游戏中肆意消费人民币的"土豪"，2014年英雄联盟玩家们对对方技术"我也是醉了"的吐槽，2016年对游戏队友技术高超用"厉害了，我的哥"的称赞，2017年用"还有这种操作"对某一种游戏操作的吐槽与赞叹，2018年从英雄联盟、DOTA游戏中应用到日常生活中的"C位"，以及游戏解说里偶尔的"皮一下"，等等，都是网民们在进行游戏时所说的话，由于开启了直播或者语音聊天模式而被更多的人所了解，激发了大家的兴趣从而流传起来。

三 网络流行语的语言特点

（一）意义的继承性与创新性

从上面的来源分类可以发现，除了网民自创的流行语，大部分

[①] 中国互联网络信息中心：《第44次中国互联网络发展状况统计报告》，2019年，第42—46页。

流行语都是在原有词语的基础上进行改造而成的。因此，在意义上既有继承，也有创新。继承侧重有基础，创新侧重有发展。

1. 网络流行语意义的继承性

2013年的网络流行语"土豪"，在网络上主要指大手大脚花钱的有钱人。例如：土豪的世界！乔治·克鲁尼送14位好友每人百万美金（《荔枝网》2017年12月24日）；曝京城土豪聚会超海天盛筵！网友：如肉类批发（《凤凰网资讯》2013年10月29日）。

上面例子中的"土豪"，继承了原义中的"有钱"，但网络义在对象范围上明显扩大了，不限于地主和恶霸，凡是大手大脚花钱的人都可以称为"土豪"。还有"老司机"，在原义"富有经验的司机"的基础上，扩大到指某一方面阅历丰富的人。

意义的继承上，不仅有范围的扩大，还有意义的引申。"套路"本来指编制成套的武术动作；成系统的技术、方式、方法等。① 经过网络发酵却成了"多指某人做事有所欺瞒或有极具实际经验的处事方法，从而形成了一类行为模式"②。从具体的方式、方法引申为行为处事的一套模式，并赋予了贬义色彩。例如，教育培训机构尚德被曝虚假宣传：起底三大套路（《新华网》2018年5月2日）；坑骗老年人又出新套路，套路太深防不胜防！（《老北京故事》2018年4月24日）。

2. 网络流行语意义的创新性

2014年网络流行语"萌萌哒"中的"萌"自古就有，主要有三义，分别是发芽、开始发生、姓。③ 而随着日本漫画的引进，"萌"在网络上则表示"可爱"，与它原义基本上没有联系，产生了一个新的意义。

同样情况的还有"我也是醉了"中的"醉"。它的原义有饮酒

---

① 中国社会科学院语言研究所词典编辑室：《现代汉语词典》（第6版），商务印书馆2012年版，第1272页。

② https：//baike.so.com/doc/2353338－24867839.html。

③ 中国社会科学院语言研究所词典编辑室：《现代汉语词典》（第6版），商务印书馆2012年版，第888页。

过量，神志不清；沉迷，过分爱好；用酒泡制（食品）三种。① 而在"我也是醉了"中更多的是表达对某一类人、某一种操作的无奈、郁闷或无语的情绪。例如：也是醉了！英媒披露欧盟为争取美国关税豁免竟开罪中国（《中华网》2018 年 3 月 21 日）；海归硕士年薪数十万！然而得知他做的事，也是醉了……（《中国经济网》2019 年 10 月 29 日）。

（二）词语的形象性

语言是连接人们心理和客观世界的纽带，当人们说出一句话或者一个词时，尤其是一些表示事物或描写事物性状的词语时，我们脑海中就会呈现出它的形象，这就是词语的形象标示功能。为了摆脱或者克服语言的抽象性，人们就更加重视并利用词语的形象功能（陈汝东，2014）。

网络流行语中也包含着许多具有形象性的词语。2017 年的"油腻"一词，本来形容食物含油过多或指含油多的食物。② 即使我们刚开始不知道"油腻"的网络含义，但是一听到"中年油腻男"，浮现于脑海的就是一个胖乎乎的、满面油光的、不修边幅的中年大叔形象。这与它的网络义——指那些不注重身材保养、不修边幅、谈吐粗鲁的中年男性的特点——恰恰是相符的。

2016 年的"辣眼睛"，一看到这几个字，就会联想到眼睛被辣椒刺激到了，不停地流眼泪，不愿意再多看一眼。还有 2018 年的"杠精"。一个"精"字，马上就能联想到那些混入人间作怪的妖精，而"杠精"就是那些整天到处抬杠、毫无意义地反对他人的"妖精"。

（三）内涵的丰富性

符号学家罗兰·巴特指出，当某个符号对现实进行意指时，有

---

① 中国社会科学院语言研究所词典编辑室：《现代汉语词典》（第 6 版），商务印书馆 2012 年版，第 1742 页。

② 中国社会科学院语言研究所词典编辑室：《现代汉语词典》（第 6 版），商务印书馆 2012 年版，第 1575 页。

两个意指序列,一个是符号与其所指对象间的简单关系,为直接意指;另一个是用来代表文化或文化使用者的价值系统,为引申意指(王仕勇,2014)。网络流行语也是一种语言符号,有它的"意指序列",这就使它的内涵更加丰富。

比如"我想静静",本来是心情烦躁或思绪混乱,想要一个人好好地待着静静思考,这是它的"直接意指"。但是网友却从名词出发理解:我想"静静"这个人,从而引出"静静是谁"的疑问,用来调侃、缓解气氛,这是年轻人的话语文化,是这个网络流行语的"引申意指"。而"我妈是我妈"字面意义就是:我的妈妈确实是我的妈妈。但是这看似无意义的一句话却揭示了一些部门要求出具无理证明的现象,也蕴含着人民群众对于这种现象的讽刺和不满。同样的还有"你们城里人真会玩""有钱就是任性"这些流行语,除了字面"直接意指"外,更多的是它们的"引申意指",是对社会上有钱人乱花钱现象的嘲讽。这些都是网络流行语内涵丰富的体现。

(四)组合形式的新颖性

纵观几年来评选出的网络流行语,我们可以发现,网络流行语的组合形式新颖多样,有常规的组合形式,如"辣眼睛""为国护盘";也有简缩的组合形式,如将"喜闻乐见、大快人心、普天同庆、奔走相告"简缩成"喜大普奔",将"高端大气上档次"简缩成"高大上";也有谐音的组合形式,如"蓝瘦香菇"是"难受想哭"的谐音形式、"skr"谐音"是个";还有中英文夹杂的组合形式,如"打call""你有freestyle吗""C位"等。除了常规的组合形式,其他三种组合形式更加新颖,而且简缩形式符合语言经济原则,谐音形式和中英文夹杂形式则增强了语言的趣味性,都使网络流行语更加适合网民口味。

四 网络流行语流行的原因

(一) 语言自身的魅力

1. 意义的创新与内涵的丰富是流行的前提

从上面对网络流行语语言特点的分析中可以知道,网络流行语的含义具有一定的创新性,或引申创新,或另创新义。新的意义如同让旧词语披上了新装,增加它的魅力也勾起人们的好奇心,而丰富的内涵尤其吸引了人们的关注,其中关于文化的"引申意指"更是给网民提供快感体验的资源(王仕勇,2014)。

2. 形式的简短精练是流行的必要条件

马尔丁内的语言经济原则告诉我们,在进行言语交际时,人的惰性会出来进行"干扰",促使我们选择较少的、省力的、已经熟悉的或比较习惯的,或者具有较大普遍性的语言单位(周绍珩,1980)。因此,形式简短而意义丰富的网络流行语就容易被人们所接受并使用。"喜大普奔"用简单的四个字就概括了四个成语的含义,在意义相同的情况下,人们自然会选择简短的表达方式。还有"C位",简单的字母加汉字,就轻松地表明了"核心地位"之意,C是center的缩写。另外,中国人自古以来就偏好对称美,这体现在语言上就是追求字数相等、结构一致等。网络流行语中的"世界那么大,我想去看看""惊不惊喜,意不意外"都体现了这一特点。

3. 灵活组合是流行的充分条件

网络流行语中并非全是固定的词语,里面也有许多句式,留给网友们自由发挥的空间。比如"确认过眼神",虽然上榜的只有几个字,但最开始流行时的句子是"确认过眼神,你是广东的人"。因此在网络上常常以"确认过眼神,是×××的人"的句式出现。同样的还有"官宣",常用于"官宣!×××"的格式;"佛系"则常常组合成"佛系××",如佛系上班、佛系追星等。

（二）心理因素的催生

黄海波（2011）认为，网络流行语的产生有着内在的客观必然性和深刻的历史文化内涵，是社会文化背景、社会生活、社会心理基础以及语言系统等多种因素共同产生的结果。改革开放后，伴随着经济的快速发展，社会竞争也日趋激烈，人们承受着越来越重的精神压力。而中国网民又以中青年群体为主，其中10—39岁群体占整体网民的65.1%，20—29岁年龄段的网民占比最高，达24.6%。[①] 这足以说明，年轻人是网络的主体。他们有着充沛的精力，有着在社会上努力拼搏的梦想。在这样一个年龄段，他们一方面喜欢追求自我，一方面也在承受生活、工作的压力。追求自我，让他们希望在社会上发出自己的声音；而承受压力则急需一个平台来释放。网络的出现就是一场及时雨，能够让他们隐蔽地自由自在地发言，宣泄情绪，展现自我。

另外，很多网民尚处于不成熟阶段，喜欢标新立异、彰显个性，也不愿落后于他人、被抛弃在时代的潮流中。因此，他们更希望在网络上找到"志同道合"的朋友，一起用同样的话语表达对社会的看法，或宣泄心中的不满。同时也希望用不同寻常的语句来彰显自己，实现自我的"价值"。这为网络流行语的产生提供了"种子"，为它的推广提供了动力。

总的来说，网民的追求自我、标榜个性和从众心理一起推动网络流行语的产生和使用。

（三）传播方式的推动

1. 社交工具的增加

20世纪末，中国的互联网新媒体慢慢脱离传统媒体，随着技术的发展，博客、SNS、百科、视频、微博等注重联系性、工具性

---

① 中国互联网络信息中心：《第44次中国互联网络发展状况统计报告》，2019年，第18页。

和用户参与性的应用媒体登上了历史的舞台（刘柳，2016）。QQ、微博、微信、直播视频等社交工具更是在远程沟通和信息交流方面提供了极大的便利，而且大部分社交应用都设置了表情包功能。表情包可视性强，生动形象的特点也让人们越来越喜欢用它来表达自己的想法与情绪，因此表情包上的一些词语或句子也随着表情包的传播而被更多的人所熟知并运用。就像"友谊的小船说翻就翻"，一开始它只是一组漫画里的一部分，随着它成为表情包的一员，在微博、微信上使用的人越来越多，知道的人也就越来越多了。还有"皮一下""葛优躺"都是在表情包生动有力的推动下逐渐深入人心的。

2. 影视传媒的发展

近十年，中国电影行业进入了繁荣期，无论是电影的产量、票房、传播渠道还是虚拟现实、数字技术的应用都有了大幅度的提升（王俊秋、洪潇楠，2016）。电视综艺方面，《爸爸去哪儿》《爸爸回来了》《奔跑吧兄弟》《极限挑战》《中国新说唱》等真人秀节目也受到了广大观众的喜爱，尤其是年青一代。影视作品中许多"金句"也就被普通大众所熟知，并在网上发酵，成为新的网络流行语。比如王宝强在《奔跑吧兄弟》中常说的"吓死宝宝了"，随着《奔跑吧兄弟》的热播，越来越多的人知道了这种卖萌、可爱的自述方式。还有吴亦凡在音乐选秀节目中频繁说出的"你有freestyle吗？""skr"等也被广大网友所喜爱。

3. 主流媒体的助推

2010年11月10日，《人民日报》头版头条发表了标题为《江苏给力"文化强省"》的文章，由此拉开了主流媒体应用网络流行语的序幕。各大媒体也纷纷采用网络流行语做标题，尤其是网上的新闻标题。例如，福建男篮官宣签下斯塔德迈尔，球队凑齐三外援（《中国新闻网》2019年10月30日）；确认过眼神，是民警追捕的在逃人员！禁毒民警一天抓获2名在逃人员（《平安汕头》2019年10月31日）；喜大普奔，国庆节前中国海军首艘两栖攻击舰下水，堪比轻型航母！（《环球网》2019年9月25日）。

主流媒体的影响力大、信誉度高、传播面广，拥有各个不同年龄段的读者，对网络流行语的传播有更大的助推作用。再加上每年国家语言资源监测与研究中心以及《咬文嚼字》杂志开展的网络流行语评选工作，也让流行语获得了更高程度的认可。

五 网络流行语所反映的心理社会现象

语言是反映社会的一面镜子。网络语言也反映着当今社会的面貌以及时下人们的心理。从近几年评选出的网络流行语中，可以窥见近几年人们的心理变化和社会现象。

（一）从消极走向积极

改革进程中，国家实行"让一部分人先富裕起来，最终走向共同富裕"的政策。这对于促进中国发展起到了积极作用，但是也出现了贫富两极分化的现象（王仕勇，2016）。当富人有意或无意炫富时，社会上正饱受生活压力的人们就会产生一种强烈的仇富心理，进行消极的嘲讽。2013年在美国疯狂买黄金的"中国大妈"、素养不高却很有钱的"土豪"；2014年为了看看骗子会骗走自己多少钱，充分演绎了什么叫"有钱就是任性"的大爷；2015年"真会玩"的"城里人"以及2016年定了一个亿"小目标"的王健林，这些人都有一定的资产，他们所做的都是普通人做不到的或不敢做的。平凡的网民们对他们"眼红"，现实却又是如此，内心无处宣泄，只好寄托于这些网络流行语。

随着国家经济的发展以及"精准扶贫"政策的实施，越来越多的人脱贫致富，社会公共服务也越来越完善，缩小了贫富差距，在一定程度上削弱了人们的仇富心理和不满情绪。人们的消极心理得到了缓解，慢慢地开始更多地关注自身。2017年关注自己有没有"freestyle"，有没有变成一个"油腻"大叔，与人交流时会不会"尬聊"。2018年更渴望成为"中国锦鲤"，得到幸运之神的眷顾；能够努力生活，站在工作或学习中的"C位"；能够健康生活，"燃烧我的卡路里"。

从开始的更多关注别人、嘲讽富人的生活，体现了自卑和不甘的心态，到如今的更多关注自己、关注生活、期待未来，反映人们的心态从消极到积极的转变。

（二）从熟人社会进入陌生人社会

网络有利也有弊："利"主要表现在促进了世界各地的交往，加快了信息交流的速度；"弊"主要是信息的泛滥使人"淹没"其中。有人认为，中国目前正在从熟人社会进入陌生人社会，陌生化现象已成为中国现代社会生活的一部分（王仕勇，2016）。自从2011年"小悦悦事件"警示人们对于当下社会人性冷漠的思考直到如今，"陌生化"话题一直被人们讨论着。这也反映在了网络流行语中。

2016年的"吃瓜群众"以及2017年的"尬聊"都在说明当今社会陌生化现象仍然存在。人们对于跟自己无关的事情往往会采取一种围观，甚至漠不关心的态度，宁愿和他人一起围着"吃瓜"也不愿上前轻问一声是否需要帮忙。而社交应用工具以及各类生活服务应用工具的普及，包办了人们的吃喝住行玩，让人们更愿意"躲"在自己的空间里，沉迷于自己的世界，少与人面对面交流，这会导致在人际交往时出现尴尬的局面，有时候即使是跟熟悉的朋友交流也成为"尬聊"，变得无话可说。

结　语

网络流行语意义的创新性、内涵的丰富性以及简短而形象的特点让人们在语言经济原则的推动下倾向选它；青年人追求自我、标榜个性以及从众心理，促使他们偏好网络流行语；而传播方式的推动使网络流行语传播速度加快、传播范围扩大，特别是主流媒体的运用，更提高了人们对它的认可度。

从网络流行语反映的社会现象上，我们可以发现网民生活态度的转变，从消极的仇富心理到积极向上的关注自我、提升自我的转变。这与国家的发展和社会的引导是分不开的。但同时我们也应清醒地认识到，网络发达加剧了"陌生化""冷漠化"，成为新的社会现象而且越来越突出。这亟须引起重视，加强引导，共同营造向善向上向好的社会环境。

参考文献

曹卫明：《近三十年流行语研究》，硕士学位论文，浙江大学，2010年。

陈汝东：《修辞学教程》（第二版），北京大学出版社2014年版，第92—96页。

黄海波：《网络流行语的产生和规范问题探析》，《重庆科技学院学报》（社会科学版）2011年第1期。

刘柳：《中国互联网新闻发展史话》，《互联网经济》2016年第7期。

孙明强：《网络流行语研究》，硕士学位论文，湘潭大学，2009年。

王俊秋、洪潇楠：《当下中国影视文化的发展态势与理性思考——中国·长春首届"影视教育与文化产业发展"高峰论坛综述》，《当代电影》2016年第7期。

王仕勇：《网络流行语概念及特征辨析》，《探索》2014年第4期。

王仕勇：《我国网络流行语折射的社会心理分析》，《探索》2016年第6期。

曾丹、吉晖：《网络语言研究现状与展望》，《大连海事大学学报》（社会科学版）2009年第5期。

周绍珩：《马丁内的语言功能观和语言经济原则》，《国外语言学》1980年第4期。

An Analysis of Internet Buzzwords From 2013 to 2018
—Take the Top Ten Internet Buzzwords of "Chinese Inventory"
as the Example

An Hualin, Huang Liyuan

Abstract: Internet catchwords are words or sentences that are popular on the Internet and widely used by netizens. This paper takes the Internet buzzwords selected by "Chinese language inventory" from 2013 to 2018 as the research object, and classifies them from two aspects: source and mode of transmission, and summed up the meaning of inheritance and innovation, the image of words, the richness of connotation and the combination of the novel language features; Then the paper discusses the reasons of the popularity of Internet catchwords and the social psychological phenomena reflected by them from the internal factors of language and the external factors such as the psychology of the crowd and the mode of transmission.

Keywords: Internet Buzzwords; Classification; Language Characteristics; Popular Reasons; Social Psychosocial Phenomenon

社会语言学视野下的中法网名对比分析

沈含娇[*]

摘　要：网名作为建立网络使用者虚拟身份的重要语言手段，具有区别于真名的社会交际功能。在社会语言学的视野下，网名和使用者的真实身份趋同还是偏离？网名反映了使用者的什么自身需要并且实现了什么社会交际功能？本文通过归纳对比2000个中文网名和2000个法文网名在语音、语义、语法结构方面的各自不同特征，结合采访，探讨网名对于身份认同的意义以及其与社会语言文化的关系。

关键词：网名　虚拟身份　社会语言文化

人类文明诞生以来，人类学着命名和被命名。我们在被别人命名的同时也给自身命名。在网络时代，网络上的名字"网名"以每种语言里特殊的语言要素帮助人类在虚拟世界建立其虚拟身份，这种新的语言现象具有强大的社会表征。在社会语言学视野下，网名是和使用者的真实身份趋同呢还是偏离？反映了使用者的什么自身需要并且实现了什么社会功能？

法语中"pseudonyme"（虚名）这个术语出现在1876年的法语字典 le Littré 中，定义是当作者发表著作时所用的想象的名字或虚

---

[*] 作者简介：沈含娇，女，法国巴黎东方语言文化学院，博士，师从汉学家白乐桑教授，法国教育部汉语资格教师，终身教职，研究方向为网络语言和互动书面交际。

假的名字，这个定义相当于汉语中的笔名。而今天，这个术语尤其被用于网络交际。我们对网名的定义是：用于网络区别于使用者真名的名字。那么真名具有什么性质？根据法国学者 François Perea（2014）的研究：（1）真名不可选择不可改变；（2）真名是在亲属关系中产生的，有家庭因素，时代因素，社会因素；（3）真名的使用是必须的和横向的：它能够使用在私人生活和社会生活的各个领域，它和其他形式的命名（小名，网名等）有竞争关系。

相反，（1）网名可选择也可改变；（2）网名不是在亲属关系中产生的，但是同时具有家庭因素，时代因素和社会因素；（3）网名的使用不是必须的和横向的，它只用于网络。此外，网名不是被他人给予，而是为了表达自己而给予自己的。

在语义层面上，真名的语义和时代及环境相关。根据法国学者 Nicole Lapierre（1995）的研究，20 世纪的法国社会姓氏的来源有四种：祖上留下的姓氏，和居住环境相关的姓氏，来自地域名的姓氏，和职业相关的姓氏。这些分类都涉及人类与环境的关系，这里的环境包括自然环境和社会环境。中国学者姓名的研究提到了中国人的姓名反映了不同朝代和不同时代的人的意识形态。例如，新中国出生的孩子姓名中常常出现"建国"；因为汉武帝推行儒教，所以东汉（25—220）和三国（220—265）的姓名中常常出现"孝""仁""德"。同样，网名的语义也和时代及环境相关，网名的大环境是世界性国际性的多样意识形态。如何对大环境下的汉语网名和法语网名分别做出语义上的分类？这样的对比研究是本文感兴趣的问题。

在句法层面上，在汉语网名中，我们能找到"姓+名"的结构吗？在语料中我们可以归纳出多少种结构？法语是和汉语在句法上完全不相同的语言，那么法语网名会有什么句法结构？

在语音层面上，中国真名中的百家姓大多是单音节，中文名字中常常是双音节和多音节。然而，网名并不需要遵守这些音数规则，网名甚至可以是短语或句子。在我们的研究中，我们对于不同音节数的网名的百分比很感兴趣。法语网名无法用音节数来衡量，但是我们的研究力求发现法语网名表现的语音特征。

选择一个网名，是在虚拟世界中选择一种身份，这种虚拟身份是靠语言要素建立的。本文的数据包括 2000 个中文网名语料，来自微信和微博，其中我们知晓 126 个网名的网名使用者的真实身份，语料搜集时间为 2015 年 6 月 23 日到 2017 年 5 月 24 日；同时包括 2000 个法文网名语料，来自 Twitter 和 Ubuntu 论坛，其中我们知晓 105 个网名的网名使用者的真实身份，语料搜集时间为 2017 年 8 月 13 日到 2019 年 9 月 25 日。本文采用 Robert Truel 和 Rachad Antonuis 的数据推理的方法，即从样本数据推测整体数据量化特点的方法，来分析数据样本的社会文化特点，语义，语法以及语音特点。为了更好地理解网名产生的过程，我们也做了采访来补充数据分析。

一 通过网名达到社会真实身份和虚拟身份的趋同

如果我们在互动书面交际尤其是即时互动书面交际的大背景下谈网名，那么网名首先有两个特点：网名先于交际存在；在一次交际过程中，使用者不会更换网名。根据数据样本，在多个网站使用同一个网名的网络使用者居多。网名因此具有相对的长期存在性，这一特性是网络使用者将真实身份和虚拟身份趋同的主要动机。让我们来看两个中国网友和两个法国网友的采访案例。

采访 1：网名为"super"的中国网友（33 岁，女，秘书，北京）：

—您怎么选中这个网名的？
—我在北京的外企工作，每个员工都要有一个英文名字。有一次，一个美国同事告诉我说在美国没有任何一个人会用形容词做名字（笑）。但是我习惯了，我不想换。在所有网站我都用这个名字因为我不会忘记。
（采访日期：2017 年 5 月 24 日）

根据这个采访，这位网络使用者在很多网站上使用同一个网名，这个网名建立的身份和她在工作中的真实身份接近。她并没有

意愿要取一个和真实身份完全不一样的网名。她认为接近她真实生活的网名方便易记。

采访2：网名为"小可"的中国网友（30岁，女，秘书，贵阳）在采访中也证实了这点：

—您怎么选中这个网名的？
—小可是我的小名。我周围的人都知道。这样他们在各种社交软件中很容易知道我是谁。我在网上都用这个名字。
（采访日期：2017年5月23日）

用小名作为网名是一种完全等同社会真实身份与虚拟身份的行为。

采访3：网名为"Falachan"的法国网友（69岁，女，退休，巴黎）在采访中给我们做了如下回答：

—您怎么选中这个网名的？
—你知道我丈夫是中国人，我的真实名字是France-anne Chang，有一次我去塞内加尔旅行，那里的人用"Falachan"叫我的名字，这种发音方式很好玩，所以我就把它作为网名了。—（采访日期：2018年12月31日）

这个网名的设立明显与这位网友的真名即其真实身份有关，我们认为这也是一种趋同

采访4：网名为"Guill@ume"的法国网友（23岁，男，学生，巴黎）这样说：

—您怎么选中这个网名的？
—这太明显了，我的真实名字是Guillaume，把a换成@，幽默一下了，但是大家都知道是我。
（采访日期：2019年9月15日）

同样，这位网友将网络特有的标识@加在他的真名中形成网

名,这显然是将虚拟身份与真实身份趋同,并且巧妙地标记了虚拟身份的网络特点。

这四个案例都是将虚拟身份与真实身份趋同的例子,但是在不同文化背景下各具特点,大多数汉语网友并不需要利用他们的真名来达到虚拟身份与真实身份的趋同,小名、外号、工作中使用的名字都可以达到趋同的目的,而法国人名字中并没有这些别称,所以法国网友不得不借助真名来达到趋同的目的。在我们的数据样本中,用真名作为网名的法国网民远多于中国网民。

二 通过网名达到社会真实身份和虚拟身份的偏离

社会真实身份和虚拟身份的偏离,有时并不是一种谎言。法国学者 François Perea(2014)提到"因为网络使用者都知道网名是假的,某些网络空间也鼓励了网名的使用,所以互动交际的最初原则不是对于真实身份的隐瞒"。趋同和偏离是相对的概念,部分趋同正是一定程度的偏离。比如说在我们的数据样本中一个公众号作家将自己的网名取为"如厕必备读物"。这是一个在现实生活中完全不可能用的名字,但是却和他在真实生活中的职业相关。这是一定程度的趋同,也是一定程度的偏离。

我们认为网名的选择与思考表现了在一种语言中对某个词的理解。通过这种思考创造的网名是一种语言游戏,并且会给语言使用者带来心理上的愉悦感。网名产生的社会真实身份和虚拟身份的偏离是加强了这种愉悦感的。比如说,在中国文化中,"号"是古代人名字之外的别称,多为自己所取,唐宋时期,佛教在中国盛行,对中上层知识分子影响很深,很多人便以"居士"为号,如苏轼号"东坡居士"、李清照号"易安居士"。在我们搜集的网名样本中,"听雪居士"是一个典型的号,这个网名有强烈的古代时间标识,是明显的社会真实身份和虚拟身份的偏离,但是这种偏离并非有意隐藏真实身份,而是带来了语言文字的愉悦感。

在语料中,本文去掉了使用真名作为网名的样本,对剩下的

1915个中国网名和1213个法国网名做了语义、句法和语音的特征分析。

三 中法网名的语义特征对比

基于1915个中国网名和1213个法国网名，得出了各自的语义分类表，如表1和表2所示。

表1　　　　　　　　中国网名语义分类

类别	占比（%）	例子
自然类	17.6	流星、玉兰花、雪梅、花花、夜雨
性别类	14.5	女王范、小吃哥、所谓伊人、装萌的菇凉
食物类	11.5	蓝色冰淇淋、大白兔奶糖、卡布基诺
看法类	8.2	过去不重要、一颗心只容一个人、庸人自扰
古代号或字	8.4	听雪居士、柳泉居士、六一居士、随园老人
古代诗文引用	6.2	明月几时有、亦余心之所善兮
歌曲名	7.4	爱你一万年、秋日私语、偏偏遇见你、时间煮雨
数字类	8.9	数鸭子123、2017去旅行
广告语引用	3.7	一切皆有可能、一颗永流传
小说电影或电视剧中的人物名	4.2	小龙女、还珠格格、俏黄蓉
新颖的语意搭配	5.3	不会游泳的鱼、个性小丑、弯了的雨
外语类	4.1	super、just、do it、coco

自然类语义在中国网名中占比最高。我们认为这和中国哲学中的"天人合一"的概念相符，网名作为一种身份表达，中国网络使用者用自然类语义表达某种身份特征，"流星"表达转瞬即逝的伤感，"兰叶低垂"中的"兰"承载着君子气质，正如中国古人作诗，情感需要自然景物表达，中国网民在网络时代用自然景物带来诗意的美感，是对中国古代文化的传承。重新使用古代的号与字，赋予它们在网络时代新的生命，也是中国网名独具特色的地方。

社会语言学视野下的中法网名对比分析

此外，性别类语义占比颇高，这种性别类表达除了"男""女"之外，还有"哥""姐""弟""妹"，这些亲属称谓失去了其本来的意义，在互动书面交际中有拉近网络陌生人关系的语用，这种语用已出现在武侠小说中，因此这类网名还有将网络赋予江湖意义的作用。除了以上例子，性别类还有网络新词"少年"及其变体"骚年"。

食物类一栏，多为西方食物，而且使用这类网名的多是年轻网络使用者。为了进一步了解他们的使用动机，我们对其中一位网民做了采访：

采访5：网名为"蓝色冰淇淋"的中国网友（16岁，女，学生，贵阳）

您怎么选中这个网名的？
我的朋友认为我有点儿小资，我并不否认。我很喜欢吃冰淇淋，这是小孩子吃的，所以显得有点儿可爱。而且，冰淇淋来自西方，很时尚。蓝色有点忧郁，是我喜欢的气质。
（采访日期：2017年5月17日）

数据样本中还有"土豆""棉花糖""提拉米苏"，水果如"草莓"和"芒果"，这些都是小孩子喜欢的食物。中国网民很少用中国特色的食物作为网名，这也体现了年轻一代对西方文化的追捧。

再来看看法国网名的语义统计。通过对比，我们可以看出中法网络语言都受英语的影响，出现了英语词，不过占比都不高。法国网名中的真名缩写和真名改编占了相当大的比例，各种语言的造词法必然会影响该语言使用者的取名方式。名词缩写在法语中相当普遍，这也解释了为什么第一大类法语网名是真名缩写。

此外，法国网名的样本中并未出现自然类语义的网名。法国网名中也有事物类，可是与自然无关，与社会相关，法国文化没有"天人合一"的概念，正如法国哲学强调主客分离，法国人不会以自然来表达自己。"活在当下"和批判精神形成了法国人的抱怨文化，因此有一类网名具有抱怨的语义。

表2　　　　　　　　　　　　法国网名语义分类

类别	占比（%）	例子
真名缩写	38.5	bjm（法语名 Benjamin 的缩写），jpaul（法语名 Jean Paul 的缩写）
真名改编	20.8	Erickkkkk（法语名 Eric 的改写），Arthur_S（法语名 Arthur，用短横线连接名和姓，S 是姓的首字母），pierO（法语名 pierrot 的改写，因为字母 t 不发音，改写时省去 t，放大 o）
人物类	3.4	Un piéton à Paris（巴黎路人），violette poète（紫色诗人），Personne en mode nuit（夜间模式的人），Duchesse（伯爵夫人）
数字类	10.6	Le 8（8号），A7（7号高速公路）
抱怨类	5.7	fiche moi la paix（让我安静一下），Grosse Fatigue（极累），LES PROBLÈMES（问题）
职业类	3.5	porionette（煤矿小监工），commandant（指挥官），algeria boulanger（阿尔及利亚面包师）
打招呼类	4.5	Allo nina（你好，霓娜），Hi tlm（大家好，tlm 是大家 tout le monde 的缩写）
事物类	6.2	RER B（巴黎大区地铁线 B），chaussettes（袜子），lampadaire（落地灯），passe-partout（万能钥匙）
食物类	1.4	limonade（柠檬汽水），banana（香蕉），gouet（海芋）
外语类	5.4	French Cat（法国猫），hate me pls（请恨我）

法国网名中还有一类语义与职业相关，这是在中国网名的样本中我们看不到的。这主要受法国姓氏来源的影响，法国人有一类姓来源于职业，这使得他们选取网名时也有意识地将职业列为选择。

四　中法网名的句法特征对比

根据语料，总结出了汉语网名 8 类句法结构如表 3 所示。

表3　　　　　　　　　　中国网名的句法分类

句法结构	占比（%）	例子
偏正结构	20.7	蓝色的雨季、纯牛奶、没安全感的孩子、浪子野心
动宾结构	9.2	拾忆、重写幸福
主谓结构	1.4	情绪翻腾、萤火虫不发光
动补结构	0.6	闹够了、睡醒了
联合结构	4.4	轻描淡写、冬至 & 初夏
短语或词 + 数字/数字 + 短语或词	10.3	数鸭子123、2017 去旅行
短语或词 + 字母/字母 + 短语或词	10.1	Forever 信吗、TIME. 时光
短语 + 特殊字符	23.6	簡單ð愛√
整句	9.5	浅夏‾雨中弥漫着花香、天天也很帅、南有暖树、好马不吃回头草
其他	10.2	Super、Liu Yang、静

根据表3数据，我们可以做出如下分析。

（1）23.6% 的中国网络使用者会在网名中加入特殊字符，像"√"，"⌣ε⌣"，"♡"，等等。符号"√"源自网络语言"get √"，意思是"学会了"。那么网名"簡單ð愛√"的意思就可以理解为"学会了简单地去爱"。这些特殊字符既有视觉装饰的作用，又有表达语义的作用。这个特点在法国网名样本中是没有的，中国网络使用者在创造网名时强调了视觉上的审美效果，这不仅是一种语言现象，更是一种文化现象。白乐桑（2017）曾说过"中国文化是视觉文化"。

（2）为什么偏正结构占比最高呢？我们认为至少有两个原因。第一，网名是一种名称，自然地具有名词性。偏正结构中的定中结构是最典型的名词短语结构，比动宾结构更占优势。第二，根据功能语言学派的语言经济性原则，对于建立网络上的虚拟身份，形容词当然比动词更经济更有效。网名实际上有两种功能：既保护使用者又展示使用者。偏正结构主要实现展示使用者的功能，而动宾结构主要实现保护使用者的功能。

（3）对于句法结构中数字的使用，我们做了采访以了解使用动机。

采访6：网名为"数鸭子123"的中国网友（33岁，男，销售员，北京）

—您怎么选中这个网名的？
—当我在一个论坛上要注册的时候，正好电脑里在放儿歌《数鸭子》。我就把这首歌名输进去作为网名，可是网站显示此网名已存在并且建议我加上数字123，然后我就照做了，这就是我的网名是"数鸭子123"的原因。
（采访日期：2017年4月11日）

中法网站都有对已存在的网名建议加数字的做法，这就是为什么我们在中法网名中可看到大量数字存在的原因，也就是说，技术上的系统设置也会对网民的虚拟身份产生影响。

（4）此外，我们对中文网名中加入英文的动机也十分感兴趣，因此做了另一个采访。

采访7：网名为"Forever信吗"的中国网友（38岁，男，英语老师，北京）

对于受西方文化影响的中国网友来说，英文字母是国际化的，是时尚的，甚至能带来美感。这是世界化的结果，不仅是语言层面的，更是文化层面的。

—您怎么选中这个网名的？
—那时候，我刚刚和我女朋友分手，用这个网名宣泄一下感情吧。
—为什么您选择英文词"Forever"，而不是汉语词"永远"呢？
—可能更时尚点儿吧？我觉得英文词和汉语词放在一起做网名更好看。
（采访日期：2017年4月13日）

我们再来看看对于法国网名样本句法结构的分析。

表4　　　　　　　　　　法国网名的句法分类

句法结构	占比（%）	例子
单个名词	54.9	Moi.（我）、Guill@ume（法文名纪尧姆）

续表

句法结构	占比（%）	例子
限定词+修饰语/ 修饰语+限定词	13.4	le chat sur la banquette（长椅上的猫）、ju d'abricot（正确写法是 jus，故意写错词来彰显个性，意为杏子汁）、petite fleure（小花）
短语或词+数字/数字+ 短语或词	7.2	link 31（链接31）、Daniel17（丹尼尔17）
整句	12.3	Je t'attends.（我等你）、Le café, c'est ma drogue.（咖啡是我的命）
其他	12.2	LAST TRAIN

我们可以看到法国网名的句法结构相对简单，单个名词占大多数，其他结构多为"限定词+修饰语/修饰语+限定词"，这和网名的名词性特征相符。在法语中，一个没有主语的句子是不存在的，所以不可能存在汉语中的动宾结构和动补结构作为网名。整句作为网名的现象也存在，但占比不高。

五 中法网名的语音特征对比

根据语料，本文对汉语网名的音节特点做了如下总结。

表5　　　　　　　　　　中国网名的语音分类

音节数	占比（%）	例子
1	3.5	安、逗、牛
2	30.1	心语、干杯、好男
3	18.2	江南雨、笑哈哈、大长腿
4	32.5	年少无知、卿是唯一、一米阳光、曲终人散
5	8.3	路遥知马力、学校如监狱、死了都要二
6	5.1	做梦的小金鱼、三月你怎么了、数学咱们分手
7个或多于7个音节	2.3	你知道我在恨你吗、学渣又名叫抄霸

根据语料数据,我们注意到双音节和四音节的网名是最多的。在现代汉语中,2/3 的词是双音节词。如果网名的用词来自生活用词,那么 30.1% 的网名是双音节是合理的。

此外,32.5% 的网名是四音节词。这些网名要么是四字短语,要么来自成语。中国人的大部分真名是双音节或三音节。为什么四音节词在网名中如此盛行呢?是否中国人的音韵审美中认为四音节是最美的音节数?这个观点有待今后的研究加以证实。

我们也看到存在 3.5% 的单音节网名和 2.3% 的超过 7 个音节的网名。单音节网名具有简单和新颖的效果,但是并没被普遍采用,这反映了中国网络使用者的社会身份需要:展现自己多于保护自己;而少有网络使用者使用超过 7 个音节的网名,原因自然和系统限定网名的字符数有关,也和网名的名词性特征有关。

对于法国网名,我们无法以音节数为单位分析,因为法语词本身是多音节的,法国网名的语音特征主要体现在用字母形式强调音节发音上。比如说,在真名改编中我们可以看到法国网友善于利用字母来强调发音,赋予了网名强烈的音节感,如 Erickkkkk 强调 k 的发音,大写 O 强调 o 的发音等。

参考文献

白乐桑:《跨文化交际的若干问题——以中国文化国际传播为例》,《文化软实力研究》2017 年第 2 期。

Lapierre Nicole, ed. *Changer de nom.* Paris：Stock, 1995：153.

Perea F., Pseudonyme en ligne. Remarques sur la vérité et le mensonge sur soi. *Sens-dessous.* 2014（14）：15 – 22.

Comparative Analysis of Chinese and French Net Names from the Perspective of Sociolinguistics

Shen Hanjiao

Abstract：As an important language means to establish the virtual identity of network users, screen names have different social communication functions from real names. In the perspective of Sociolinguistics, do screen names and users converge or deviate from their real identities What do screen names reflect the user's own needs and what social functions do they fulfill By comparing the different features of 2000 Chinese screen names and 2000 French screen names in terms of phonetics, semantics and grammatical structure, this paper discusses the significance of screen names to identity and their relationship with sociolinguistics and culture.

Keywords: Net Name; Virtual Identity; Social Language and Culture

"小+双音节亲属称谓"的
网络社交称谓语刍议[*]

韦 钰 彭 枫[**]

摘　要：伴随着网络社会的发展，无亲属关系的网友们在网络社交中产生了一种新的称谓语类型，即网络社交称谓语。本文选取"小+双音节亲属称谓"（如"小哥哥""小姐姐"）这类网络社交称谓语为研究对象，从词内理据和词外理据两方面对该构式的语音、语义、语用特征进行探究，并总结其成因及发展趋势。

关键词：网络社交称谓语　"小+双音节亲属称谓"　理据　构式

一　网络社交称谓语的概念

孙维张（1991）指出："称谓就是称呼，就是人们在交际中怎样称呼别人和自己。称谓语是用来称谓别人和自己的那些词语。"称谓语一般分为亲属称谓和社交称谓两大类。亲属称谓是称呼与说话人有亲属关系的人的指称用语，如姑妈、舅妈、小姨等。社交称谓是表示非亲属关系的交际用语，使用范围比亲属称谓更为广泛，覆盖了各种社会关系之间的称谓表达，包括同事称呼、师生称呼、陌生人的称呼等。

---

[*] 基金项目：国家社会科学基金项目"新中国语言政策与国家语言能力发展关系研究"（19BYY068），阶段性成果。

[**] 作者简介：韦钰，女，武汉工程大学外语学院讲师，博士，研究方向为应用语言学。彭枫，女，三峡大学文学与传媒学院硕士研究生，研究方向为应用语言学。

"小+双音节亲属称谓"的网络社交称谓语刍议

伴随着网络社会的发展，没有亲属关系的网友们在网络社交中产生了一种新的称谓语类型，即网络社交称谓语。笔者将其界定为：网民在网络语言社团中形成的一种被普遍认可并广泛使用的、反映交际双方社会关系的称谓语。如"淘宝体"称谓语"亲"、形容外貌帅气的年轻男性的"小鲜肉"等。如今，网络社交称谓语已不仅仅局限于线上使用，在现实生活中也已成为人们喜闻乐见的流行语。近年来，在这类流行语中出现了一种新颖的构式，即"小+双音节亲属称谓"（如"小哥哥""小姐姐"）。笔者从百度网搜索关键词"小姐姐"约有5880000个词条，"小哥哥"约13300000个词条，"小老弟"相关结果约5640000个词条。从新浪网找到含有"小哥哥"一词的相关新闻95411篇，含有"小姐姐"一词的相关新闻287743篇。由此可以看出"小+双音节亲属称谓"这一类社交称谓语已成为人们普遍使用的网络热词与流行语。该构式包含亲属称谓语却一般用于社交称谓的表达，其构式理据、语言特征及形成原因值得我们探讨。

二 "小+双音节亲属称谓"的构式理据

此部分将以"小姐姐""小哥哥""小老弟"等时下流行的社交称谓语为例，结合BCC语料库、CCL语料库以及微博、贴吧、搜狐网、新浪网等主流网络平台搜集到的语料，从词内理据和词外理据两方面对"小+双音节亲属称谓"的构式进行分析。

（一）词内理据

1. 形态理据

"形态理据"是词的内部构造及其各要素之间的关系。从词的语法结构来看，"小+双音节亲属称谓"是合成词，是由"小"这个单音节语素和"哥哥""姐姐""老弟"等表示亲属关系的词语组合而成，由具有"年幼、可爱"等属性区别特征的"小"与亲属称谓组合成为了网络社交称谓。

（1）音节结构

网络社交称谓语的音节结构一般介于双音节和五音节之间。其中以双音节、三音节词居多，如以"爸、妈、哥、姐、叔、嫂"等亲属称谓名词做后缀的"虎妈、酷爸、星嫂、根叔、犀利哥、表情姐…"、以"帝、王、后"等等级身份名词为后缀的"咆哮帝、人气王、舞后…"及以性别名词为后缀的"剩女、凤凰男…"，五音节词有"经济适用男"等。从音节数量上来看，这些流行称谓语中三音节的居多，它们是由一个具有明显区别性特征的标准韵律词加一个单音的自由语素构成，多为2+1的韵律结构。

而"小+双音节亲属称谓"是由一个单音节的自由语素"小"加双音节的合成词素构成，是典型的右向音步，韵律结构为1+2，而非1+1+1的循环音步。由于音步的最终划分受到语义和语法的影响，"小+双音节亲属称谓"前后语素之间是限定说明的关系，是典型的偏正关系，所以韵律结构为右向的1+2。冯胜利（1998）指出，右向音步是顺向音步，是由人的发音生理所决定的，是最自然的韵律结构。在造词、用词的过程中，人们由于语言发展的经济原则和省力原则，会更倾向于右向音步。

（2）构词能力

汉语词汇的历时演变规律之一是双音节化明显。由于双音节的构词能力十分强大，因此在网络社交称谓语中，以双音节作为构词依据的称谓十分多样。双音节是汉语的标准音步，这种音步既是母语者的语感也是汉语的特色（冯胜利，1998）。所以不论是从共时的角度，还是从历时的角度来看，双音节仍然是构词时的首选音节结构，当然"小+双音节亲属称谓"结构由于其自带"双音节亲属称谓"，也必然符合这种趋势。

此外，"小哥哥""小姐姐"属于ABB叠音结构。在现代汉语中，叠音结构往往能够增加语言表达的形象性，例如，"睡觉觉""吃饭饭""擦手手"等多用于父母对幼年子女的日常表达用语，给人一种"亲切""可爱"之感。所以，"小哥哥""小姐姐"在语音上形成音韵美，更易于被普遍接受。

2. 语义理据

"语义理据"为词的基本义的基础上通过引申、比喻等取得的词义理据。"小+双音节亲属称谓"结构中的亲属称谓的语义改变是伴随着"小"所赋予的萌属性语义特征而逐渐减少亲属关系以及年龄要求的。"小+亲属称谓"结构中的亲属称谓,如"哥哥""姐姐""兄弟",其本身可直接作为称谓语使用,但直接使用时有亲属关系的限制,并且在年龄界限上比较清晰。但在"小+亲属称谓"结构下的"哥哥""姐姐""老弟"语义发生了改变,从而与其原有称谓用法有所区别,不能等同使用。

(1)"小哥哥"的语义理据

"哥哥"的基本义在《现代汉语词典》(第六版)中解释为:①同父母(或只同父、只同母)而年纪比自己大的男子;②同族同辈而年纪比自己大的男子:叔伯哥哥,远房哥哥。根据词典的释义,可以归纳出"哥哥"的基本语义特征,即[+男性][+亲属关系][+年长]。

随着历史的发展,"哥哥"的"亲属关系"限制逐渐弱化,除基本义之外,其附加义得到了丰富的发展:①称呼同父母或只同父、只同母的兄长;②称呼同族或亲戚中的兄长;③对年龄相近的男子的尊称;④唐时父对子的自称;⑤对父亲的称呼;⑥妻对夫的称呼。⑦父母对儿子的称呼;⑧旧时仆人对男主人或少爷的称呼;⑨对男孩的称呼;⑩女子对所爱男子的称呼;⑪语气词,相当于"啊""呵"。例如,由于受时下潮流文化的影响,不少女性称呼男明星或偶像为"哥哥"以表现对他们的形象或才华的喜爱、尊敬和羡慕之情。

从"哥哥"的语义演变可以看出,由于网络的发展和新型文化的传播,使汉语"哥哥"的语义特征受到影响,逐渐由亲属称谓向社交称谓延伸,从而为"小哥哥"这一词语的形成提供了可能性。例如:A 听说已经在当地的媛婷舞蹈团学了3年,见到能歌善舞的大陆小哥哥、小姐姐们,"以舞会友",她特别高兴(《人民日报》(海外版)2000年9月4日);B 4月15日,哈萨克斯坦国家电视台——哈巴尔电视台对中国节目《歌手》总决赛现场直播,被国人亲切称呼为"进口小哥哥"的哈萨克斯坦歌手迪玛希杀进决赛,他精彩的表演不但赢得中国粉丝,也在哈人气大涨(《人民日报》(海外版)2017年5月2日)。

例 A 中的"小哥哥"显然是无亲属关系的社交称谓,主要是为了拉近被称呼者之间的心理距离,从而体现关系的亲近。例 B 中的"进口小哥哥"是一种新颖的说法,实际上这里的"小哥哥"与"小鲜肉"有着相似的表达作用,但使用"小哥哥"更能拉近粉丝与明星之间的距离感。

(2)"小姐姐"的语义理据

《现代汉语词典》(第六版)将"姐姐"的基本义解释为:①同父母(或只同父、只同母)而年纪比自己大的女子。②同族同辈而年纪比自己大的女子(一般不包括可以称作嫂的人):叔伯—。根据词典的释义可以归纳出"姐姐"的基本语义特征,即〔+女性〕〔+亲属关系〕〔+年长〕。

含有"姐"这一语素的常见称谓语有"小姐""大姐""姓氏/姓名+姐/姐姐"等,但它们的指称义和附加义不尽相同,例如,"小姐""姓氏/姓名+姐/姐姐"可用于称呼年轻女性,但"大姐"通常指代中年女性。而社会上人们对于年轻、容貌姣好的女性的称谓没有统一定论,且限制较为模糊,"小姐""美女""女士""夫人""姑娘"都是较常用的称谓语。它们相互穿插使用,贯穿于言语交际之中,但在女性社交称谓中,"姑娘"指的年纪较小的女性,"女士"指的年纪稍长的女性,"小姐"甚至由于在时代的发展过程中被赋予了不好的文化内涵,遭到了大多数女性的排斥而不被人们所使用。因此,在"无称可呼"的时代背景下,"美女"和"小姐姐"逐渐成为普遍认可的、对于年轻貌美之女性的称谓语,尤其后者伴随着近年来网络社交的风靡而迅速由线上向人们的线下日常生活渗透,展现出强大的生命力。

"小姐姐"的语义特征既不同于"姐姐",也不同于"小姐","小姐姐"的语义更具有针对性,将适用范围缩小到某个特定群体，突出了现代社会年轻女性的特征，对现代女性的称谓表述更加贴切。例如：C 2017 年 2 月 16 日，被网友们称为"癌症小姐姐"的患癌姑娘邀请"网红"钱小佳来到其病房里直播，有上百万网友在线为其鼓劲打气（《人民日报》2017 年 7 月 3 日）。

例 C 中，"小姐姐"其实和"姑娘"有着相似的表达功能，因此可看出其具有称呼现代社会年轻女性的社交语义。"小姐姐"的语义特征不同于以往的社会女性称谓，它具有其他称谓所不能替代或者完全覆盖的语义原子，它既模糊了往常构建称谓的年龄因素，又淡化了人们的外貌趋向性，反而更加追求的是一种内心上的共鸣呼应。

3. 语用理据

"语用理据"指的是在特定的语言环境中，词语为了特定的目的所形成的特定的语用理据。"小 + 双音节亲属称谓"结构是在网络环境中所形成的，其主要目的是为了表现亲切，以交际双方的社交距离。由于在网络世界中，人们的职业、年龄都比较模糊不清，但又希望表达友好的目的使得网络称谓变得极其敏感，而"小"的萌属性十分巧妙地将称谓可爱化、天真化，可以弱化由网络所带来的疏离感、陌生感，故受到人们的青睐，被网民们所普遍认可。

以"小老弟"为例，"小老弟"的语用环境不同于"老弟"，"小老弟"的适用群体更加广泛，其使用对象不局限于性别，使用小兄弟作为网络称谓语时，其交际目的的侧重点是为了拉近交际双方的心理距离，而不侧重于称谓表达的准确与否，因此女性也可以被称为"小老弟"，"小老弟"所蕴含的语义内涵类似于"老铁"，都是表达对方与自己亲密程度高的称谓语，因而该称谓使用的语用环境范围由网络扩散到现实世界有着良好的群众基础。再加上"小老弟"更接地气，有草根文化的氛围，使用起来带有一定的江湖气息，给人眼前一亮的感觉，受大众普遍认可。例如：D 李敖：对，总监是我，发行人是陈水扁，那时他还是小老弟，关系不错，现在没有来往了。我 65 岁生日时，他送我书、签名祝贺。他竞选时，我骂过他，他捎话希望我口下留情（《人民日报》（海外版）2005

年3月31日）。

例句D中的交际对象之间并不是兄弟的关系，但由于其社会关系十分亲密，因此借含有亲属称谓的"小老弟"来体现其关系之亲近。

（二）词外理据

"词外理据"指的是一种反映语言符号同外部世界的联系的理据，包含了词语产生的社会文化和社会心理。"小+双音节亲属称谓"虽然产生于网络虚拟平台，但仍然属社会称谓，因而具有比较复杂的心理基础和社会背景。

近几年，由于"萝莉""小正太""宝宝"等带有"萌"属性的网络称谓语的流行，"卖萌"似乎已经成为一种社会文化潮流（万晓玥、李治平，2016）。无论是从内容上、用法上还是形式上看，"小+亲属称谓"都具有"卖萌"称谓的特点。"小+双音节亲属称谓"结构既在进行人际交往时放低姿态的表现，又在使用中带有"萌"属性，其语义范围也逐渐扩大，从而发展成了网络流行称谓语。

1. 社会文化理据

"小+双音节亲属称谓"结构是社会交往人际关系演变所形成的产物，由于现代物质生活水平的提高，人们对于时尚和美的追求也不断提高，穿衣打扮更加时尚化，导致人们外表年龄的模糊化，而年龄是社会称谓判定的一个重要依据，因而导致当前人们对于社会称谓的选择变得更为敏感。

（1）"小哥哥"和"小姐姐"的社会文化理据

"小哥哥"和"小姐姐"对称而来。用作网络热词的"小姐姐"来自于日本节目LoveLive（日本二次元偶像企划）。由于网络动画视频平台的传播以及观众的娱乐导向，二维动画的"小姐姐"这一称谓受到了人们的喜爱。"小姐姐""本宝宝"[①] 等网络称谓都

[①] "本宝宝"：随着"吓死宝宝了""宝宝不开心"等语句的运用，"宝宝"一词兴起于互联网、贴吧、微博、网游等网络根据地，并在其发展中出现了"本宝宝"自称现象，成为大家在聊天时卖萌和相互调侃的工具。

有共同的"刻意展示可爱"的年轻化、娱乐化语义及语用特征，彰显了时下年轻人个性与娱乐文化，因而受到了网民们的喜爱而在网络世界被频频使用。在"养成系偶像"[①]的粉丝的眼中，传统亲属称谓"姐姐""哥哥"不足以表现出粉丝与偶像之间共同成长、息息相关的关系，只有加上"小"字所形成的"小哥哥""小姐姐"才能体现粉丝对于偶像的喜爱与守护之情，从而拉近与偶像之间的心理距离。除此之外，在广东、天津等地区，"小姐姐"就是用来专指年轻女性。可见，"小姐姐"既是一种舶来文化，又是一个地方传统，蕴含着丰富的内涵。

（2）"小老弟"的社会文化理据

"小老弟"作为网络流行称谓语的使用来自于《中国新说唱》节目中的导师、台湾饶舌歌手"热狗"，因为他玩"嘻哈"时间比较长，他底下的选手都被称作"小老弟"，而被他赞许过的选手无一例外都被淘汰了，网友趁机制作配有"你怎么回事，小老弟"语句的表情包，"小老弟"的社交称谓就此流传开来。"小老弟"由于其流行原因，自带诙谐幽默色彩，在交际者进行言语交际，为了实现调节气氛、缓解尴尬等交际目的时所采用的社会称谓。

"小老弟"的流行源于人们对于社会热点事件的普遍持续的关注，虽然其在成为网络社交称谓语之前早已产生，但正是由于使用语境不同，使其在社会热点事件的基础上萌生出一种新的内涵，自带调侃诙谐意味，从而被大众网民所乐于使用和普遍接受。

2. 社会心理理据

首先，"小+双音节亲属称谓"的流行不仅体现了人们的个性化追求，符合人们的求新求异心理，还体现了现代人缓解精神压力的需求。随着现代社会的发展，年轻人的生存与生活压力渐长，来自事业、家庭等各方面的压力都迫使他们寻求宣泄情感的出口。作为网络世界中活跃群体，年轻人在网络社交中常常热衷于选择使用

[①] "养成系偶像"：指的是粉丝看着偶像从13岁、14岁的练习生渐渐成长，粉丝也一起成长，形成命运共同体，追星是单方面的，而"养成系"这个模式有一个反馈。养成系偶像与粉丝之间有不成文的信任约定规则。

带有轻松、愉悦、可爱等意味的称谓语，以达到更好地调节与缓和交际氛围的目的。

其次，"小+双音节亲属称谓"被用于称呼陌生人时具有"虚拟亲属称谓"（罗电、张伟，2015）的特点。"虚拟"是指说话人在与被称呼者进行交谈时，在心理认同上将其界定为家庭成员，从而拉近陌生人与说话人之间的亲密距离，使对方能消除戒备心，即俗话说的"套近乎"（叶南，2001）。例如，一些年轻男女在网络社交中常被称为"小哥哥""小姐姐"，而不是"小弟弟""小妹妹"。这实际上体现的是"家本位"的思想，即以血缘亲情为纽带的家庭和家族，以父系原则为主导，经以儒家思想为主要推动力，逐渐形成以家族和家庭成员之间的上下尊卑、长幼有序的身份关系。在中国传统文化中，人们在交际时更倾向于将自己置于一种"放低姿态"的谦虚氛围中，使被称者心里舒服，从而保证交际的顺利进行，这也体现了语言运用中的合作原则和礼貌原则。

这也解释了为什么一些年轻男女年纪并不大，但交际者却倾向于称其为"小哥哥""小姐姐"，而不是"小弟弟""小妹妹"。这正是由于在中国的传统文化中，人们在进行交际时更倾向于将自己置于一种"放低姿态"的谦虚氛围中，从而使被称者心里舒服，从而保证交际的顺利进行，这也体现了语言运用中的合作原则和礼貌原则。

三 "小+双音节亲属称谓"社交称谓的成因

（一）"小+双音节亲属称谓"的语内成因

1. 语言的生成性和趋简性原则

"小+双音节亲属称谓"之所以能够形成并被网民所认可，首先体现在语言的趋简性和生成性上。从语言表达来说，最理想的状态是在保证表达的精准无误的前提下，用尽可能精简的语言形式，来包含丰富的语义内涵。很显然"小+双音节亲属称谓"形式简短，韵律和谐，内涵丰富多彩，符合人们社交称谓的期待与要求。

而语言的生成性指的是运用有限的语言符号和组合规则生成无限的句子。语言的生成性体现在类推性和递归性，这也正是"小＋双音节亲属称谓"构式形成的基础。

2. 表达空位现象

语言是思维的工具，人类的思维和语言并不是完全对应的关系。由于语符号音义结合的任意性与语言各单位之间组合的生成性使得语言在表现思维时具有巨大的适应性和灵活性。但这种适应性和灵活性并不是万能的，人类语言系统中存在着"表达空位现象"，语言会随着社会的发展进行自我调适，从而形成新的语言形式进行补位。胡建刚（2007）认为："表达空位的存在往往会使语言作为交际工具达不到说话人所期望的最佳表现效果。追求完整、准确地表达是语言的根本属性之一，因此，在一定条件下，表达空位就会处于强烈的吸收、填补状态，随时准备在适当的时机吸纳合适的语言形式加入。语言这种填补表达空位的行为我们称之为补位，具有补位功能的词我们称之为补位词，推动补位词进入表达空位的各类因素我们称之为补位。"网络社交称谓语中也不乏这种现象，其语言表达空位现象主要是现代人际关系的复杂化的结果。

从"小＋双音节亲属称谓"网络社交称谓系统来看，社会称谓语仍然存在表达空位现象。由于人类思维的无限性以及社会发展的流动性，语言的表达与人们的思维必然是不完全对等的，因此这就需要语言展现其内在的生命力，不断地进行变化来满足语言表达的需要。

3. 义素精确化的驱动

义素是构成义项的语义成分，是构成词义的最小意义单位，是从一组相关的词语中抽象出来的区别性语义特征。随着新事物、新现象的出现，必然会导致语言中不断产生新词汇、新语义来满足表达的需要，因此词语的某些义素会随着社会的发展而被强化或弱化。"小＋双音节亲属称谓"是对于社会人群称呼精确化而做出的义素的演变，从语言表达角度来看，也受到义素精确性驱动的影响。

4. 评价意义内在的结合

语汇意义通常分为概念意义和附加意义两大类别。由于词语的主要作用就是区别不同的事物现象，因此，概念意义是词语的主要意义，而附加意义又可分为评价意义、形象意义、文化意义、语体意义四种。网络流行称谓语在附加意义上有着很明显的特点，那就是评价意义中感情意义与含蓄意义的结合。因为网络称谓语形成的原动力是对社会角色的精确表达和社会情感的发泄，所以对于网络称谓语的成型必须要考虑到其附加意义。"小+双音节亲属称谓"所产生的"小姐姐""小哥哥"不是"小"和"姐姐""哥哥"的意义的简单加合，其情感意义在于"可爱"义，含蓄意义在于"哥哥""姐姐"亲属称谓中所蕴含的亲近关系。

（二）"小+双音节亲属称谓"的语外成因

1. 社会原因

（1）避免"无称可呼"

一种新的语言现象或是语言结构的形成与发展离不开社会的发展，是社会发展的必然结果。由于网络文化的迅速发展，人们生活方式的转变，人际关系越来越复杂化，陌生人尤其是网民们需要创造新的、妥当的称谓语，以便于社会交际，避免陷入"无称可呼"或"称谓缺环"[①]（凌风，2004）的尴尬境地。例如，时下我们称呼青年女性群体，既不宜称"少女"也不宜称"阿姨"；若交际双方年龄相仿，也不宜称"姐姐"或者"妹妹"。这就是"称谓缺环"所导致的结果。而"小姐姐"这一网络社交称谓语的出现妥善地解决了这一难题，既富于俏皮之感，又避免了"无称可呼"。

（2）"美"的多元化

随着改革开放，国际文化交往的日益频繁，人们对于"美"的定义越来越多元化，从过去的"帅哥""美女"到"小哥哥"

---

① 称谓缺环：即在交际中缺少适当地反映交际双方社会关系的交际用语。

"小姐姐"的社交称谓演变过程可以窥见人们的社会价值导向以及精神状态的变化。以前,由于影视明星的"美女效应",人们对于美的追求较多停留在容貌上,"帅哥""美女"一度成为年轻男女之间备受青睐的社交称谓。在如今的网络时代下,我们的眼球每天被网络上的容貌姣好的群体所充斥着,甚至出现了审美疲劳,于是人们对于"美"的追求不再仅仅停留在容貌上,而更多的是追求一种语言表达上的情趣。由于"帅哥""美女"带有对于容貌的偏好,给人一种轻浮、调情的意味,显得俗气、不礼貌甚至虚伪,而"小+双音节亲属称谓"构式所形成的"小哥哥""小姐姐""小兄弟"等则淡化了对于容貌的要求,更符合人们对于美的新追求。

2. 文化原因

该网络称谓语形成的文化因素主要体现在"萌"文化的影响。随着日本"萝莉"(小女孩)与"正太"(小男孩)等具有可爱情感色彩的流行称谓语及其背后"萌"文化的传入,中国也衍生出了"小可爱""小仙女""宝宝"等"萌"色彩的网络称谓语。因此"萌"文化成为语言系统构成新形式所要考虑的要素之一。其显著特点在于语言的儿童化,凸显性格的可爱、表达的风趣。

由于儿童在语言习得初期只掌握了部分词汇,且现代汉语词汇以双音节为主,因而在词语有限的前提下,会倾向于采用叠音来造词,从而形成了"儿童体"这种独具特色的表达类型,被成年人使用会有一种反差感,显得可爱。而随着年轻人对于"萌系文化"的喜爱,"萌商标""萌市场""萌经济"也应运而生,从而在社会上掀起一股风潮,而语言的发展与社会的发展息息相关,受社会发展的制约,"萌产业"的发展必然会促进"萌系语言"的发展。

"小+双音节亲属称谓"所形成的称谓语无论从形式上还是从内容上都体现了儿童语言的特点,既体现了"小"所蕴含的语义特征,又结合了"亲属称谓"的语用效果,因此进入"萌系语言系统"的语用环境也是必然趋势。

3. 心理原因

（1）受称逻辑思维的影响

中国人的传统文化中讲究中庸思想，而受马克思主义思想的影响，讲求辩证思维，阴阳相生，难易相成，因而衍生出"对称逻辑思维"，即以对称规律为基本的思维规律，是天与人、思维与存在、思维内容与思维形式、思维主体与思维客体、思维层次与思维对象、科学本质与客观本质对称的逻辑。这种思维方式于中国古代的阴阳自然观，自《周易》以来，古人逐渐从天文、历法等方面总结出阴阳对立的规律，在总结和应用这些规律时，逐渐形成了这种阴阳相关的对称思维方式。现代的网络社交称谓语中也蕴含着"对称逻辑思维"，"小+亲属称谓"的构式中也有所体现，如"小哥哥""小姐姐""小老弟""小老妹"等。

（2）社会年龄、性别的模糊化

中国的传统称谓语最初对于年龄与性别的界定是十分严谨的，其分支的复杂程度便是"君臣尊卑""长幼有序"传统心理的典型表现之一。然而，随着时代发展和社会进步，人们对新事物的接受能力持续加快，思想更加开放，男女平等等民主的意识广泛传播，社会称谓也随之更加多元，这就为该构式被人们所普遍接受提供了社会心理基础。现代社会新型称谓语的特点是去年龄化、去性别化。例如，由于女性对于年龄十分敏感，人们在其称谓的选取上一般趋向于"说小不说大"的原则，以维护交际的合作原则；同时，基于"男女平等""称兄道弟"等文化心理，现代女性已不再是单一的传统女性阴柔、娇小的形象，而是逐渐被赋予"中性风""干练风"等职业女性形象，因此，如"小兄弟"等男性称谓，如今也可用来称呼女性，这正是由现代人的交往心理变化引起的。

（3）"趋亲求近"心理

套近乎是中国人际交往中的普遍心理趋向。中国自古就有"四海之内皆兄弟""天下一家亲"的说法，人们通过语言上称谓的转变，从而迎合人们的"趋亲求近"心理，形成良好的交际合作。"趋亲求近"的心理经常通过视点的变换来满足。视点变换是指人们通过转换角色从而达到某种交际目的的手段。它在称谓语的发展变化中起着重要的作用。年龄的界限变换、性别的转换称呼都属于视点变换的范畴。"小+双音节亲属称谓"的虚拟亲属关系也正是视点变换的体现,"小哥哥""小姐姐"通过虚化实际年龄,运用"哥哥""姐姐"抬高被称呼者的年龄地位,但又使用"小"来拉低被称呼者的实际年龄。从而在一大一小的拉扯中获得被称呼者的喜爱,缩短交际双方的心理距离。

参考文献

戴庆厦:《社会语言学教程》,中央民族学院出版社1993年版,第138—139页。

冯胜利:《论汉语的自然音步》,《中国语文》1998年第1期。

胡建刚:《表达空位与"忽悠"流行》,《语言文字应用》2007年第2期。

凌风:《让我怎么称呼你,陌生人?——生人称谓问题浅析》,《哈尔滨市经济管理干部学院学报》2004年第3期。

罗电、张伟:《论网络语体中的拟亲属称谓语》,《太原城市职业技术学院学报》2015年第7期。

孙维张:《社会语言学》,贵州人民出版社1991年版,第114页。

万晓玥、李治平:《2015流行语"宝宝"探析》,《现代语文》2016年第3期。

叶南:《论汉语称谓语的文化内涵》,《西南民族大学学报》(哲学社会科学版)2001年第6期。

易正中:《"老/小+姓氏+亲属称谓"面称方式考察》,《语文学刊》2013年第6期。

Research on Online Social Address Terms of "Xiao + Disyllabic Kinship Appellation"

Wei Yu, Peng Feng

Abstract: With the development of the network society, there is a new type of address forms for the non-relatives in the network society, that is, the network social address forms. This paper chooses "little + DISYLLABIC relative appellation", such as "little brother" and "little sister" as the research object, this paper probes into the phonetic, semantic and pragmatic features of the construction from the internal motivation and the external motivation, and sums up its causes and development trends.

Keywords: Online Social Address; "Xiao + Disyllabic Kinship Appellation"; Motivation; Formation

网络"爽文"欲望驱动叙事溯源与剖析

李明晖 安 扬[*]

摘 要：网络"爽文"的欲望驱动叙事来自从淫秽文学的"上升"和从新武侠的"下降。"。这种欲望驱动叙事是有其哲学背景的，这种哲学拒绝相信超越现实的实存，只相信利益和亲疏。与之相比，早期新武侠的叙事驱动力必然包含正义，也即超越现实的实存。而淫秽文学因自知其只是制造虚假感官刺激的下流文字，所以直接就以欲望作为驱动叙事。网络"爽文"则是将欲望"正义化"之后作为叙事的唯一驱动。它不像淫秽文学那么"自惭形秽"，它认为自己是"自由"的，是有"反抗性"的，是"真实"的。网络爽文是有它的野心的，它要以它的哲学重新定义正义或者干脆取消正义。

关键词：爽文 欲望驱动叙事 正义

"爽文"一词本身就来自互联网，来自网络文学的圈子，意思也很直接，就是让人感到"爽"的网络小说。

一个毋庸置疑的事实是："爽文"具有欲望叙事的属性。所谓的"爽"，其实在这里也就是指暴力欲、性欲、情欲、金钱欲、消

---

[*] 作者简介：李明晖，男，吉林大学文学院副教授，文学博士，研究方向为中国现当代文学。安扬，男，吉林大学文学院学生，研究方向为文学理论。

费欲等欲望在虚拟时空中的极速满足。主人公或是具有一项数项超人的身体能力（包括外貌），或是具有了某种强大的实用知识或技能，或是背景显赫等，总之可以因此轻而易举地获得所有想获得的，消灭所有想消灭的，征服所有想征服的，即使中间遇到什么阻挠，也只是让主人公在收获同情的同时又增加了一次"大杀四方"的理由而已。男性作为主人公的这类作品被称为"后宫文"或更粗俗的"种马文"，女性作为主人公的，则被称为"玛丽苏"或"女尊文"（两者的女主人公性格有差异）。所有这些，都体现了"欲望叙事"之特征。

欲望叙事属性一般被看作"爽文"是"极端商业化"文学的突出标志，这个判断背后的假说是：欲望叙事是一种技巧和策略，谁使用，谁就能吸引大量读者。只要给"大量"这一概念一个恰当的界定，这个假说就是可证伪而至今未被证伪的，也即可以成立的。但本文的目的既非精准地定义这里的"大量"，也非尝试证伪这一假说。我想说的是，这个假说及其所支撑的判断，掩盖了另一个更需要注意的问题，那就是"爽文"这种整体性的欲望叙事背后也是有其文化与哲学选择的。

当我们说欲望叙事是吸引读者的技巧和策略、是"极端商业化"的时候，我们其实就把欲望叙事理解为工具化和中立性的了，就像是一种修辞方法或电影特技，本身没有立场。如果在欲望叙事作为作品局部元素的语境中，那么是可以这样认为的，这种元素在文学史中一向存在着，几乎所有流派所有思想的作品中都有所使用。但是，"爽文"的特点却是把这种元素从局部的细节、从主线所勾连的元素之一，变成了作品中勾连所有其他元素的唯一主线。正是在这个意义上，我们说"爽文"是文学中的新物种、"爽文"的盛行是文学史中的新现象。我们对这个新物种、新现象做历史的考察，会发现其有两个来源，一个是呈"上升"方向的，一个是呈"下降"方向的。这里的"上升"不含褒义，但"下降"确含贬义。

不含褒义的"上升"，是指从淫秽文学"上升"而来。其中最有标记性的作品当属《金鳞岂是池中物》等。说其具有标记性，是因为其叙事面貌携带了大量的"进化痕迹"。创作者在小说中安排了一条"黑道"线索，形成了一个完整的"黑帮商战"故事，而主人公则是这个故事中的"正派"，在这条叙事线索中展现的是主人公的"勇敢""聪明""讲义气""有担当"等"优秀品质"，而且主人公的"事业"和"财富"也在这个故事中历经一次次考验而向上发展。从这一面看，更近似于街头成长小说的故事。一边酷似《少年阿宾》之类的淫秽文学，另一边又酷似《诛仙》《斗破苍穹最强升级系统》等"爽文"，这些水平低劣的网络长篇小说却因此成为"演化过程"的活标本。淫秽文学也是以欲望叙事为主线，但是基本不再勾连其他元素，即使勾连也是极为粗陋草率，因此只重描写而不重故事逻辑；而成熟的"爽文"则是用心勾连诸多其他元素，以较为严密精彩的故事来成就欲望叙事的主线，而不营营于描写，也就是说，从《金鳞岂是池中物》之类中淘洗掉了《少年阿宾》的淫秽细节，只保留"不断征服美女"的结构，以及街头成长小说的故事。

确含贬义的"下降"，则是从新武侠"下降"而来。其中最有标记性的作品是黄易的《寻秦记》《大唐双龙传》。所谓新武侠五宗师"梁金古温黄"，黄易其实已入末流，与其说是新武侠的"后劲"，倒不如说是"爽文"的"不祧之祖"。但变化并不是从他开始的，其实在金庸的创作脉络中就已经体现得很明显了。

金庸的武侠小说作品，始于《书剑恩仇录》，成于《射雕英雄传》，变于《笑傲江湖》，终于《鹿鼎记》。从主人公形象来看，《书剑恩仇录》和《碧血剑》中的塑造手法还不成熟，《射雕英雄传》中的郭靖才是第一个真正深入人心的"金庸英雄"，此后的杨过、张无忌，乃至萧峰、段誉、虚竹、狄云、石破天等，虽皆有新变，但都与郭靖有着千丝万缕的"精神血缘"联系，突出体现为"痴"、善、厚道、自律等特征，而究其本质，则是其行事都有一超越利害亲疏之上的标准在，如为国为民、扶危济弱、不伤害无辜、不取不义之财等。这是这一时期金庸崇尚并相信其为实存的人格样貌。

"崇尚"和"相信其为实存",对于任何一个真诚的人来说,都是一体之两面。这里说的"实存",不表示已见或可见,而是表示作为世界的真相,必然存在。因为相信其为实存,所以才崇尚;崇尚至诚,也就自然相信其为实存。

因此,金庸武侠小说中变的原因,就是开始动摇对此一"实存"的相信。《笑傲江湖》就是动摇的集中体现。动摇还不是否定、抛弃,《笑傲江湖》的主人公令狐冲仍然有超越利害的标准,很突出的就是"尊师",他即使已经被岳不群伤害多次、已意识到岳不群所行非义,却依然因为感恩之心和"尊师"的原则而尊敬岳不群、向岳不群退让。此外的标准则是自由:爱和享乐的自由,不向专制权力低头的自由。这两种"标准"显然是相互存在矛盾的,这当然也可以说是构成了《笑傲江湖》这部作品的"叙事张力"或者说是令狐冲这个人物的"复杂性"与"立体性格",但本文在此关注的是这一矛盾的另一种统一之处,即前文所言,在"信心动摇"这一点上的统一。

所谓"尊师",其实已经从"超越利害亲疏"后退到了只超越"利害"而不超越"亲疏"。"师"作为一个特定的人(在这部小说中即是君子剑岳不群),与主人公有着特定的关系,主人公的"标准"依赖于这种关系的存在,以至于在面对是非善恶的抉择时仍然将这个特定的人作为"是"与"善"的砝码之一。这个标准已经没有实存意义,只有伦理意义或曰"美誉"意义。如果说这是"一退",那么,所谓"自由",其实就暗含着"再退"。令狐冲反驳名医平一指告诫他戒酒戒色戒斗时那句著名的"连酒也不能喝,女人不能想,人家欺到头上不能还手,还做什么人?不如及早死了,来得爽快。"(《笑傲江湖》十七《倾心》)其实从全作来看,更像是故作浪子之谈。令狐冲真正痛饮的时候不是为了救人就是因为内心痛苦难解;他又不好女色,先因青梅竹马而钟情小师妹岳灵珊,后因感于深情、同历患难而钟情于任盈盈,与后来"爽文"里那种对美女见一个爱一个而且必是因性欲而爱者,全然不可视为同类；他更能为了大局、为了保护他人，而忍受别人的欺侮，所以"人家欺到头上不能还手"的事他也是做得的。但作者有意安排这样一句话，正是要以"欲望"去表现对实存的失望与反叛，所以特意极而言之，似乎令狐冲人生的乐趣只在于酒、女人、快意恩仇。其实，令狐冲在小说中真正的行事，也是很有郭靖之风的：舍己救人不图回报（甚至不大在意救的人是谁），也做匡济天下之事。但他能做郭靖的事，却不能再说郭靖的话，因为金庸当时已经觉得那话"假"了。

从表面来看，或者"结构主义"地看，岳不群和令狐冲的关系一度酷似郭靖和杨过的关系：岳不群严厉地训斥令狐冲，期盼令狐冲浪子回头，对令狐冲的顽劣不驯感到失望和痛苦，郭靖严厉地训斥杨过，期盼杨过浪子回头，对杨过的倔强越礼（要娶师父小龙女为妻）感到失望和痛苦。但在郭靖那里是真心的种种，在岳不群这里都变成了假意，真君子和浪子回头的叙事，改换成了伪君子和真性情浪子的叙事，虽然这个浪子其实却是伪浪子。

当时读者读到这部作品，感受到的或许是一种"解放"的快感，似乎是在挑战某种权威。甚至到了《鹿鼎记》，很多读者还是这样理解，而夸赞其抵抗性、自由、颠覆性等。其实，从《笑傲江湖》到《鹿鼎记》的逻辑，恰恰是从自由的幻象走向绝对权力崇拜的逻辑。当郭靖所代表的精神力量被看作虚妄，能够相信的只有暴力（如《笑傲江湖》中的不戒和尚、桃谷六仙，特别是桃谷六仙，代表的正是一种无原则的纯粹暴力），在武侠想象世界中掌握最高暴力的是"武林至尊"之类（如古龙小说中的李寻欢、陆小凤、楚留香等），但从《书剑恩仇录》开始，金庸想借助武侠传奇探寻的一直就是历史的真实，那么在真实历史中掌握最高暴力的只能是权力。《射雕英雄传》中还曾说过："群雄怕的只是蛇群，区区官军怎放在眼里"，但当两大高手"提剑欲上"时，就"突然箭如蝗至，两人忙舞剑抵挡"，然后只能继续撤退（《射雕英雄传》第三十五回《铁枪庙中》）。到了《倚天屠龙记》中，就直接说："群雄先前均想纵然杀不尽鞑子官兵，若求自保，总非难事。但适才一阵交锋,见识了元军的威力,才知行军打仗,和单打独斗的比武确是大不相同。千千万万人一拥而上,势如潮水,如周芷若这等武功高强之极的人物,在人潮中也是无所施其技。四面八方都是刀枪剑戟,乱砍乱杀,平时所学的什么见招拆招,内劲外功,全都用不着。"(《倚天屠龙记》第三十九回"秘笈兵书此中藏")超强的个体暴力仍然无法与成规模的组织暴力抗衡,因此,侠能够傲视王侯者,归根结底还是精神力量,当对精神力量不再信任,那么权力必然比侠更伟大,侠做不成什么事情,只有权力才有可能做成事情。所以金庸说《鹿鼎记》真正的男主角是康熙皇帝,既不是"烟幕弹"也不是托词,实在是其真心话。在《鹿鼎记》中,慷慨激昂的大侠们、志士们,无论真伪善恶,都成了或滑稽或悲凉的笑话,而只有"利害亲疏"的韦小宝,反而比较不那么可鄙可笑,因为权力所长者、所持之以颠倒众生者,正是这四字而已。

从陈家洛到韦小宝,金庸所创造的新式武侠小说最终还是陷入到了一种套路之中,而凡追究类型文学之弊通常必在其"套路"。与其说金庸先创造了一套武侠体系,不如说他的作品共同构成了一个武侠环境,在这种武侠环境中不同的侠客粉墨登场,通过自我价值的实现来印证"侠"的不同定义,然而受武侠环境的书写限制,随着武侠作品的不断创作,势必要面临写作题材与人物形象上的突围,故"韦小宝"是在金庸创造的武侠环境中的必然产生,而他的出现也解构了这样一个独立的武侠环境,使是武侠照进现实并最终被解构的过程,在这种过程中,浪漫自由的"侠"完成了向绝对权力的妥协。而欲望驱动——作为"侠"精神力量附属品的噱头逐渐占据了大篇幅的书写。以至于精神力量最终泯然于物欲,并最终成为爽文宣泄物欲的最终遮羞布。"俗文学"也在这样的写作尝试中开始了自主地去教化职能,对于武侠小说写作者而言,韦小宝的出现无疑是对于自身信仰的一种解构,去"侠"而存"武",保留武侠环境来书写人物的可行性的尝试。但由于平民文学本身就具有引导作用,所以无论如何,武侠小说的"去教化"现象——也就是"韦小宝"的出现对于平民文学的发展来说确实是一场巨大的挑战。这无疑也加速了武侠世界作为类型文学中最受欢迎的"俗文学"体裁的衰落,从而加速了无节制的欲望叙事成为新的能代表俗文学发展的类型文学即网络文学,而武侠小说的叙事方式与内置环境,则作为一种叙述范本被接受,从而成为欲望驱使的爽文正义化的理由。

这个逻辑再发展到黄易,就发展成了一种清楚的观念:历史的结果就是正义,能获得权力就代表符合正义,所以选择胜利的一方、得到财富美女,就是正义、就是本领、就是主人公应该做的事。《寻秦记》就是主人公项少龙穿越回战国末年后,"顺应历史",功成名就、名利色皆得的故事,已经可以说是"爽文"了,只是还留着一点"侠"的外衣而已。再发展到网络爽文,那便赤裸裸地以满足欲望为荣、为尚,连历史的结果就是正义这个观念也不需要了,主人公就是正义,主人公的敌人就是邪恶,所以主人公尽管去为所欲为、满足自己的种种欲望就可以。但背后其实还是延续着"历史的结果即正义"的隐含逻辑,因为主人公一直胜利、最终胜利,所以主人公就一直正义、最终正义。

在前文中提到,由于网络文学在发展之初自然脱胎于淫秽文学的"上升"和武侠文学的"下降",且网文作者对于文字叙述都处于一个尝试性的原始阶段,所以大部分作品的叙事模式都无法脱离朴素的第一人称叙事,也就是主角的一元化视角,这也就导致了读者本身会根据小说中人物的引导做出价值判断,在这种陈述方式中,作者把自身价值取向和想象欲求与故事主角和"正义"绑定在一起。也就是说,在读者的阅读认知中,主人公的胜利即是正义,主人公的成功亦照映了读者的成功。作者在拒绝相信甚至是没有意识到凌驾于现实之上的实存的情况下,产生了网络爽文的欲望驱动叙事,同时这种欲望驱动叙事把作者臆想中的"爽感"通过主人公的虚拟实现传递给读者,读者通过阅读产生了欲望实现,正是在这种欲望实现中,淫秽文学在欲望+正义化的"上升"中完成了被接受。在这种欲望原始的传递中,爽文本身只是为主角提供了一个满足欲望的环境,"爽文"除了主角之外的所有外向只是一个出离于世界又模仿自人类社会存在秩序与规训的虚拟现实，主角就是在这样一个存在与现实类似的社会规训中不断打破成规，顺心遂意的达到自己的目的，从而完成作者自身的欲望实现。

创作《九州缥缈录》的江南说："前些日子记者采访我说，到底什么才是你写作的灵感源泉和动力呢？我回答说是那源于我对这个世界的不满足。我对这个要求我做这个做那个服从很多规则的世界讨厌透了，我要走出去。"（见 2019 年 9 月 5 日江南公众号的文章）对于网络爽文的作者来讲，其对世界的不满足，仅仅是单纯因为想要构造一个通过伤害他人、反抗社会规训来进行自我证明与自我完成的目的而已，在这个虚拟世界里，主角意志是拒绝实存的，所以在为主角服务的现实之上也根本不存在哲学意义上的实存。甚至可以说在作家构建的虚拟现实中只存在两个主体：主人公和虚拟现实中其他的一切。在这样的虚拟现实中，一切反抗者因其反抗主角而不正义，一切物因主角需要而存在，一切正义者因衬托主角而正义，而在这种爽文中，异性更是被物化为一种战胜"邪恶"的奖励物而存在的。"顺我者昌，逆我者亡"。不仅作为故事内核，更作为作者中心和读者中心而存在的一种天下唯我的、对于欲望身体最原始的本能呼唤。

在这样的写作中，作者完成了自己的欲望实现，而读者在阅读中百分之百（甚至通过自己的想象犹有过之的）接收到了这样的欲望实现，所以主人公即是作者的"理想自我"，亦是读者的"理想自我"，它们（指主人公）在虚拟的实在中彻底抛弃了实存，最大化的在虚拟的实在中获得虚拟的利益，"规定"亲疏，从而完成自我价值的实现，并冀以其实现为"正义"赋实。

有趣的是，作者的"理想自我"必源自于"真正自我"的想象，可以说写作是其达到"理想自我"的最佳捷径，而在这捷径——小说文本的内容中所表现出来的，正是从真实自我到理想自我的不断实现过程，所以故事的开端，主人公大多以一个受困的低劣形象出现，作者为其设置困境，而用作者的自我认知形象进行突围，从而实现"理想自我"。这个过程其实是不脱离社会逻辑的，而正是在这种从现实自我到理想自我的虚构突围中，欲望得以实现，这与作者和读者的想象其实是同构化的。在这样的背景下，作为真实存在的社会主体在虚拟欲望刺激后返回现实，借理想自我之口对现实自我大声疾呼道："三十年河东，三十年河西，莫欺少年穷！"

这种呼唤也正附和了侯龙涛的书名——《金鳞岂是池中物》——一种对于现实自我的呼唤。从这一角度出发，以《斗破苍穹》为代表的一系列网络爽文的内核其实是与此同构化的，也即是由淫秽文学到爽文"进化痕迹"的表征。

天蚕土豆的《斗破苍穹》《武动乾坤》等一系列作品作为"上升"型内核写作的成熟和巅峰作品具备了"爽文"的标准特点，既吸纳了武侠中"武"的元素，又含蓄地把"欲"的行为模式加入到作品中去，欲望的主角自然的代替了"侠"的成分而成为叙述主体，在作者自我感动的过程中，"胜人者有力"作为强大的第一标准，而真正的"自胜者强"则被选择性遗忘了。在这条理想自我实现的捷径中，由于创作主体本身是没有真正成长的，所以也就解释了为什么在一部以成长为主题脉络继续下去的作品中，主人公的形象是以一种脸谱化的刻板而存在的原因。

当原始的爽文偷换"侠"的主体降格而完成欲望的"上升"的实践获得成功之后，"网络爽文"作为一种需求极高而对创新性要求极低的写作体裁，自然的被刻板化和模式化了，脱离作者对自我神经的刺激转而更加注重读者的感官刺激和欲望实现，也就产生了一大批类似流水线作业的爽文小说，这些内容和题材大多相似、主人公也千人一面的爽文类小说作家通过总结爽点，将内容批量生产出来，置身于这种阅读与写作环节中的所有人认知中的"正义"也已经被异化了。在这样的故事环境中，主人公通过其本身的超能力不断达成各种欲望，实现对于反派的征服，获取宝物，使女性倾倒而成为自己的附属品，从而完成自身价值的实现。

由于男频爽文的作者大多是武侠小说的读者，其理想自我的构建自然而然的建立在武侠环境的基础上，去"侠"存"武"从而完成了对实存的反对，从而实现了武侠小说的"下降"；另一方面，由于其理想自我仍需保持"侠"的地位，所以仍不能脱离社会规训，违反道德规则，以是在欲望驱动叙事的"爽"感中仍有理性化，结构化的上升。

在这样的"下降"与"上升"中，网络"爽文"将武侠世界的环境作为其叙事的土壤、将叙述主体赋予淫秽文学的内核，在二者的统一中达到其自身故事内容的逻辑自洽，从而形成了爽文这一网络文学中的重要分支。

分析至此，本文的主要观点如下：网络"爽文"的欲望驱动叙事，是有其哲学背景的，这种哲学拒绝相信超越现实的实存，只相信利益和亲疏。与之相比，早期新武侠的叙事驱动力必然包含正义，也即超越现实的实存。而淫秽文学因自知其只是制造虚假感官刺激的下流文字，所以直接就以欲望作为驱动叙事。网络爽文则是将欲望"正义化"之后作为叙事的唯一驱动。它不像淫秽文学那么"自惭形秽"，它认为自己是"自由"的，是有"反抗性"的，是"真实"的。网络"爽文"是有它的野心的，它要以它的哲学重新定义正义或者干脆取消正义。

这不能看作只是"极端商业化"的结果，甚至不能只看作是"读者向"的，如果这么看，就是在说读者（消费者）都喜欢这样的叙事、只喜欢这样的叙事，那就无法解释"十字架上的上帝"这个奇异的神话叙事为何能成为百千亿人的信仰之基，也无法解释以惨死风波亭为结局的岳飞故事能成为市井说书艺人的看家本领之一，甚至无法解释最近《流浪地球》《魔童降世》的票房佳绩。爽文的根源在于其哲学背景，不在于商业化。

"爽文"作为网络文学在初期野蛮发展的一个重要分支，到今天流水线化创作仍未衰竭，对于实存的解构也确实影响了相当一部分的读者，但仍不应视其为网络文学的全部主体，在网络爽文发展的过程中，由于参与者群体的不断扩大，一些高素养群体通过不满足于爽文的单调性而在网络文学的基础上进行突围，试图对于欲望进行再解构的写作方向，虽然仍属少数，但也是不容忽视和值得被期许的。而随着读者对于欲望驱动叙事的审美疲倦，传统意义上的网络"爽文"对于正义重新定义的野心是一种时代化的现象。但无论如何，网络"爽文"作为一种带有鲜明时代色彩的文学现象，仍是我们值得进行研究与参考的。

Desire Driven Narrative of Network Jump Novels: Tracing and Analysis

Li Minghui, An Yang

Abstract: The desire-driven narrative of "Shuang Wen" on the Internet comes from the "rise" of obscene literature and the "fall" of new Wuxia. This desire-driven narrative is grounded in a philosophy that refuses to believe in anything more than reality, only interests and intimacy. In contrast, the narrative drive of the early new knight-errant must include justice, that is, the existence beyond reality. Obscenity literature, on the other hand, is driven directly by desire because it knows that it is only obscene writing that creates false sensory stimulation. Network Shuang text is the desire "justice" after the narrative as the only driver. It is not so "self-deprecating" as obscenity literature. It considers itself "Free", "rebellious" and "real". The Internet has ambitions to redefine or even eliminate justice in its philosophy.

Keywords: Jump Novels; Desire Driven Narrative; Justice

IP 背景下网络文学的价值探析[*]

赫灵华[**]

摘　要：中国的网络文学历经 20 多年的发展，凭借强劲的发展势头和强大的跨媒介辐射能力，不断走向主流，走向成熟，形成泛娱乐生态体系。随着 IP 的兴盛，网络文学核心内容与影视、游戏、动漫等艺术形式跨界、融合、推广，彰显着网络文学的商业价值、文化价值、审美价值和时代价值。

关键词：IP　网络文学　价值

2020 年 4 月底，中国互联网络信息中心（CNNIC）在京发布第 45 次《中国互联网络发展状况统计报告》，数据显示，截至 2020 年 3 月，中国网民规模达 9.04 亿，较 2018 年底增长 7508 万，互联网普及率达 64.5%，较 2018 年底提升 4.9 个百分点。我国手机网民规模达 8.97 亿，网民通过手机接入互联网的比例高达 99.3%，较 2018 年底提升 0.7 个百分点。数据表明中国已经成为名副其实的网络大国，正走在通向网络强国的路上。这其中，网络文学异军突起，历经二十多年的发展，从最初的"草根写作"到如今的"超级 IP"，强劲的发展势头和强大的跨媒介辐射能力，使其成为全

---

[*] 基金项目：2019 年度吉林省社会科学基金网络文化研究专项课题"IP 时代的网络文学健康发展研究"，阶段性成果。

[**] 作者简介：赫灵华，女，吉林动画学院通识教育学院副教授，硕士，主要研究方向为网络文学和通识教育。

球文化体系中不可或缺的一员,有学者将其和日本动漫、韩国电视剧、美国大片相齐名,网络文学已经成为中国文化产业的一个鲜明标签。

近年来,网络文学的发展日趋成熟,读者群规模稳步扩大,人们的阅读需求也逐渐从纸质阅读转为电子阅读和有声阅读。阅文集团颁布的《2018年网络文学发展报告》显示,2018年网络文学用户规模达到4.3亿,同比增长14.37%,占网民总量的50%以上。特别是"IP"(Intellectual Property,狭义的IP即知识产权,广义的IP泛指具有品牌效应和多元商业价值的智力产品,如网络原创作品版权延伸出来的形象、故事,以及不同形态的文化艺术样式)火爆之后,网络文学IP在影视、动漫、游戏、舞台剧等众多领域遍地开花,激发多维联动,发挥了IP的辐射作用,为网文产业繁荣发展增添了新动力。作为IP源头的网络文学,在网络强国思想指引下,在泛娱乐市场延伸的产业链中彰显着多元价值。

一 商业价值

商业性被看作是网络文学的第一属性。最初的网络写手没有写作收入,文学网站也没有盈利来源维持自身运营;2003年开始,起点中文网推出付费阅读模式带动了网络小说的经济收益,随着网络小说的影响力扩大,网络文学的线上经营形成了在线付费阅读、网络广告、粉丝打赏三种模式,商业化的运作使作者和网站都有了可观的收入,线下出版行业也如火如荼,截至2017年12月,中国网络文学作品出版纸质图书达6942部,改编电影累计1195部,改编电视剧1232部,改编游戏605部,改编动漫712部。由小说出版再到电视剧、电影、漫画、游戏、话剧、广播剧、有声图书等多种商业链条的开发,逐渐形成了以IP为核心的全产业链、全媒体运营。火星小说创始人侯小强在谈到如何确定一个好的IP时说道:"我们买版权时第一看数据,再看人物性格,看文字,同时要看它的可转换性。我在盛大的时候提过主流化,我认为主流化,就是跨界。有不断跨界的能力，就能主流化，最初的网络小说是小众的，变成纸质书，变成游戏，变成漫画，变成影视，就是在不断跨界，每次跨界都会带来新的用户，这就是主流化的过程。"可以说，这种跨界模式带来了巨大的经济效益。

2010年以前，网络文学IP开发还没有形成交叉联动，IP最初的售价也是比较低廉的，通过对IP内容进行改编、注入新的元素推向市场获得更高收益，例如《甄嬛传》小说IP以30万元的价格出售，但经过改编后的电视剧《甄嬛传》卖给电视台的售价是300万元一集，乐视购买整部电视剧线上播放权的价格是2000万元，2018年的续集《如懿传》的电视剧售价是1500万元一集。2015年周播剧《花千骨》创下3.89%的收视率，网络点击破150亿次，制作方慈文传媒收入2.29亿元，独家网络版权方爱奇艺获得全网超过1/3的播放点击。改编自《盗墓笔记》的电视剧《老九门》上线一个半月，网络点击量已超50亿次，成为全网首部点击率破50亿次的自制剧。改编自天下霸唱《鬼吹灯》的电影作品《寻龙诀》票房达到16.83亿，改编自南派三叔《盗墓笔记》的同名电影作品票房达到10.05亿。除了IP改编影视剧获利巨大之外，IP改编动漫游也有不俗反响。2016年10月，改编自《盗墓笔记》的页游宣告破亿，2017年，改编自《花千骨》的手游月月流水近2亿元，改编自《琅琊榜》的手游上线十天破千万元流水，改编自《龙王传说》的手游首日收入破300万元，等等。IP开发的后续产业拥有更高的商业价值。

一个网络文学IP不管是拍成电影、电视剧还是改编成游戏、漫画，在这一系列衍生过程中的渠道付费、广告、票房等都可以带来收益，将IP内容最大限度开发，让产业链参与者都分一杯羹，快速实现商业变现。巨大的商业价值，也是网络文学IP如此火爆的原因。商业性促进了网络文学的繁荣，加速了网络文学产业化的进程，为网络文学提供了良好的市场环境。但过度商业化，只顾经济利益而不顾社会效益也会给网络文学造成很大伤害。

二 文化价值

(一) 服务大众,发挥网络文化主力军作用

网络文学并非诞生于文学的繁荣时代,而是出现在文字被图片、影像和音乐放逐的时代,出现在一个文学面临困境甚至生存挑战的"文学弱时代"。但网络文学凭借通俗的题材内容,符合大众化的审美期待,在二十年的时间内就有了突飞猛进的发展,进入了一个空前繁荣的阶段。网络文学不仅满足了人民群众精神文化的需求,而且对文化、文学的传播具有潜移默化的影响。网络文学作为网络文化的主要内容,在 IP 兴起后,已经扩大到影视、动漫游等诸多领域,这种影响力必然反映在网络文化精神与价值追求上,发挥网络文学主力军的作用。说到底,IP 的建设就是网络文化的建设,不仅可以带来巨大的经济效益,更重要的是形成强大的价值观输出。比如迪士尼,抑或是漫威,都是基于自己的 IP,针对不同的受众、不同的场景创造了不同的内容,形成"IP+媒介+内容+主题公园+科技"的 IP 生态模式,通过一部部电影,塑造了大量的文化价值趋向的 IP,这些 IP 都不仅仅是一个名字、一个故事,而是有着明显价值观倾向的、符号化的 IP,且以此在全球范围内不但赚得钵满盆满,而且收获男女老幼一众铁杆粉丝,成功地影响年轻一代的"三观"。

网络文学属于大众文化的范畴,是以民间性、通俗性和娱乐性为主要内容和目的的民众自发的创作形式,是网络文化的产物。网络文学与当代社会的文化观念、消费理念、价值观建构、舆情导向、国家形象展示等方面也有密切关系,引导大众对文学理念和价值观念的变革和创新。因此,网络文学要讲好中国故事,塑造好时代新人,以具有精神高度、文化内涵、艺术品位的优秀作品弘扬中国精神,凝聚中国力量,营造天朗气清、生态良好的网络空间,网络文学使命光荣、任重道远。

（二）现实导向，推进网络文学主流化精品化进程

早期的网络文学创作带有强烈的平民立场和自由书写的狂欢感，后来类型小说的出现成为网络文学的主打，其中玄幻、仙侠、奇幻、科幻、武侠、穿越占据了网络文学的大半个江山，成为幻想类、现实类和综合类三种网络类型小说中比重最大的一类。随着网络文学 IP 的多元跨界转化，对于 IP 源头的网络文学需求也不断扩大，加上国家对网络文学舆情导向的高度重视，近年来，网文创作类型逐渐从幻想类、历史类向现实主义题材拓展，网络作家对主流文化的认同感不断加强，精品化成为网络作家的自觉追求。对于有创作能力的网络作家来说，寻找现实与文学相交接的爆点，注意观察现实，关切现实人生的种种悲欢，努力挖掘其中的人性故事，也许正是他们改变网络文学的玄幻性、娱乐性，增强现实性的第三条途径。

广电总局提出了"小成本，大情怀，正能量"的重要原则，大力扶持具有正能量和大情怀的优质现实题材作品。网易文漫曾经创建了影视 IP 生态的评估体系，鼓励现实题材的发展。近年，网易文漫的重要战略之一就是推动更多的优秀题材作品进入商业化。目前，网易文漫在内容储备上，现实主义的作品占据了整个平台内容的 60% 以上。而在孵化和交易的作品中，现实题材占据了 80% 以上的比例。时代的代入感与共鸣的情感体验是现实题材作品取得成功的基础。大量优秀的现实题材网络小说脱颖而出，这些作品不但生活面广、真实感强，而且艺术性较高、网络人气旺。网络小说的内容开始涵盖改革历程、社会热点、时代变迁、文化传承、职业生涯、家庭问题、个人奋斗等。譬如，描写互联网行业风起云涌竞争、创业创新风貌的《网络英雄传Ⅱ：引力场》；反映青年一代支教山区、改变贫困面貌的《明月度关山》和《大山里的青春》；记录底层百姓生活、探索新型社区管理模式的《白纸阳光》；赞美公安干警卧底扫毒惊险业绩、展示人间真挚爱情友情的《写给鼹鼠先生的情书》；以改革开放背景下国企改革为主线的《复兴之路》；

展现当下都市女性生活的《全职妈妈向前冲》等。IP 改编后的影视剧也受到观众的热切关注与好评，如《欢乐颂》所暴露的社会阶层问题和复杂多样的恋爱观；《大江大河》中精心构筑展示的改革开放四十年的脉络地图；《都挺好》反映的原生家庭对个人成长的影响以及现代人普遍存在的痛点等，每部作品在上映期间都成为热点话题，带动观众的热切讨论。现实主义题材的作品更能够触动读者和观众的敏感神经，引发受众强烈的共鸣。如今，网络文学界已具有较为理性的文化自觉与文化自信，在保持网络文学特征与活力的同时，正日益向主流意识形态、主流文化传统、主流文学审美靠拢。新时代网络作家的使命就是要守正道、创新局，把对社会主义核心价值观的追求融入创作之中，提升作品的思想价值和美学境界。

（三）网文出海，巩固中国文化的世界地位

中国的网文出海最早是在 2004 年，但出口数量和出口国家都比较少，2014 年之后才逐渐发展起来，在国家政策"推进国际传播能力建设，讲好中国故事"；"提高国家文化软实力""推动中华文化走出去"的思想指导下，网文出海受到了空前的重视，在全球范围内，网络文学凭借中国文化的魅力使其影响力不断扩大，一方面，中国网络文学那神秘的东方色彩、中国武侠仙侠的超脱以及西方魔幻小说的创作手法符合海外观众的审美期待；另一方面，海外网络市场比较低迷，中国网文横空出世，填补空白，意义重大。

目前，中国网络文学已被翻译成英语、韩语、泰语、日语等十几种语言，遍布美国、英国、韩国、日本、泰国、俄罗斯等 20 多个国家和地区，出海题材覆盖科幻、都市、幻想、仙侠、玄幻、言情、历史等方面。从最初的海外出版授权、到海外平台搭建与网文内容输出，再到目前海外原创内容上线及 IP 内容输出，网文出海 3.0 时代已经到来。作为网文出海的重要策源地，阅文集团旗下海外门户起点国际（Webnovel）足迹已遍布全球，累计访问用户超 2000 万。随着中国网文出海的数量与质量的提升、手段与模式的

创新，潜在的海外市场必将开创中国文化产业的又一个春天。

三 审美价值

（一）大众化的审美娱乐

审美娱乐是指人们通过艺术鉴赏达到的心灵自由、精神愉悦的效果，网络文学的审美娱乐价值尤其突出。最初的网络文学只是作者自我情感的流露与表达，不以经济利益为目的，随着互联网和移动互联网的普及，网络文学写作从自娱自乐转向对接市场，以迎合大众的消遣和娱乐为目的，内容上可以包罗万象，表达上可以不受拘束，想象上可以天马行空。因此网络文学中武侠、玄幻、穿越、修真、盗墓、耽美等类型的小说依靠丰富的想象力满足了读者的猎奇心理，成为最受欢迎的网络小说类型文。很多小说靠着扣人心弦、一波三折、动人心魄的故事情节，让读者欲罢不能、食不甘味。这实际上是网文读者为愉悦身心、寻求心灵慰藉而进行审美体验的一种积极尝试。网络文学中还诞生了一系列的网络语言，如火星文、注音文、字母文、数字文、谐音文、叠音文、动漫文、缩略语、表情符号、甄嬛体、舌尖体、淘宝体等，这些语言的特点是简洁化、生活化、时尚化，是为了适应网民交流而产生的，虽然随意性较强，规范性较差，有的内容过于低俗，但这种新生词汇的影响力极大，很快在网民中流行，被人们慢慢习惯和接受，甚至主流媒体也开始使用。可见，网络文学语言的约定俗成性很强，渗透性很强，在现实生活中的影响力和号召力不容小觑。

当网文 IP 改编成影视、动漫游戏之后，审美娱乐的功用更加强大了，很多没有读过网络原著小说的观众，通过 IP 开发的艺术形式了解了网文作品，使得网文 IP 在观众与读者中的普及率和认知率越来越高。随着国家政策的大力扶持引导和网络文学日益规范化的管理，网文作者要不断推陈出新，根据当代人的精神理想和现实追求，满足不断更新的审美趣味，调整创作内容和发展方向，使自身符合平民化的审美要求，使受众在精神娱乐的同时也完成审美认识和审美教育的作用。

（二）交互式的审美认识

互联网最大特点是给人们提供了极大的自由，尤其是言论自由。正因为如此，网络文学的诱惑正是基于这种自由带给人们的种种享受而产生快乐。网络文学无论是创作者，还是作品与人共享者，都是非功利性的，是自由的。因为，自由是产生快乐的基础，欲望和意志在心灵上得到了摆脱。人们在网络文学的创作和享受中，享受的是自由的世界，没有物欲和意志的限制，有一种心理的平衡与满足。网络文学与传统纸质文学相比，没有投稿、审稿、退稿这一繁杂而挫人锐气的失败感。对热爱文学的人来说，网络文学的自由创作是一种快乐，对于那些追求快节奏，多元化的受众来说是自由的选择；与写手情感与理智的交流，同样在生活与艺术之间寻找到了一种可贵的平衡。受众与写手之间的自由交往，以及无功利性，更易让人对网络文学产生一种审美愉悦。

网络文学的创作是一种新的书写方式。打破了传统文学的桎梏，模糊了文学原有的边界，全民参与、全民写作，形成了一种自由的文学观念。网络文学在创作、传播、阅读、存储等方面，都有和传统纸质文学作品不同的审美特点。超强的传播力使各个社会层面的精神思绪和文化含量得到全方位的表现，而且拓展了文学自身的容量和限度，特别是在 IP 跨界转化之后，不仅扩大了文学的号召力，也扩大了文化的影响力。

网络文学的接受是一种新的阅读形态。网络文学在创作的过程中有读者的全程参与，读者可以不受约束地、自由地抒发情感、表达观点。有的时候读者的意见和建议直接改变了作品的走向和思路，读者从被动的接受者转化为主动的参与者，这种交互式的阅读，既尊重了个性审美的要求，也适应了群体审美的需要。网络作者与新型读者之间是相互契合的，你带动我，我带动你。这种平民化的创作与欣赏，在思想、情感、生活方式、人生经验、生活感悟等方面，都会推动大众审美思维方式和审美创造能力不断更新，丰富和提高文艺审美活动。

四　时代价值

　　2016年11月，习近平总书记《在中国文联十大、中国作协九大开幕式上的讲话》中提出，任何一个时代的经典文艺作品，都是那个时代社会生活与精神的写照，都具有那个时代的烙印与特征。文艺工作者要承担时代使命，赋予作品思想与价值，以反映现实、反映时代精神为己任；2015年国家新闻出版广电总局下达《关于推动网络文学健康发展的指导意见》的通知，将引导网络文学创作根植现实生活，为人民抒写、为人民抒情、为人民抒怀作为重要任务，倡导网络文学创作塑造美好心灵，引领社会风尚，使网络文学价值引导、精神引导、审美启迪等作用得到充分发挥；2019年3月4日，习近平总书记在全国政协十三届二次会议的文化艺术界、社会科学界委员联组会中鼓励广大文艺工作者"创作更多无愧于时代的优秀作品"，"从当代中国的伟大创造中发现创作的主题、捕捉创新的灵感，深刻反映我们这个时代的历史巨变，描绘我们这个时代的精神图谱，为时代画像、为时代立传、为时代明德。"党和国家非常重视文艺作品承载的时代使命，网络文学的健康发展对于引领健康的社会风尚也有着至关重要的作用。无论将网络文学IP开发成何种形式的产品，在最大限度地还原网络文学本质精髓的同时，更要不断开发符合受众口味和时代风格的产品。

　　一个时代有一个时代的文学，一个时代有一个时代的精神，春秋战国的诸子散文、汉赋、唐诗、宋词、元曲、明清小说，新文化运动的白话小说、新时期中国纪实文学等，通过文学记录时代的变迁、时代的声音，时代的精髓，因为有时代特色的东西是有生命力的。我们通过那些带着时代印痕的作品了解过去，展望未来。今天，我们从诸子百家的经典中研学人生智慧，从司马迁的《史记》中了解汉代的历史与人物，从鲁迅的《狂人日记》中体会新文化运动改革的艰辛；从陈忠实的《白鹿原》中品味陕西关中半个多世纪的风云变幻……能够反映时代的文学精品终将被时代记住，引发当代读者深刻的理性思考，并为后来的人们追溯时代风貌提供可以细微洞察的样本。互联网的出现，是社会进步的必然，也是时代发展的必然。作为审美对象的网络文学，虽然与纸质的传统文学不同，但是它与时代同样息息相关。中国的当代文学在经历伤痕、反思、改革等主题以后，一时出现了即时性。时代的变革使一大批年轻人不满足于纸质传统文学的束缚和单一性，于是他们醉心于网络或宣泄情感如早期的言情小说；或为了逃避现实充分发挥想象空间的幻想小说。近年来又迎来了现实题材的创作时期，这些网络文学的出现，虽然一开始并不为所谓正统文学史家、评论家、作家们的看重，但是它毕竟是时代的产物，以其旺盛的生命力征服了那些指三道四的人们。虽然网络文学作者水平参差不齐甚至过多地描绘日常生活，抑或过于关注生活的表面层次而难以达到一定的深度。但是也因为如此我笔写我心，我笔写我感。记录一个人的成长、一座城市的变化、一个时代的动态、一场情爱的过程、一个企业的兴衰……这些都深深地烙上时代的印记，它的审美价值就在网络上清晰而完整地记录下来，成为时代性的最好诠释。

网络文学诞生的这20多年，正是中国经济高速发展，国力显著增强的20多年，具有时代特点的网络文学，会有意或无意间记录下了这一时代人的生存现状与发展奋斗的历程。现如今，网络文学的影响力已经超过传统文学，从近5年网络文学的作品来看，那些阅读量和评论量巨大的作品，很多都是弘扬家国情怀、彰显奋斗精神、书写人间真情的，作品所体现的历史观、民族观、国家观都是被社会和大众所认同的。呼唤有担当的时代精神，塑造改革浪潮的先锋者和弄潮儿，书写大时代人民朝气蓬勃的奋斗史，展现人民对生活的美好愿望，宣传民族复兴的不懈努力，已经成为网络文学业界的共识和目标。创作网络文学的时代精品，创作者们不但要坚持正确的价值导向，还要探索与传统文学的共生融合，秉承中华文化精神，做一个能"为历史存正气，为世人弘美德，为自身留清名"的网络作家。

参考文献

何弘:《网络文学勇担新使命》,《人民日报》2019年3月15日第4版。

贾鹏锋:《论网络文学的价值》,硕士学位论文,东北师范大学,2013年。

金涛:《网络文学,拥抱充满活力的现实生活》,《中国艺术报》2019年2月27日第6版。

马季:《网络文学知识产权漫议》,《文艺争鸣》2016年第11期。

欧阳友权:《中国网络文学二十年》,江苏凤凰文艺出版社2019年版,第235页。

邵燕君:《"主流化"就是"跨界",IP就是网络文学+ [N]》,《文学报》2017年11月23日第5版。

阅文集团:《2018网络文学发展报告》,https://www.yuewen.com,2019年2月18日。

张贺:《网络文学当与时代同行》,《人民日报》2019年3月18日第2版。

中国互联网络信息中心:《第45次中国互联网络发展状况统计报告》,http://cnnic.cn,2020年4月28日。

The Value of Internet Literature under the Background of IP

He Linghua

Abstract: With the development of more than 20 years, China's online literature is becoming more and more mainstream and mature, forming the pan-entertainment ecological system. With the prosperity of Ip, the core content of network literature and art forms such as film, TV, game, animation cross the boundary, merge and spread, showing the commercial value, cultural value, aesthetic value and era value.

Keywords: IP; Internet Literature; Value

韩国网络小说的产生与发展
——兼论《我的野蛮女友》的成功

赵永旭　韩晓峰　袁延浩　郑秋辰[*]

摘　要：韩国网络小说是指在互联网这种电子通信网络上连载的小说，而不是以书或者杂志为媒介传播的小说。它是随着信息通信技术的发展，PC通信和网络生活化而出现的新小说样式。网络小说的主题丰富，包括科幻小说、武侠小说、战争小说、普通大众小说。从90年代李愚赫的《退魔录》开始，韩国网络小说得到了飞速发展，进入2000年，可爱淘（귀여니）的作品又掀起了一波热潮，2010年代网络小说更是飞速的发展。网络小说中的代表《我的野蛮女友》获得了巨大成功，还被翻拍成电影，在别的国家也进行了上映。近年来的韩剧也都大多数通过网络小说进行改编的，可谓是吸引着一批又一批人，这使韩国网络小说的发展又上升了一个阶段。现阶段随着智能手机的普及，给热爱网络小说的读者带来了更大的便利，随时随地都可以阅读网络小说，让网络小说的普及率大大地增加了。

关键词：网络空间　PC通信　我的野蛮女友

---

[*] 作者简介：赵永旭，男，长春理工大学讲师，文学博士，硕士生导师，研究方向为中韩比较文学、中韩文化比较、中韩互译。韩晓峰，男，长春理工大学硕士研究生，研究方向为韩国现代文学。袁延浩，男，长春理工大学硕士研究生，研究方向为韩国现代文学。郑秋辰，女，长春理工大学硕士研究生，研究方向为韩国现代文学。

引 言

随着媒体多元化时代的到来,小说将会被消灭的论断是错误的。[①] 网络小说[②]是指在互联网这种电子通信网络上连载的小说,而不是以书或者杂志为媒介传播的小说。它是随着信息通信技术的发展,PC通信和网络生活化而出现的新小说样式。

在美国和欧洲网络小说以20世纪90年代初开始的超级虚构文学和同人小说的形式占据了一席之地。超级虚构文学涵盖了电影和小说的趣味性和艺术性,并随时提供图形、照片、动画、音响、音乐,这就被称作网络小说。另外,同人小说是指不区分漫画、小说、电影等类型,以大众性人气作品为对象,由粉丝随意再创作的作品。网络小说涵盖了超级虚构文学和同人小说,即使网络小说作为书籍出版,它最初连载小说或发表小说的空间也不会像报纸那样,而是通过网络公开后再出版,这一点与现有的小说也有所区别。因此,必须通过网络发表是网络小说的前提,网络连载或发表后,是否出书,是另一回事。即使网络小说得到网民读者的响应,最终出版成书,也不会改变通过网络发表的事实。同样通过网络发表,却得不到读者的反映,不愿出版成书,只是在网上公开的小说,也是网络小说。

在韩国,网络从20世纪90年代中期开始出现,2000年以后突然增加。网络小说主题丰富,包括科幻小说、武侠小说、战争小说、普通大众小说。此外,随着网络小说的流行,不少网络作家凭借小说的人气,成为大众的偶像。韩国的网络小说的源头可以说是从电脑通信小说开始的。其历史发展轨迹可以说与大批量生产的奇幻小说类似。准确来说,韩国量产奇幻小说的发展过程中,网络留言板的作用很大。随着网络技术的发展,奇幻小说也随之发展,网

---

① 최정은.인터넷소설의 구술문학적 특성 연구[D].서울: 중앙대학교, 2009: 1.
② 최정은.인터넷소설의 구술문학적 특성 연구[D].서울: 중앙대학교, 2009: 1-5.

络小说的题材类型也日趋多样化，武侠小说和架空历史小说等变得炙手可热，进入21世纪后期，轻小说开始在网络上连载，2010年开始，以网络小说为原型的快餐文化小说——网页小说诞生了。

一　韩国网络小说的基本情况

（一）20世纪90年代PC通信的出现与李愚赫的《退魔录》

PC通信指的是通过PC进行通信。这并非自生的术语，而是为了强调"PC"＋"通讯"的意思而特意编造的术语。用语的主创者是前韩文和计算机的副社长兼dreamwiz的副社长朴顺白，他直接翻译并引用了在日本使用的personal computer通讯的名称，20世纪90年代初期被称为"计算机通信"。从词典的意义来看，我们现在的网络也可以称为PC通信，但在实际生活中，"PC通信"一词被用来指"利用电话网提供的VideoTex，BBS等服务"。从技术上看，只要连接到网络，就可以没有任何限制地进行开放，因此与理论上任何电脑都可以连接的互联网不同，PC通信是通过固定的专用网络或一般有线公用电话网（PSTN）连接的，对于在这个时代使用过"PC通信"的人来说，一提到"PC通信"，大部分人都会想起只有文本才是主要的画面，从技术上看，此时使用的是VT，现在使用的是1990年年底发布的WWW。因为PC通信的出现，这一时期的网络小说得到了发展。当时网络小说叫"通信小说"。①

《退魔录》可以说是开创了韩国网络小说（通信小说）成功的先河。《退魔录》是作家李愚赫②撰写的超自然奇幻小说。

这部小说在1994年正式出版（들날），并且是在商业上取得巨大成功为数不多的都市奇幻风小说。③ 以2013年为准，累计销量达1000万册，是韩国最畅销的奇幻类型小说，它本来1993年在

---

① 황순재.통신문학의 정체성을 위하여.문예비평，1996（1）：28－31.
② 李愚赫，男，1965年生，韩国幻想小说界人气最高的作家之一。主要作品有《退魔录》和《倭乱终结者》。
③ 황순재.통신문학의 정체성을 위하여.문예비평，1996（1）：38.

《Hite 恐怖/SF（summer）》一栏中作为消遣的小说推出，获得巨大人气后正式出版，掀起了被称为"轰动效应"的热潮。邪教教主或自称有能力者的人不断给作家和出版社打电话，说"我要展示我所拥有的力量"，甚至还进行了请愿，工学学者作家也跳了出来，说"我不是巫师"，吐露出自己的不满。《退魔录》描写了退魔师们用超自然的力量拯救鬼怪或因咒术而痛苦的人这样奇幻的故事，以现代韩国为背景，混合了武侠小说中的武功，基督教的驱魔术，东洋风道术，印度教神话，埃及神话等多种元素，这一风格在世界篇中表现得更加突出。初期的国内篇完全由选集式构成，到了世界篇和混世篇越演越烈，一个插叙的故事越来越长，末世篇完全由一个单独故事组成，采用了故事小说的结构。《退魔录》是由国内篇 3 卷、世界篇 4 卷、混世篇 6 卷、末世篇 6 卷、解说集 1 卷共 20 卷构成的大作。国内篇从 1992 年开始连载，之后改为出版连载，2001 年完成出版。2009 年开始进入修订工作，2011 年开始发行修订版。《外传之名》在 2013 年出版第一卷（他们的生存之道），2014 年出版第二卷（心灵之剑）。以特有的细致的资料调查为基础，庞大的设定和各种能力者们齐心协力展开战斗，加上神秘的氛围获得了很多粉丝的青睐。但是，可能是因为作家不够专业，其缺点是文体的浅薄和故事的展开有些单调，文笔显得有些简陋，设定有错误，出现了结构不健全等问题。尽管如此，特有的投入感还是得到了很大的认可。

《退魔录》与事实也有一定的联系。作者做了大量资料的调查，资料调查内容堆积如山，还专门出版了《解说集》。部分资料是从读者文摘等地方搜集的神秘的故事，并且还有在美国、英国的阴谋论相关的故事中获取的。此外，还有通过日文版的中译神秘等相关资料进行的搜集。另外，因为作者对《慵斋丛话》《大东野乘》《於于野谈》《星湖僿说》等古典作品感兴趣，因此其中很多故事成为素材。虽然从最近的情况来看，这些资料可以通过谷歌就能找到，但考虑到当时的情况，这是非常了不起的事情。

20 世纪 90 年代初期，无论是日本的超自然风还是退魔风，准确的来讲，都受到了《退魔录》的影响。就像武侠小说在韩国一直受到人们的喜爱一样，当时日本的传记小说在日本一直很受欢迎，但受到了《退魔录》很大影响，在用电话线连接 PC 通信的时期运营的私设 BBS Hyuknet 上进行了连载。这是讲述俊厚上学经历的故事，2013 年收录在外国，其中部分设定已经变更。20 世纪 90 年代后期，当时发放到小学的《儿童朝鲜日报》上也以《儿童退魔录》为名连载了以俊厚为主人公的一段故事，但是因为是鬼故事，连续收到禁止连载的请求。终结篇在韩国出版的幻想小说中销售量最高，季末累计销量约为 970 万本，同时有收藏版，目前现存的版本也超过了 1000 万本。与当时相比，现在除了小说之外，享受的文化内容很多，而且书的价格也很高，因此，仅凭单一作品的销量，几乎不可能超过《退魔录》，海特尔也有《退魔录》的模仿作品，即《退魔录》，是讽刺原作退魔师的搞笑剧。在连载途中，由于撰文人入伍，中途被打断，退伍后虽然恢复了连载，但不了了之，现在从 Google Ling 来看，到处都有该模仿作品的痕迹。作品中玄岩是自恋的变态狼，而朴神父是被鬼蛇蝎心黑化的人。事实上，除了退魔师之外，其他登场人物也都是搞笑角色。虽然只有俊厚在常识人中表现正常，但过于正常才是不正常的角色。当然为了躲避诉讼，登场人物的名字也进行了稍微地改动。

（二）21 世纪：网络小说的春秋战国时代

21 世纪后，大热的批量奇幻小说出现了，随着对其批判声音出现之后，在网络上连载奇幻小说便成为一种普遍现象，因此网络连载小说的数量较之前减少，以发表网络连载小说为跳板一跃成为职业写手的情况也自然而然减少了。在此之后，那些在网上连载的小说之中，虽然也有得到很高评价的作品，但是仅凭"网络人气连载作品"而受到各体裁的粉丝群追捧的情况却很少。因此，与量产奇幻小说出现之前相比，出现了更多的业余作家，他们通过写网络小说，得到大家的评价，进而精进写作水平。

而且，网络小说的网站大多以狂热的粉丝为主形成网络文化，与初创期相比，有了封闭性质并对社会的影响力减弱。同时，也体现出了远离自身题材的效果。

以网络浪漫小说为例，这段时期因可爱淘的成功而开始备受关注。因此在其他网络小说类型中，只有这个时期的这一类型是在2009年后被人们所熟知的，但实际上这一类型的小说是从2004年开始没落，直到2002—2006年可爱淘的突然出现才暂时变得活跃起来。

可爱淘（귀여니），本名李允世，韩国青春文学女作家。因其代表作《那小子真帅》而被中国年轻人们所熟知，她在中国拥有近千万的读者，她的作品随处可见，遍及所有书店，图书馆以及中学校园，并多次被改编成电影。由于其作品曾多次被改编成电影，她的影响力早已超出了作家的范围。可爱淘在韩国本土的影响力更是难以阻挡，2001年8月，16岁的可爱淘读高二时开始在daum网站的幽默bbs上连载网络小说《那小子真帅》。区别于传统小说而是以网络小说的形式为人熟知的《那小子真帅》，一经发行便在韩国网络小说中引起了巨大反响，越来越多的人患上了所谓的"那小子综合征"。小说整体呈现出日本漫画基调，讲述了一个外号"四大天王"之首的高富帅和一个出身平凡却元气满满的女孩子之间的爱情故事。男主角智银圣的父亲在他幼年时死于艾滋病，从小便受尽周围人眼色的智银圣因此变得叛逆，桀骜不驯，然而"斗胆"公然反抗他的便是小说的女主人公千穗了。花样男孩兼叛逆少年智银圣身上具备让所有少女为之疯狂的因素，被称为天下独一无二的"King Card"（美少年）。这样一部小说难免让人联想到《流星花园》，主角是完美地无可挑剔的美少年和出身平凡的灰姑娘。这样的白马王子和灰姑娘的故事总能让广大的女性观众大呼过瘾并深陷其中，在阅读的过程中释放自己的玛丽苏情结。虽然故事内容本身非常简单，但整部作品的阳光气息、对白中透出的纯情，会令人有一种由衷的感动。由于该小说破天荒的采取了网络文体的形式，因此打破了死板又平庸的传统小说的框架。或许是因为《那小子真帅》的粉丝大多是介于10—20岁的青少年，他们熟悉网络并习惯

用电脑阅读网络文体小说,因此通过纸质阅读网络文体尽管会有些奇怪,但也是一种别具一格的体验。特别值得一提的是很多人在看过小说之后感动的泪流满面,认为其太贴近自己的生活,所以从这部小说中也可以看出韩国的新新一代所向往的生活和情感是怎样的。

而且,2001年开设的可爱淘粉丝论坛(귀사모:café.daum.net/rnlduslsla)不仅仅是粉丝社团这么简单。这里的粉丝们将来希望成为像可爱淘这样的网络小说家,可以说是网络小说培训班。①

然而正是这样一部火爆的网络小说也曾面对质疑和批评。小说中字里行间充斥着的通讯体和网络用语招致韩国国内文学界的批判。一些来自韩国小说家协会的作家们曾指出,这部作品中泛滥的网络用语和通讯用语使得整篇小说的文脉变得似是而非,韩国国立国语院也批判该小说作者违反了标准语的规定,这对于仍然处于学习文化知识阶段的青少年学生来说,习惯于阅读网络用语无疑会影响他们对韩语的掌握。由于媒体的大幅报道再加上网络舆论的影响,这在当时可谓是引起了轩然大波,甚至一度成为社会问题。不仅如此,该小说的内容也曾遭到批判。文中出现了大量与高中生吸烟,饮酒,不良学生等相关字眼与越轨行为的描写,不仅对青少年的价值观产生不良影响,也是对道德层面的挑战。其次,父亲因性关系混乱而感染艾滋病去世后,便受到孤立排挤,惧怕与人接触的男主人公设定也与事实不符。首先作者没有考虑到艾滋病的感染途径不仅仅是性传播,还有血液传播;其次,男主人公是在父亲的艾滋病潜伏期内出生的,因此同样有很高的患病概率,而作者在此仅用一句"男主不是艾滋病患者"一带而过,这充分说明了原著作者可爱淘对艾滋病了解甚少,仅仅只是把艾滋病当作渲染剧情的道具,实则是对事实的不尊重。

而可爱淘的另一部代表作《狼的诱惑》写的是一名来自乡村的平凡女孩与两个"脸蛋天才"之间的故事。穿着打扮有点土土的,

---

① 김명석.멀티미디어 시대의 작가 연구.현대문학의연구, 2006 (28):194.

时尚品位为零的女主角彩麻和表弟智银一样有着非同一般的吸引力,招人嫉妒的她在放浪不羁的霸道总裁君野与忧郁的神秘美少年英奇之间摇摆不定。而当她的情感逐渐偏向英奇时,她却发现爱慕她的英奇竟然是只狼。

可爱淘及其网络小说作品的爆表人气所带来的影响力为电影公司带来了巨大商机,她的所有作品都与电影公司签订了拍摄条约。在韩国,与《那小子真帅》同日首映的《狼的诱惑》的票房纪录打败了同期上映的好莱坞大片《哈利波特4》和《怪物史莱克2》。据此现象,韩国媒体评论称赞可爱淘为韩国电影找回了自尊。

因此,网络小说大部分都是业余类型小说,其中主流的幻想小说和武侠小说占比重很大,但网络浪漫小说才是其中的代表。所谓"纯文学倾向出版社"从21世纪第一个十年中期开始出版战略主要集中于长篇小说,还进行了作家的网络连载。主要在NAVER、DAUM等门户网站,ALADIN、YES24等网上书店网站进行连载。

但是到了21世纪10年代,随着智能手机的上市,网络小说和量产型幻想小说因过度泛滥而没落,网络小说经历了巨变。

(三)21世纪10年代:网页小说的发展

21世纪10年代以后智能手机登场,通过应用程序随时随地都可以看小说的时代到来了,以网络小说和手机环境为基础的网页小说这一新的快餐文化诞生了。总的来看,可以说现有的网络小说倾向发生了更为极端的变化。

2013年以后韩国出现了网页小说(웹소설)。[①] 进入2010年以来,以急速扩张的kakao page为首的网页小说市场,从2013年的100亿韩元规模到2014年199亿韩元、2015年597亿韩元、2016年991亿韩元,其规模每年都翻倍增长,3年间增长了近10倍。Kakao page等网络漫画的媒体组合也在积极地活跃着,其规模也在

---

① 한혜원.한국 웹소설의 매체 변환과 서사 구조.어문연구,2017(91):264.

持续增长。

而且，依托这种发展中的网页小说市场，像MUNPIA或JOARA这类现存的网络小说连载网站大部分变为网页小说平台，与以粉丝为主的网络文化开始形成的初创期相比，闭塞的性质更为明显，对社会的影响力变弱，从自身的类型出发与遥远的过去相异。现在成为网页小说平台的之前的网络小说连载网站依靠已经成为产业的网页小说迅猛发展，规模不断扩大。

MUNPIA和JOARA同为韩国网络小说的主要连载网站之一。MUNPIA最初是以金刚①等武侠小说作家为中心建立的名为"橡胶林"的网站。根据武侠小说读者的年龄为30—40岁，实行了自由连载栏和作家连载栏分离的管理方式。这之后，吸引了大量科幻作家和读者入驻并改名为"胶版"后又改名为现今的"MUNPIA"网站。除了武侠之外，还有奇幻，浪漫，普通，轻小说等体裁，但最活跃的还是武侠风小说。进入21世纪10年代后，由于现代风的泛滥，连载栏几乎都被现代奇幻体裁作品所占据。

在韩国JOARA的规模与MUNPIA相当，而且韩国诸多的量产型科幻小说作家或轻小说作家很多出身于此。任何人都可以轻易上传小说的特性，使得很多被称为"地雷"的低水平文章大量出现，即便如此，因为小说的数目繁多，作品质量尚可，仍然吸引了大批读者涌入，并逐渐形成一定数量的固定读者群体。

之前，JOARA曾打出广告说，小说的点击率突破100万可以登上"今日最佳"栏。说是100万，其实每一章节打开时，点击率都会上升1点，所以连载次数多的话，100万是很快就能达到的。还有一种叫作成长度系统的东西，如果利用这个，小说很容易成为当天的畅销书，所以就有用这个来操纵点击率成为出版的小说的说法。但是，同样有真正好的小说没上传几篇就登上今日最佳的情况，由此看来JOARA的使用者也想要有概念的作品。因为这些副

---

① 金刚，本名金焕哲，男，1956年生，韩国武侠小说的代表人物，韩国大众文学作家协会会长，被称为"韩国武侠小说教父"。

作用，成长度系统最终被废除，换成了助力券系统。JOARA方面解释说，结算比率从35%上升到70%，扣除30%的结算手续费后，其余收益全部归作家所有。即便如此，也有许多人认为JOARA占的份额过多，有"作家要清算的话，要收到数百章"的说法，从这一点来看，这是否具有实效性，也值得怀疑。

最近，JOARA开始通过博客与用户进行密切沟通，也经常公开内部信息。JOARA博客之中也常有最近人气爆棚的新作和对名作家的采访等。以少女时代的粉丝们为根据的粉丝小说一度占领小说的最佳作品栏。而且大部分的粉丝小说都以闺房结尾，这引起不少用户的愤怒。除此之外，少女时代的铁杆粉丝们看到内容后，甚至产生砸电脑的冲动。因为它是以实际存在的人物为原型进行创作，所以就算以损害名誉罪起诉也不奇怪。现在很多作家不再想单纯地创作奇幻，武侠，科幻小说，转而更多地进行个人作品的创作活动，致使许多用户看到后表示非常可惜。对此，不知是不是由于对JOARA表示抗议的用户增加，运营商干脆将粉丝小说排除在"今日最佳"栏之外。7月1日改版后，所有体裁都呈现了在全版的"今日最佳"中。

另外，JOARA还是韩国有最多同人小说①的网站。同人体裁也是网站中最受欢迎的类型之一。（浪漫）幻想，（游戏系统/现代）融合，同人，耽美，游戏程度活跃的类型。在所有创作题材中，一直受欢迎的题材是不可磨灭的回归风，转生风，穿越风等。

同人小说栏里充斥着各种漫画的流行元素，而作者和读者中一半以上是女性，因此充满了女性气息。《逆后宫》《甜甜》《艳装罗曼史》等小说比想象中要多。但好一点的是，因为同人小说不能出版，所以没有"出删减"。而这也是JOARA中作品数量最多的体裁。

当然，同人小说并不是只有女性倾向的作家和读者，还有很多

---

① 同人小说指利用原有的漫画、动画、小说、影视作品中的人物角色、故事情节或背景设定等元素进行的二次创作小说。

像《魔术的禁书目录》和《恶魔高中 DxD》等男性倾向的作品。从 2015 年 3 月左右开始，《在地下城寻求邂逅是否搞错了什么?》的活跃，到进入 2015 年后半期，《一拳超人》也很开始流行，可能正是由于原作情感不偏向任何一方，男性倾向和女性倾向逐渐等同起来。在 2016 年《JOJO 的奇妙冒险》中 JOJO 的同人小说的开始变得常见，另外《守望先锋》的同人小说也开始渐渐增多。由于是模仿的作品，与作者的文笔相关不大，因而相互之间存在巨大的差异，所以，除去有名漫画（《家庭教师 Reborn》《网球王子》《黑子的篮球》《复仇者联盟》等）的同人小说之外，在创作其他任何人都不曾想过或者只是不屑一顾的题材时，如果不加以创新的话几乎是妄想的。总体来说，现今出现的作品主要还是已经被模仿过的作品。比如《魔术的禁书目录》《火影忍者》《海贼王》《哈利波特》等作品。然而，模仿《东方 Project》的作品虽然很多，但并不经常出现在"最佳作品栏"中。

同人小说栏出现的作品中像《海贼王》《火影忍者》这类改编自漫画原作的倾向虽然不多，但是像《哈利波特》《Fate》这类，原本小说或文本在网络上流传的作品的同人小说随着原作的改变发生改变的情况也很常见。直接复制原作的内容，更有甚者直接抄袭模仿小说栏中其他同类小说的台词、文章，此类情况屡见不鲜。因此导致读者在看模仿同一作品的小说时，会产生"好像在哪里看过"的既视感，甚至有时会混淆读过和没有读过的作品。有时候，只看各种同人小说作品，就用它们之间的交集来推断原件，自己也写那部作品的同人小说。

真正严重的状况是，一部五六十页的作品中原创部分只有区区两至三页，其余部分是找到原作的文本，然后从中复制粘贴而做成的。特别是那些文笔不佳的新手作家，由于过度使用复制粘贴导致上述问题更为突出，出现得更加频繁。事实上，自冲动开始的粗制滥造的作品大部分是同人小说栏中这类作家创作的，这类作品单纯追求数量积累，质量下降是理所当然的事情，从各个方面来看都难免令人遗憾。连载中断率超过 90%，其他体裁也超过 50%，这也是网络连载的界限所在。

  当然，因为同人小说等模仿类小说作品几乎没有出版的可能，所以即使是少有的概念作品，也很难大放异彩。不过，大多写过这种文章的作家们，在连载商业性小说时也往往能够获得成功。其中具代表性的当属东方蝴蝶花的《木马》。MUNPIA作为武侠作家创办的网站，如今在奇幻小说中反而处于弱势地位，因此很多老奇幻小说书迷都希望奇幻小说在JOARA能够重新复兴。现在，幻想罗曼史，逆后宫等女性倾向的作品越来越多，而且也得到很多支持。在"今日最佳"栏中女性倾向的作品上升趋势明显，但如果转向"noblesse（贵族）"和"premium（优质）"的话，情况就不同了。那边的作家和读者大部分都是男性倾向的，一般连载的"今日最佳"和"noblesse（贵族）"的"今日最佳"合并成为整体的"今日最佳"中可以明显地看出"noblesse（贵族）"小说战胜女性倾向的小说的状况。网络小说的最大优点是与年轻一代的接近性很高。它与现有的纯文学相比，进入门槛较低，因此出现了多种文章。因为这个缘故，21世纪以后，韩国的所谓体裁文学大多以网民为中心形成。在初期，连载过程中出版，连载也经常进行到底的情况有很多，但是后来因为发生版权问题，将要出版的小说很多在决定出版后连载中断也成为普遍的现象。

  但是，有的观点常以网络小说降低了文学的质量为缺点来指责，例如21世纪10年代在线下大受欢迎的可爱淘小说或量产型幻想小说就受到了各种批判。另外，网络文化的特性上大部分受到了漫画或电影的影响，因此比起文学性的表达，更多的是像看漫画一样的表现。而且写网络小说的作家大部分都是业余作家，与职业作家相比能力稍显不足，出现拼写错误的情况很多，因此网络小说在现有的文学界，以文学性为由，得到的评价较低。但是作为文人偶尔的新尝试，小说被连载到了网上。代表性事例是黄皙暎在21世纪的代表作《长庚星》。

二 《我的野蛮女友》的成功

(一) 网络小说《我的野蛮女友》

金浩植（昵称：牵牛74），1975年出生于首尔，机械设计专业学生。1999年8月开始在PC通信（NANUWURI）上根据自己的恋爱经验创作连载幽默短文，并受到网民们的欢迎，一举成名。

《我的野蛮女友》是天真无邪的男孩牵牛①与女朋友之间发生的搞笑浪漫小说。这部作品在1999年成为韩国网络连载的人气小说，2000年1月22日以《我的野蛮女友》（시와사회）一书进行了出版，2001年改编成电影，2003年1月在日本上映。2002年6月在中国，通过世界当代出版社出版成书，引起广大阅读者的热爱。

《我的野蛮女友》可以说打开了新世界的大门，对于韩国青少年的影响是极大的，唤醒了韩国年轻人对于爱情的向往与渴望。网民开始期待连载的时间，甚至有的同学已经达到了疯狂的地步。从这一方面来说这个小说的出现是相当大的成功。对于网络小说的发展提供了极大的动力。这一时期韩国的爱情小说得到了很大的发展，这一文学形式得到了广大读者的青睐。

近年来，许多引起热议的韩剧和电影都是由网络小说改编而来的，由此带动网络小说逐渐流行，随着阅读人数的增加，网络小说呈现疯狂增长的趋势，内容价值也逐渐得到认可。与目前出版的纸质小说比起来，韩国网络小说的优势在于其价格的便宜，读者在消费时并不会因为价格而感到负担。在与NAVER、Kakao并列为韩国国内三大网络小说平台的Munpia网站上，一个章节的价格仅为100韩元（约为0.6元人民币）。随着网络小说市场的壮大，除了读者数量在增加，作者数量也在快速增加。Munpia网站目前的签约作者达到4.8万名。2013年Munpia的签约作者仅为3900名左右，人数

---

① 牵牛指的是牛郎。

增加了10倍以上。由此可得之,像《我的野蛮女友》这样类型的小说是非常吸引读者的,对于韩国网络小说的发展起着重大的作用,开辟了新的道路,其中的浪漫主义色彩也是大众所认可的。这种爱情也是大家所向往和憧憬的。

(二)《我的野蛮女友》的影视化

2001年,由郭在容执导,车太铉和全智贤主演的电影版《我的野蛮女友》正式上映,并一举当选为韩国2001年度十大卖座电影的亚军,同时在亚洲其他地区也造成相当大的轰动,受到影迷们的热烈欢迎。另外,电影中由申昇勋(韩国)演唱的主题曲《I Believe》也风靡一时。整部电影分为三个部分,仿照足球比赛的称呼法来命名,分别为"上半场""下半场""加时赛"。

与原作的不同之处是电影版《我的野蛮女友》和原作小说在一些插曲以及最后的结局上有所差异。在小说中许多有意思的插曲,在电影中郭在容导演却因为时间、删减等原因没有表现出来。例如,在电影中"她"的前男友是因为死亡离开了她,但在原作中,他只是为了摆脱她而离开,后来,他又为了勾引她重新登场,这个插曲中的前男友在片中变成了相亲男。特别是小说版的结尾,牵牛和"她"两人完全分手,电影中两人是偷偷牵手。更确切地说,电影版的后半段是小说版的内容。原著是以兴趣为主的小故事,相反来说电影里可以看得出盖然性的考虑。① 延长赛是为了圆满结局,是电影独创的追加情节,是逆向而行的结构。读小说版就可以了解,因为是PC通信时期所写的,所以在现在感觉会有点不一样,电影版牵牛的性格比小说版更为活泼,而且小说中"她"的性格虽然很搞笑,但远不像电影中全智贤所演那样活泼。小说版中牵牛的故事经常发生在地铁站,而电影版中在地铁站拍摄的镜头较少。

凭借电影《我的野蛮女友》,在韩国2001年大钟奖电影节上,全智贤获得最佳女主角奖,并与车太铉一同获得最佳人气奖,郭

---

① 안승범.영화의 서사요소 비교 연구.인문콘텐츠,2016.12(8):287.

在容导演获最佳改编奖。除此以外，该影片在国外电影节上也屡屡获奖，2002年在日本的夕张国际奇幻电影节上获得最佳影片奖，2003年获香港金像奖电影节最佳亚洲电影奖，其所产生的影响无疑是巨大的。

对这部电影票房大卖的原因进行考察的话，不难发现，虽然郭在容导演是非当代的导演，但能让不是初恋的一对男女将接近初恋的纯真爱情完全融入喜剧的感觉中的，其浪漫爱情电影的拍摄制作手法相当熟练，感情处理也拿捏得十分到位。同时，任用郭在容导演执导电影也说明这部电影本身的方向性不是以喜剧性为基础，而是以爱情为基础。事实上，将文字表达的东西拍成电影本身就是一件令人惊异的事情，但更令人惊讶的是，在"她"这种搞笑的情节中，郭在容导演在几乎没有改变金浩植所写的原著内容的情况下，将其改编成电影，这引发了人们的欢笑。

电影《我的野蛮女友》的成功激发了影视创作的巨大活力，其衍生作品也如雨后春笋般悄然兴起。2004年被翻拍的《介绍我的女朋友》，仍由郭在容导演执导，由全智贤、张赫担任主演，给观众带来了新的乐趣，这影响是巨大的。2010年在中国上映的电影《我的野蛮女友2》是马伟豪执导，金浩植、崔锡珉担任编剧，由何炅、熊黛林、立威廉等主演的爱情喜剧电影。2012年5月26日中国翻拍的电视剧《牵牛的夏天》开播，该剧是由蒋家骏导演执导，杜剑编剧，彭于晏、张檬等担任主演的都市偶像剧。2016年4月22日中国和韩国合作拍摄的《我的野蛮女友》续集《我的新野蛮女友》在中国内地先行公映，该片由赵根植导演执导，SHIN CHUL编剧，宋茜、车太铉、藤井美菜等联合主演，其韩语版于同年5月5日在韩国上映。2017年5月29日，韩国SBS电视台推出电视剧《我的野蛮女友》，该剧是由吴珍锡导演执导，尹孝齐担任编剧，李正信、周元、金允慧、吴涟序联合主演的以朝鲜时代为背景的古装爱情剧。《我的野蛮女友》系列作品在电影、电视剧等影视层面所表现出来的蓬勃活力及其取得的巨大成就，进一步刺激了网络小说与影视相结合的创作热情，同时，也为网络小说的发展开辟了一条新的道路。

结 论

从 20 世纪 90 年代 PC 通信的出现与《退魔录》的产生,网络小说成为热潮,带给人们不只是快乐,更是一种精神世界的愉悦,《退魔录》在当时产生的影响是相当大的,到 21 世纪,这一时期进入了网络小说的春秋战国时代,各种网络小说大放异彩,尤其是代表作家"可爱淘"的作品,简直是给了向往爱情的年轻人们最大的希望。它打破了死板又平庸的传统小说框架,以一种新的形式,吸引着更多读者的注目。到 21 世纪 10 年代,网页小说出现了,这一时期另一个推动网页小说发展的原因就是智能手机的普及,智能手机的普及,让看小说越来越方便了,在公交上、地铁上,甚至是等餐的时候,都可以随意阅读,这时网页小说的发展达到了前所未有的高峰期。韩国网络小说更多的是吸引着年轻人,小说的情节、人物描写都符合年轻人的审美,同时也符合大众的审美观,已经成为大家茶余饭后必看的读物。

电影《我的野蛮女友》基本上与原著相同,不过前半部是搞笑为主,后半部更贴近爱情剧。自从《我的野蛮女友》出现后,可以看得出原著、影视化、翻译、OST、衍生作品等要素融为一体趋势。这种趋势在以后的发展中越来越明显,也取得了不错的效果。而且这部作品在中国的影响也是不小的,获得了中国大部分读者的认可,改编成电影之后,也收获了很高的票房。这部作品主要的创新在于它独特的故事发展情节,以及恋爱观。这给青年人带了全新的爱情观。

中国现在主要面临的问题就是创新过于乏力,缺少创新与发展,很多网络文化产业都是量产,保量不保质,内容大同小异,没有吸引观众的亮点,另一方面就是就是对于版权的保护,这一方面缺少过硬的保护措施。想要文化产业能够更好地发展,就要在这些方面注意,学习韩国网络小说发展的优点,吸取经验。同时也要有自己独特的创新，这样网络文化产业才能更上一层的进行发展，才能在竞争的道路上越走越远。

参考文献

郭明溪：《中韩合拍电影的叙事研究》，硕士学位论文，西华师范大学，2017年。

王剑：《韩国网络小说特征研究》，硕士学位论文，山东大学，2007年。

张乃禹：《韩国网络小说的发展与批评》，《小说评论》第6期。

曾繁亭：《网络写手论》，中国社会科学出版社2011年版，第167—190页。

赵卫防：《爱情的另类印证：〈我的野蛮女友〉》，《当代电影》2002年第5期。

김명석.멀티미디어 시대의 작가 연구.현대문학의연구, 2006(28):194.
김명석.인터넷 소설, 새로운 이야기의 탄생.책세상, 2009：53-104.
안승범.영화의 서사요소 비교 연구.인문콘텐츠, 20016：12（8）：287.
정미진.사이버 소설의 활용방법 연구.대전: 한남대학교, 2006：25.
최정은.인터넷소설의 구술문학적 특성 연구.서울: 중앙대학교, 2009：1—5.
한혜원.한국 웹소설의 매체 변환과 서사 구조.어문연구, 2017（91）：264.
황순재.통신문학의 정체성을 위하여.문예비평, 1996（1）：28—31.

Korean Online Novels
—On the Success of *My Sassy Girl*

Zhao Yongxu, Han Xiaofeng, Yuan Yanhao, Zheng Qiuchen

Abstract: Korean network novel refers to the Internet in this electronic communication network serialized novels, rather than books or magazines as the medium of dissemination of the novel. With the development of information communication technology, PC communication and network life, it is a new novel style. Internet novels have a wide range of themes, including science fiction, martial arts novels, war novels, General Public Novels. From the 1990s, Lee Woo-hyeok's "end of the Demon" began, the Korean network novel has made rapid development, entered 2000, lovely Tao's works set off a wave of upsurge, 2010 network novel is rapid development. *My Sassy Girl*, the Internet fiction icon, has been a huge success, has been remade into a film and has been released in other countries. In recent years, most of the South Korean TV dramas are adapted through network novels, which can be said to attract a group of people, which makes the development of South Korean network novels rose a stage. At present, with the popularization of the smart phone, it brings more convenience to the readers who love the network novel. They can read the network novel anytime and anywhere, which makes the popularization rate of the network novel increase greatly.

Keywords: Cyberspace; PC Communication; *My Sassy Girl*

王晋康科幻小说的理想书写*

丁 卓**

摘 要：作为中国"新生代"科幻作家的领军人物，王晋康的作品展现出独特的理想书写模式，本文以他的代表作《活着》为例，揭示理想书写的本质内涵，即用中国特色的科幻符号讴歌当代中国的理想价值观。再结合他的多篇小说分析理想书写的四种类型后认为，王晋康科幻小说的理想书写意义在于以中国当代现实为出发点，以科学理性为基础，以真挚情感为决定性因素，期待完美的人生状态和生命价值的最大化。

关键词：理想书写 《活着》 科学理性 真挚情感 四种类型

一 《活着》中理想书写的本质内涵

作为中国科幻文学新生代的核心作家，王晋康的小说代表作之一《活着》，具有浓厚的人文情怀，这部与余华作品同名的小说不仅探讨了人在困境中的生存意义，而且以科幻符号的形式书写了人的理想生活方式和生命价值的最大化。

---

* 基金项目：长春大学青年教师培育"中西当代科幻小说经典主题比较研究"（2018JBC06W12），阶段性成果。
** 作者简介：丁卓，男，长春大学文学院讲师，博士，研究方向为欧美文学、科幻小说。

在《活着》中，作家采用了双重视角，第一部分以"我"（楚哈勃）回答女记者白果访谈的自述形式展开故事，一开始"我"只有小名"乐乐"，但与名字正相反，"我"的童年充满了不幸，5岁的时候"我"罹患"进行性肌营养不良"症，肌体逐渐萎缩瘫痪，很可能在20岁左右死去，父亲竟然不辞而别，身无分文的母亲和"我"蜗居在地下室，陷入绝境，母亲甚至计划卖肾卖眼。幸亏媒体的报道，好心的马先生知悉后收留了"我"和母亲。

马先生原是实业富豪，一场车祸夺去了他的妻儿和双腿，他用家产在深山中自建了一座小型天文台，并用老旧的60英寸天文望远镜观测星象。在马先生的鼓励和启导下，"我"意识到生命的意义不在于寿命的长短，而在于是否能勇敢地战胜困难，活得充实而让自己的人生价值最大化。由此，"我"认马先生为干爹，努力学习科学知识，并为纪念著名的天文学家哈勃，而给自己改名"楚哈勃"。数年后，"我"成为一位青年天文学研究者。在长期对近地天体的观测中，"我"偶然间发现100光年内的恒星都增加了朝向太阳的运动速度，这意味着宇宙正处于令人意想不到的塌缩中，按照现有速度计算，牛郎星将在34万年后与地球相撞，人类的毁灭已在眼前。"我"和干爹以"楚—马发现"为名公布了观测结果，国际社会陷入动荡，而"我"因为来日无多，早已看淡生死，所以平静地接受了残酷的现实，还撮合干爹和母亲成婚。

第二部分，以女记者白果回忆楚哈勃的形式展开叙述，"我"（白果）对"楚—马发现"的天文学家进行访谈，被楚哈勃精益求精的科学态度和孜孜不倦的追求精神所感动，尤其是他那无惧死亡的生命勇气更令"我"钦佩。于是"我"自愿留下来陪伴楚哈勃，而病入膏肓的楚哈勃也被"我"的直爽和活力所吸引，两人陶醉在爱情中。真挚美好的爱情触动了楚哈勃的灵感，他意识到宇宙表面的塌缩可能只是一个孤立波，它表现为可观察到的蓝移现象，这就好比人的"尿颤"哆嗦，而当这个孤立波横扫宇宙之后，宇宙又会出现红移现象，恢复原有的扩张状态。楚哈勃颠覆了他主导的"楚—马发现"，世界末日引发的恐慌也随之平息。在梦中，楚哈勃含笑长辞。"我"在山中火化了楚哈勃的遗体，小说在此处不失时机地讲述灵魂与天地融合时的奇异，又暗示涅槃重生所蕴含的辉煌：

我亲手点火。干透的松木猛烈地燃烧，明亮的火焰欢快地跳跃着，散发着浓郁的松脂清香。我的爱人，连同他的灵魂、他的爱、他的快乐，他的智慧和理性，变成一道白烟扶摇上升，直到与宇宙交融的天际。一只老鹰从我们头顶滑过，直飞九天。

整部小说形成一系列符号，编织成严密精巧的结构：楚哈勃的小名"乐乐"揭示的正是他的不快乐，不仅遭受到一连串的排异和抛弃，更有那些像"白色神灵"的医生的漠然，不得已被黑诊所的江湖郎中用"以毒攻毒"的家传秘方折磨，浑身溃烂，可江湖郎中的黑诊所被卫生局和工商局查封了，楚哈勃丧失了最后的希望，生不如死。作者在这里宣扬的是，主人公的不幸更多的是外在力量挤压造成的，楚哈勃的童年不幸揭示了当下社会现实中的结构性矛盾。

解决矛盾的根源来自于知识和经济的结合。在王晋康的科幻小说中，有一类"商人—科学家"形象，他们在不同程度上占有经济资源，同时对科技也有良好的理解力和开拓精神，《水星播种》的洪其炎、《决战美杜莎》的钱三才、《逃出母宇宙》的褚贵福都属于这一类形象，"商人—科学家"本质上是实现了经济丰厚和技术自由的理想形象。然而与洪其炎们不同的是，马先生更是智慧的化身，他开导楚哈勃时把人生比作逃不脱的监牢，人和天地宇宙一样都会走向死亡，既然万物毁灭是必然规律，人就应该看淡生死宿命，无惧绝症威胁，勇于面对人生的艰难困苦，在短暂的生命中顽强拼搏，贡献社会。中国传统文化中宣扬的"仁者爱人"，是在构建和谐的人际关系中完善自我，以彰显自然本真；古希腊特尔斐神庙的铭文书写着："认识你自己"，绝不是要无限张扬人的利益和影响，而是在认清自身的渺小后将人建基于普遍的宇宙法则之下，以此实现人的健康发展。可以说，隐居深山的马先生浓缩了中西文明的智慧，是用经济实力和科学技术武装起来的"中国当代陶渊明",他引导楚哈勃学习天文学知识,成为其在生活上自强自立的引路人和思想境界的精神之父,楚哈勃重新有了父亲,也有了新名字,标志着人文内涵的充盈。

作为对星相学的延续,现代天文学越发显示出对人类生产生活的巨大影响,楚哈勃和马先生这两位"现代占星人",通过一丝不苟地科学观测和论证,才成功预警了危机和找到了摆脱危机的路径。虽然宇宙"尿颤"让人们虚惊一场,但却让人类社会经历了一次难得的末日检验,世界拥核国家集体销毁了核武器,政府和人民普遍思考生命的意义,难以轻易逾越的宇宙灾难反而使人类有了团结一致的可能,又暗示楚哈勃童年的遭遇有了不再重演的希望,这是"楚—马发现"隐含的重大意义。由此,身患绝症的楚哈勃也展现了自己的人生价值,达至了完全自由、无限宽阔的精神境界,在文本中,天文学象征的是科学理性,也就是实证思维及对其的理性把控。与孱弱垂死的肉体形成鲜明对比,楚哈勃正是有了科学理性,才拥有活力四射的灵魂。

正是楚哈勃生机勃勃的灵魂,吸引了女记者白果的爱情。虽然楚哈勃已经对死了无牵挂,但不等于说他不期待永恒,于是他在世界末日之际力促自己的母亲与干爹成婚,而当白果来到他身边进行采访时,他说出了自己对世界最后的寄语:

"只一句话?让我想想。干脆我只说两个字吧,这俩字,一位著名作家,余华,几十年前已经说过了,那是他一篇小说的题目⋯⋯"

"等等。余华老先生的作品我大多拜读过,让我猜一下。你是说——《活着》?"

"对,这就是我想留给世人说的话:活着。"

活着。活着!

正是这种强大的生命意志,令白果感动不已,献出自己热烈的爱意,嫁给比自己小 4 岁且来日无多的青年学者。小说的双重视角,融合了楚哈勃和白果的回忆式独白,进而形成了两人的心灵对话,相互填补对方内心的渴求,尤其突出了楚哈勃的形象,他热烈地爱着白果，即使已经丧失了语言能力，还尽量用口型表达真挚的情感，并要求白果在他死后另嫁，追求新的幸福。人间的真情，是指自我与他者间无私的互补和积极的互动，正是真挚无私的爱情，鼓舞楚哈勃完成了从小我走向大我，从微观走向宇宙，从死亡走向新生的跨越，他意识到，人和宇宙都有生有死，活着是人类生命意志的体现，"进行性肌营养不良"症类似宇宙的坍缩，死亡也不过是生命意志的"尿颤"，而自我与他者真挚的融合能让生命意志永恒，这是楚哈勃对人生最后的彻悟。

由此，我们尝试对《活着》进行编码，可以获得如下的文本公式：

$$CD \rightarrow MA - D \rightarrow CA - D \rightarrow CD + MD$$
$$\uparrow \qquad\qquad\qquad \downarrow$$
$$C - D + B - D + M - D \leftarrow CLA - D \leftarrow BL$$

其中，C 表示楚哈勃；B 表示白果；M 表示马先生；D 表示死亡；A 表示天文学；L 表示爱情；$-$ 表示避免或抵制；$\rightarrow$ 表示引发或导致。

从文本公式中显而易见，楚哈勃在经历一系列的事件后，似乎仍然没有逃脱必死的宿命，但是他最后的死亡，与他一开始面临的死亡完全不可同日而语。最终死去的他，不是承载着人间的各种不幸，而是已经融汇着家庭、事业，尤其是爱情的种种圆满，体现出生命的无比充实。因此，小说接近结尾部分楚哈勃的死，不是 D，而是对死亡 D 的升华 D'，进一步说：$D' = A + L$。

由此看，一方面，文本符号及其相互关系展示作品意义，构建《活着》中的核心符号及关系是爱情和天文，即人之为人的真挚情感和科技力量所蕴含的科学理性，真情与理性的互动形成了王晋康科幻小说的理想书写。与余华同名作品相比，王晋康的书写赋予了作品以更多的浪漫主义色彩，主人公绝境和顺境都是为他最终达到的人生境界进行铺垫，也就是说，学习科技知识并感受到情感温暖的楚哈勃在战胜苦难后，又在白果浓烈的爱情中进一步走向了个体生命的升华。科学理性与真挚情感是人面对世界的不同维度。直言之，王晋康理想书写的本质内涵，是以科学理性为坚实的基础，以真挚情感为决定性因素，实现人精神品质的提升，最终获得完美的人生状态和极致的生命价值。

另一方面，从现实走向精神的故事模式，似乎使王晋康的《活着》落入虔诚信徒历经磨难后发现天国在自己心中的西方故事传统套路，然而，王晋康作品的优异之处是对中国传统文化的继承。在小说中，楚哈勃临终前在梦中发出童稚般的笑声，这是他最直接、最真切地感受到人类和宇宙想通相融时内心泛起的欢乐，因而更对未来幸福生活爆发出热切期待，这对于与死神搏斗了 21 年的楚哈勃当然是莫大的快慰。因此，作家为楚哈勃设定的结局不是令其皈依于神明以求得超现实的宗教救赎，而是在追求现实的伦理幸福和把握抽象的宇宙真理中获得完全解脱。这就让他虽籍籍无名却透悟"无名"，既归隐山林又陶醉于爱情，作品将中国古代的神明之德进行了现代转换，又对不可名状且高于一切的本原之道做了鲜活解读。王晋康寄寓在科幻创作中的人文情怀不言自表。

二　理想书写的类型辨析

作为一部近未来科幻作品，《活着》中的理想书写与现实具有鲜明的联系。其一，从小说的时间线索看，白果在多年以后思念先后故去的楚哈勃、马先生和楚哈勃的母亲，便辗转找到 90 岁的余华先生为亡故亲人的墓碑题字，这样的情节已经明示了故事时间，以此推断，白果求字的时间是 2050 年，进而可知楚哈勃生于 2012 年，卒于 2033 年，而白果生于 2008 年，正是王晋康创作《活着》的现实时间。其二，从小说的潜在环境看，插入了霍金和简·怀尔德的典故作为对楚哈勃和白果爱情的辅助，并且隐藏了相应的现实符号，比如北京、伏牛山、邪教组织、核大国、巴以冲突、印巴冲突等。其三，从小说的标题设置看，不仅连接了余华的同名作品和主题，更将余华作为一个人物形象安置在文本中，起到了增强作品思想底蕴的作用。以上这些联系，是构建文本内结构和外结构有机体的基础。文本外结构不是文本之外所有事物之和，而是只与文本内结构相关的思想意识。因此，从文本的时间线索、潜在环境和标题设置看，《活着》中理想书写的出发点，是当代中国的现实。

当代中国处于迅猛发展的时代洪流中，必须破除前进路上的障碍。社会现实中人和自然的矛盾、人和社会的矛盾、人和人的矛盾，已经具体化为利益分配引发不同人群之间的矛盾冲突、网络技术带来真实与虚拟的思想困惑、私欲泛滥造成的精神贫弱，让人背离科学理性和背叛真挚情感，人类的发明经常会反过来控制、威胁，甚至毁灭人类自身。因此，王晋康在《活着》中的理想书写，正是对各种"反理想"趋向的阻击。但是，面对的问题不同，王晋康的理想书写也有相应的差别，体现在文本中的符号及其相互关系上，就是真挚情感和科学理性互动后产生的状态和结果不同。王晋康的理想书写在相同内涵的基础上，呈现出不同的结构类型。从《活着》出发，王晋康还有三十余篇进行理想书写的小说作品，在这里择有代表性的进行评述。

第一，彰显道德意识的理想书写。

道德意识，是人的善恶评价体系和信念。在王晋康的科幻小说《魔鬼梦幻》中，主人公司马平如同楚哈勃一样身患残疾，但他顽强地顶住了黑姆从名利欲各方面的诱惑，凭借着对爱人尹雪真挚的爱情，展现出强大的道德良知，并且由于黑姆发明的双向梦幻机发出的B向思维波刺激了司马平受损的脑细胞，还奇迹般地令他康复，重新开始了科研工作。《黄金的魔力》批判了主人公欲望的泛滥，科学家任中坚背叛知识分子的良知，利用时间机器偷盗黄金，最后由于时空错乱，任中坚的身体如同他的欲望一样消失了。而在《七重外壳》中，青年甘又明在模拟现实中丧失了对现实世界的把握，随着与他人情感联系的不断瓦解，原本促进人发展的科学技术成为限制人身心的恐怖监牢，最终甘又明成了六亲不认、冷酷自私的躯壳。由此可见，"黄金"、"外壳"和"梦幻"等符号都是人欲望泛滥的象征，但从作品人物的结局看，我们完全可以把《黄金的魔力》和《七重外壳》看作是《魔鬼梦幻》的反写，或者是对理想书写的逆推，司马平之所以化解了双向梦幻机的 B 向思维的引诱，是他对自己意识中的 A 向思维有良好的道德控制，也就是以道德意识控制了肉体之欲。

在另外一篇小说《可爱的机器犬》中，原本用于牧羊的 JPN98 型机器犬总是变成狼，咬死牧民巴图家的羊，这令销售机器犬的"我"（张冲）十分不安，经过调查才发现，原来是生产机器犬的日本大宇株式会社员工把机器狼的部分程序安置在机器犬程序中，只要通过调整机器犬控制程序的工作时间，将其稳定为狗的状态，问题就解决了。看似童话般的故事，其实旨在通过狗与狼这两个形象符号的相近性，探讨本能欲求导致的人格翻转。主人公张冲并不放心修复后的机器犬，他做梦时梦见 JPN98 型机器犬咬死了巴图的妻子，以至吓得大哭起来，好在这不过是一场噩梦。这篇短小的科幻小说更像寓言，影射了在人真挚情感普遍缺失情况下，科学技术的创新也会丧失了道德性，最后导致人受到伤害，这都是人的理想失衡后善恶颠倒的危机。

而在《终极爆炸》和《爱因斯坦密件》这两个短篇中，人类科学家都掌握了超级能源，前者中的司马完希望以自身的质量为超物质能量，重创美国，以拯救在对抗中落败的中国，但在妻子和朋友的深情呼唤下转危为安；后者中的沙维斯破解了困扰人数十年的"爱因斯坦密件"，获得超级能源的方程式，但他意识到人类还远没有成熟到可以安全合理地利用能源，同时也发现不是前代科学家们没有破解密件，而是他们与自己有相同主张，所以沙维斯保留了密件中的秘密，真心祝愿人类社会平安发展。应该说这两部小说都把科学家自身的道德意识作为情节转折的动因，而且这种道德意识已经超越了个体，面向的是人类整体的福祉。

归根结底，这几部小说的实质是弘扬人的真善美，消弭人的假丑恶。从中国传统文化看，"德"本身是指人的真心或本心，也就是远古先民们祭祀天地、告解鬼神时的必须具备的真挚情感，对天地鬼神等超自然力量报之以真心，就能看到天地宇宙的澄明本质。天地宇宙的本质是诚，人对天地宇宙的感应形成德。诚德真情融为一体，真诚与邪恶势不两立。由此人可以从宗教情怀出发感知超现实的存在，并以此规范自己的言行，杜绝私欲的泛滥，从而实现精神的解放。王晋康小说里德与情的相通展现了理想书写中的情感倾向。

第二，彰显生命意识的理想书写。

生命意识，是人对自身生命的感性把握。王晋康科幻小说中显露的生命意识，是以人类整体的永生抵抗必死命运，作家坚信物种的进化应该以整体利益优先为首要原则，个体利益服从整体利益，只有个体和整体的融合才能完成人类进化。在小说《新安魂曲》中，少年天才谢小东和狄小星在老科学家周涵宇的带领下进行超光速环宇宙航行，逃脱了宇宙的毁灭，也见证了宇宙的新生，在周涵宇去世后，谢小东和狄小星生下了爱的结晶，为人类社会的延续播撒了种子，人类新生儿和宇宙的新生同步，虽然是两个层级不同的生命符号，却共同谱写了史诗般壮丽的篇章，《新安魂曲》堪称极致扩大版的《活着》。

而王晋康的《水星播种》《决战美杜莎》《冲出母宇宙》与《新安魂曲》在创作运势上一脉相承，都探讨了如何延续整体性的人类生命，但不同的是，王晋康在这几部作品中放弃了宇宙环航的设想，而是举全人类之力在大毁灭前打造最后的避难所，以此展现人类生命意识。应该说，这三部小说是将现实社会的发展瓶颈，夸大为文本中的极端环境，显示出生存发展与死亡毁灭的对立，而在与必死命运的剧烈冲突中，科学技术发挥了重要作用：《新安魂曲》中的环宇飞行技术、《水星播种》利用金属虫对荒凉星球的改造、《决战美杜莎》中利用中子星封闭人脑实现永存、《冲出母宇宙》中开辟婴儿宇宙以逃脱宇宙塌缩。王晋康创作的一系列作品都意味着人的生命延续必须有科技作为强有力的支撑，只有科技理性控制着人的欲求，才能实现人的健康发展，由此，人类的未来必将是生命科技的世纪。

第三，彰显和谐意识的理想书写。

和谐意识，是熔融相合与相反的诸多元素，构建个体和宇宙的统一秩序，既保留个体的差异和特质，又实现人类的联合与进步。在王晋康创作的小说《义犬》和《秘密投票》中，前者在男女主人公冲破阻力、因爱结合中，实现了人类和"智能连接人"的结盟，后者在人类与类人遵循理性、民主协商的基础上，实现了各国科学精英与量子机器人的协同。面对危机，不同生命形式的人们为实现同一发展目标捐弃前嫌，相互信任，结成命运共同体。王晋康用地球精英大团结的方式，诠释了和谐意识对个体发展和人类福祉的重要意义。类似的作品还有《灵童》《与吾同在》《侏儒英雄》《五月花号》等。然而，人类发展进程毕竟会时常出现部分人利益受到损失的情况，原有的发展模式被打破，新的发展模式尚未得到认可，如何在这种危机下构建和谐的命运共同体？王晋康以《善恶女神》《母亲》《海豚人》对此进行了更深入的思考。

《善恶女神》后来被扩写成《十字》，主人公梅心慈主动播撒天花病毒，以激发人类免疫能力的提升，在造成惨重的损失之后，收到了预期成效。梅心慈的行为是王晋康"低烈度纵火"的文本实验，为了让作为整体的人类生存下去以个体牺牲为代价，这是社会发展的必然，但如何能缓解对个体的严重伤害，又需要人们联系社会实际，重新考量个体与整体的关系。在《母亲》中，外星人用次声波武器杀死了几乎所有的地球人，女主人公白文姬因为在地下深井中进行科学实验侥幸逃过浩劫，大难不死的她与外星人展开猎杀与反猎杀的残酷战斗，最后不幸被俘，可是她却惊奇地发现，这些藏在钢铁盔甲中的外星人，竟然是地球三百年前失联的外星殖民者的后代，他们只学习了科学技术，却没有人类的情感，因此回到地球冷酷地杀死人类、毁灭文化，根本不知道本是同根生、地球是故乡。白文姬放下了仇恨，通过引导外星人王子波波尼亚体会真挚的人类之爱，进而教化了整个外星部族，将其整体上改造为掌握强大科技又有真挚情感的新人。地球原有的人类灭亡了，但继承人类科技和情感衣钵的新人类又诞生了。在情节上，《母亲》可以被看作是《生存实验》的续篇，《生存实验》正是讲述了地球殖民者在外星失联后，一群活下来的少年在机器人若博的带领下艰难求生的故事,少年们只知道依靠科技在外星莽林中搏杀活命,却忘记了真情,丧失了人性。这部小说带有鲜明的西方荒岛文学色彩,具有极强的"反理想书写"的特点,但王晋康对主人公们的命运深表同情,没有像《蝇王》《大逃杀》等作品那样表现现代社会在精神层面分崩离析的严峻性,仅以前途未卜的结尾留给读者想象空间,体现了他对人性复苏的执着信念。

延续《善恶女神》和《母亲》的创作思路,王晋康在小说《海豚人》中,又设置了常见的极端环境,这次是一颗被人类忽视的恒星爆发出高能粒子流重创了地球文明,侥幸生还的人们用科技急剧提升了海豚的智能,将"海豚人"作为地球物种的延续。最后一个地球人拉姆斯菲尔在冬眠中醒来,发现人类已经灭绝,地球的新主人是人类制造的海豚人。海豚人尊奉拉姆斯菲尔为"雷齐阿约",即神与先祖,类似人类神话中的造人天神。但是拉姆斯菲尔孤独苦闷,不愿引领海豚人,更不想接受美丽善良的女海豚人索朗月的示爱,他甚至想利用人类遗留下来的大规模杀伤性武器毁灭海豚人,恢复人类统治。但是在与凶险的自然环境和鲨鱼的搏斗中,勇敢的海豚人一次次拯救了拉姆斯菲尔,深爱着拉姆斯菲尔的索朗月甚至为他付出了生命,望着消失在虎鲸口中的索朗月,拉姆斯菲尔振奋起来,成为凝聚海豚人世界的精神核心。在这部作品中,作家不仅插入了神话传说,而且改写了美人鱼的故事,同时暗中讽喻了狭隘的个人诉求对历史潮流的逆动。海豚人和人类是两个相辅相成的符号,海豚人诞生于人类的科技发明,而人类与海豚和谐相处却依靠海豚人的真挚情感。最终,海豚人拯救了自己的发明者,拉姆斯菲尔也抛弃了人类的武器,用一生守望着海豚人社会的发展。王晋康意在说明,海豚人和人类的相互理解认同,体现为情感和科技的互动互促,最终形成一个开放的良性循环。只有这样,发展进程中让此消彼长的各因素才能和谐相处,人类的真挚情感和科学理性必须首先实现和谐,才能筑牢命运共同体的根基。

第四,彰显超越意识的理想书写。

超越意识,是人脱离生存焦虑和死亡恐惧后,最终达到精神的极致状态。在王晋康的创作生涯中，这类小说体现了他善于以辩证统一的思维不断创新求变的特点，蕴含着深刻的哲学之思。如果说道德意识、生命意识与和谐意识还停留在"有"的水准，那么超越意识已经上升到"无"的境界，是作品在扬弃符号后对真理的直观与直达，这表现了他对人的本质的直觉把握，作品显露出明显的超现实主义色调。王晋康的小说《养蜂人》，虽然表面上以侦破主人公林达死亡案件为故事推动力，实际上却是作者有意引导读者追问林达自杀原因，在排除常规可能后，林达如同迷咒一样的遗嘱成为文本的关键："不要唤醒蜜蜂"，这样，文本在林达和蜜蜂这两个符号之间建立了联系。蜜蜂经过千万年的进化，早已成为具有强大社会组织性的集团式生物，其社会化程度远高于人类，可是由于其脑容量只能处于生态圈的低端。相对于蜜蜂，人类有更大的脑容量，因此进化为地球生物圈的统治者。可是人脑也是有上限的，按照这一从低到高，从"有"到"无"的理性推断，宇宙中一定存在最高的"权威力量"，林达为了不像人类眼中的蜜蜂那样可怜地钻营苟活，因此毅然自尽，以挣脱生物进化的牢笼。应该说，林达善于理性思考、情感深沉浓烈，他的自尽不是悲观厌世或亵渎生命的结果，而是对人生不懈探索、挚爱生命的表现。"养蜂人"一语双关，既是作品文本中的人物，也象征宇宙的"权威力量"，由此看，这篇小说表现出作者对自然奥秘穷追探底的精神，但与其他探索性作品不同的是，《养蜂人》显示出从科学走向哲学、从理性走向灵性、从情感走向宗教的鲜明倾向，这样的演进脉络是科幻文学发展到极致的必然。

《养蜂人》不是一蹴而就，在其之前就有《太空雕像》问世，在其之后又有《临界》等作品付梓，在不同程度上都属于凸显超越意识的理想书写，但它们不具有《养蜂人》主人公那样的决绝姿态。不过，为一个思想中的假设献出生命似乎过于鲁莽，而且以死弃世，并不能保证让"权威力量"显形，更重要的，林达的行为只是超过了人类，却不能说是达到了精神上的极致。这样的话，又怎能与西方《圣经》文学模式中虔诚信徒向往上帝相提并论呢？正是在这里，体现出王晋康科幻作品中的回归精神。回归是人的本能欲求，每个人都有回到母体的愿望，这个母体可以是母亲的子宫，也可以是心灵的故乡。但是，不同的文化形态有不同的回归路径，在西方基督教文化中，人的灵魂自于上帝，所以人必将回到凌驾于世界之上的上帝那里去，因此人的回归方向是垂直向上回归，回归的本质是超时空的升华。在中国传统文化中，人的灵魂来产生于自在自为的道，道生一，一生二，二生三，三生万物，世界来自于道的运行，但中国的道不是西方的逻各斯、唯一实体、绝对同一或绝对精神，也不是无限制的解构游戏，而是无知无识的自在本然状态，在这样的文化语境中，人的回归是向以往的历史回归，回归的方向是折返，回归的本质是逆时空的溯源。

由此，在《养蜂人》之后，王晋康作品文本中主人公的行动背景被设定在远古，人在回归传统文化、回归往昔历史中，展演自己的本真状态，实现与历史文化的融合，这是对科技理性和真挚情感的升级。回归不是回去，而是对人类精神意志的整合与转化，建立的是最广泛的人类时空共同体，可以说，回归是另一种形式的创造，回归精神是超越意识的精髓。在小说《古蜀》中的时空背景回到了古蜀时代，王晋康通过改造鳖灵称王、巴王变虎、杜宇化鹃等神话传说，构架其历史科幻的形态，形成对中国传统文化的现代转换。而在《夏娲回归》中，更是以原始社会为背景，在女主人公夏娲的丈夫大卫患上了绝症纳米病后，两人乘坐"时间渡船"回到蛮荒社会寻求解救方案，这是《活着》中楚哈勃和白果的翻版，但夏娲意外遭遇了时空扭曲，被困在原始社会，并成为原始人的配偶，数十年过去了，垂垂老矣的夏娲成为部落老祖母。在夏娲和大卫各自的时间流交汇之际，她再次见到了还坐在"时间渡船"中等她归来的大卫，而对于大卫来说，时间只是过去了片刻，依旧年轻的他看到了老朽的爱人。没有什么比近在咫尺却难以相认更痛心，但原有的真挚爱情让他们相互理解，夏娲带领族人继续在莽原荒野求生，展现了强大的生命意志，她既是《圣经》中第一个具有文明思维的人类女始祖夏娃，又是中国传统神话中保佑生民的神祖女娲，她的归来让原本想在原始社会阻断人类发展、以此避免当代社会危机的大卫放弃了计划。王晋康的《夏娲回归》是对他的处女作《亚当回归》的精神延续，只不过结局正好相反，王亚当的回归不得不面对改造人统治世界的决绝困境，而夏娲的回归却给予了人类文明新的发展契机。从这个意义上说，《夏娲回归》的"回归"具有双重意义，既是当代人向祖先世界的回归，又是人性向真情和理性的回归。双重的回归完成了灵魂救赎，实现了精神超越。应该说，无论是《古蜀》还是《夏娲回归》，个体生命都与历史文化合二为一，体现出超越现在、统合时空的趋向，这是对《活着》中楚哈勃精神品质的又一次具体化。

结　语

通过分析《活着》及相关小说，王晋康科幻小说中的理想书写，实际上是用中国特色的科幻符号讴歌当代中国的理想价值观念。正因为如此，理想书写最完善地阐释了王晋康提出的"核心科幻"理念，科幻文学是科技符号和情感符号完美的结合，科幻文学不仅要有科学理性作为支撑，更要有能对科技进行掌控的人，人的本质是健全、积极、真挚的情感。面对不同的时代问题，王晋康的理想书写衍生出具体的四种类型，凸显出多元的意识形态和社会诉求。从中更能看出王晋康对外国文化的中国转换，对古代文化的现代转换，体现了现代人的回归精神。他越是创新就越是回归到历史传统中，而越是回归历史传统也就越能求新求变，不拘一格，求解中国当代的发展问题。传统，是信息发送者和接受者都认同的语境。创新，是不断赋予这个语境以新的符号形式。王晋康的作品就是在持续创造新的理想符号形式，使文学走向哲思，展现出人的新生，以此提升作品的人文主义品质。在当今数字网络时代的中国，真实世界与虚拟时空相混融，各方利益诉求相搅扭，更需要弘扬科学理性和真挚情感，更需要彰显人的道德意识、生命意识、和谐意识和超越意识。王晋康的理想书写必将因此而光彩奇异。

参考文献

李广益主编：《中国科幻文学再出发》，重庆大学出版社 2016 年版。

王逢振主编：《外国科幻论文精选》，重庆大学出版社 2008 年版。

张文安：《中国神话研究与文化要素分析》，陕西师范大学 2014 年版。

周宪：《审美现代性批判》，商务印书馆 2016 年版。

［加］苏恩文，达科：《科幻小说变形记——科幻小说的诗学和文学类型史》，丁素民等译，安徽文艺出版社 2011 年版。

［美］波兹曼，尼尔：《娱乐至死》，章艳译，广西师范大学出版社 2011 年版。

［美］冈恩，詹姆斯，郭建中：《科幻之路》，北京大学出版社 2008 年版。

The Ideal Writing of Wang Jinkang Science Fictions

Ding Zhuo

Abstract: As a leading figure of Chinese "new generation" scifi writers, Wang Jinkang's works show a unique ideal writing mode. This paper takes his representative work "to live" as an example to reveal the essence of ideal writing, that is to say, he eulogized the ideal values of contemporary China with the science fiction symbols with Chinese characteristics, and then combined with his novels, he analyzed the four types of ideal writing, the ideal writing significance of Wang Jinkang's science fiction lies in taking the contemporary Chinese reality as the starting point, taking the scientific rationality as the foundation, taking the sincere emotion as the decisive factor, expecting the perfect life condition and the maximization of the life value.

Keywords: Ideal Writing; Living; Scientific Reason; Sincere Emotion

韩国网络漫画（Webtoon）的发展与海外市场拓张

吴冰颖[*]

摘　要：随着第四次工业革命的展开，全世界都进入了信息化数字时代，其影响渗入了人们生活的方方面面。便携数码设备，尤其是智能手机的普及，让人们的生活方式产生了翻天覆地的变化。在阅读方式上，传统出版市场不断缩水，相反电子书、电子杂志等数字化阅读市场的发展蒸蒸日上。其中在由日本和美国独占鳌头的漫画市场中，韩国率先跟上数字化潮流，迅速占据了一席之地。韩国的代表性综合门户网站"Naver"和"Daum"早在2003年就陆续推出漫画专栏，大受欢迎，以致出现了一个新造词来称呼这种新形式的漫画——Webtoon（由英文web和cartoon结合而成）。本论文将对围绕这种新型漫画在韩国形成了的文化和产业发展过程以及海外市场拓张状况和策略等进行整理和分析。

关键词：韩国网络漫画　漫画　海外漫画市场

一　世界漫画市场的变化[①]

2017年世界漫画市场规模为76.97亿美元，相较2016年有所

---

[*] 作者简介：吴冰颖，女，韩国学中央研究院，博士生，研究方向为韩国近现代文学。

[①] 本文中相关统计数据基本来自韩国创新文化振兴院（한국콘텐츠진흥원）的《2018年漫画产业白皮书（2018년 만화산업백서）》（2019年7月12日），若有其他出处则将另外加以说明。

下降，但其中纸质漫画从 62.78 亿美元下降至 59.17 亿美元，相反，电子漫画却呈现上升趋势，从 15.86 亿美元增长至 17.80 亿美元。尽管纸质漫画仍然占据更大的市场份额，但在平板和手机的影响下，电子漫画未来必然不断普及，超越纸质漫画也指日可待。其中网络漫画①预计到 2021 年会以年平均 9.9% 的增长率规模扩大至 13 亿美元。

纸质漫画出版强国日本在 2017 年漫画市场比去年缩水 5.9%，停留在 38.62 亿美元。纸质漫画逐渐无法坚守阵地的同时，电子漫画的规模以两位数的增幅在不断扩大，其市场占有率从 2013 年的 15.7% 迅速增长至 2017 年的 40.3%。尤其是 2016—2017 年，日本电子漫画在手握人气 IP 的主要出版社的带领下，追上了韩国的脚步。

再看第二大市场美国的情况，2017 年漫画市场规模为 9.69 亿美元，由于纸质漫画同期对比下降 6.9%，导致其对比 2016 年下降了 6.4%。但并不能根据这些数字就直接判定美国漫画市场走向没落，相反通过好莱坞超级英雄系列电影，漫画原作获得了大量忠实粉丝，漫画消费层扩张的同时漫画线上商店也在增加。销售商间的价格大战，导致漫画收益看上去走低，但实际确保了更多的电子漫画读者。美国最大漫画商 Diamond Comics 也表示美国漫画市场规模 2018 上半年已经开始重新增长。

看回中国漫画市场，2017 年下降了 5.8%（8.32 亿美元），电子漫画市场收益增加了约 100 万美元。我国的漫画市场一直都在成长，尤其是中国电子漫画产业在政府的文化产业振兴资助下急速扩大。根据艾瑞公司（iResearch）的报告，2016 年网络漫画作品数已经达到到 15 万部，作家达 9 万多名，相应读者也急速增加。电子漫画 IP 制作成电视剧等其他文化产品使得纸质漫画读者渐渐转移到电子漫画上，尤其在 2017 年中国开始正式开始运营收费网络

---

① 为论述方便，以下名词"网络漫画"专指 webtoon，包括网络漫画在内的所有非纸质漫画统称为电子漫画。

漫画之后，这成为纸质漫画市场缩水的主要原因。但中国大部分网络平台仍然是靠广告收入，相比市场潜力，消费者市场规模是偏小的。例如腾讯动漫使用韩国一样的 VIP 优先阅览形式，争取扩大收费内容的规模；快看也对独家版权漫画进行收费运营。通过这些努力中国电子漫画市场持续扩张，预估到 2022 年可以以年平均 5.1% 的增长率最终占领 9 成的市场份额。

此外，东南亚、南美的漫画市场也与世界市场同步，网络漫画规模持续扩大，并预计会持续有两位数的增长率的表现。

英国数字化、文化、媒体和体育部部长 Cortina Butler 在 2014 年伦敦图书展上说道："网络漫画是从 21 世纪数字化文化中诞生的跨时代的全新型文化内容"，"随着 IT 行业的发展读者们越来越熟悉网络漫画，其前景一片光明。"[①] 网络漫画针对便携数码设备和网页进行了设计和优化，给予全世界漫画爱好者全新享受，其专门网络平台如雨后春笋涌现，也是必然趋势。可以说网络漫画必然成为漫画产业未来的支柱。

二 韩国网络漫画的历史与现状

韩国漫画产业在进入 2000 年后迎来了巨大危机，而韩国网络漫画的诞生成为韩国漫画重新崛起的巨大机遇。2000 年以前漫画一直以儿童为主要目标群体，造成漫画市场的供求虽然稳定却无法扩大。20 世纪 80 年代盗版大潮下，不法扫描漫画大幅削减了漫画销售额。美国和日本漫画的进口又给予韩国本土漫画重重一击，漫画刊物逐渐停刊，单行本销售停滞。在这种情况下，韩国漫画产业急迫需要新的平台和形式，以抵挡外来漫画的入侵并重新为韩国本土漫画市场注入活力。

---

① 박동규, 런던도서전이 주목한 태호 "그는 가장 획기적인 웹툰 작가", 조선일보 문화면, 2014－4－10.

韩国网络漫画（Webtoon）的发展与海外市场拓张

（一）韩国网络漫画的崛起与现状

韩国漫画作家们先开始在个人博客和个人主页上发表漫画，读者可以自由阅读和分享，这些漫画开始在网络上传播开来。代表作品有 Jeong Cheolyeon 以自己生活中发生的事情为素材创作了 Marineblues 系列漫画。这便是韩国网络漫画的起源。2003 年韩国综合门户网站"Naver"和"Daum"看到了其中的商机，陆续推出了网络漫画服务。之后各大网站都相继跟进，网络漫画专门网站也开始出现，网络漫画平台竞争正式开始。

自此韩国网络漫画的读者层不再是以儿童为主，而是以多元化的主题和内容吸引了韩国"10 代"到"30 代"的年轻人，慢慢成为韩国的新流行文化。

到如今，韩国网络漫画已经发展了 16 年，从形式到内容都有了全方位的变化，市场占有率也不停在上升。

先从漫画产业整体来看，对比 2016 年，2017 年漫画企业从 7726 个下降到 7172 个，但从业者人数却小幅上升到 10397 名，销售额更是增加了 10.9%，到达了 1 兆 822 亿韩元。其中电子漫画的销售额为 2029 亿韩元，对比 2015 年 1239 亿的销售额，年平均增长率高达 28%，成为漫画产业中增长最快的部门。另外，在电子漫画企业数和从业者数方面来看，分别以 14% 和 14.5% 的增长率占据了涨幅第一位。由此可见电子漫画成为韩国漫画产业近年来发展的最大功臣，而这个过程中，网络漫画需求的旺盛对线上市场的扩大和销售额的增长起到了不可忽视的作用。而这又反作用于读者的阅读习惯，促使更多人选择网络漫画，为这种线上内容消费，可以说形成了一个持续起效的良性循环。

2019 年 1 月韩国文化振兴院的调查显示，网络漫画线上平台已达到 60 多个，连载中的网络漫画有 1775 部，总漫画数达到 13122 部，漫画作家数达到 17397 名。相应的，针对 10—59 岁各年龄层 1700 名读者进行的调查中，只阅读电子漫画的比例达到 67.9%，比 2016 年的 58.7% 增长了 9.2 个百分点，只阅读纸质漫画的比例从 2016 年的 17.8% 骤降至 5.3%，并且 68.1% 的读者从未购买过纸质漫画。在阅读电子漫画的读者中，在类似 Naver 的综合门户网站上阅读网络漫画的比率高达 69%，漫画专门网站则降至 27.9%，这两项数据表明了韩国网络漫画在整个线上电子漫画市场中的绝对强势地位。

另一项有利于韩国漫画产业成长的增长来自于读者对为内容付费这个概念的接受度的提升，有过付费阅读漫画经历的读者比例相较 2017 年增加了 11.4%，达到了 31.4%。

（二）韩国网络漫画的特色与发展趋势

网络漫画相较于传统纸质漫画，甚至同属于电子漫画的扫描漫画、线上漫画等形式，在呈现形式和内容主题两方面都有着明显的优势。

直接在电脑上作画的线上漫画其实在呈现形式上与传统纸质漫画仍然是一致的，只是流通方式从线下转到了线上。但网络漫画是完全按照网页或移动客户端的特性专门设计的。在其采用竖直下拉方式的情况下，可以给读者漫画中事物在移动的视觉效果，增加漫画的生动感和读者的投入度。另外网络漫画将传统漫画每个格子分明的界限变得模糊增强画面间的连续性，使读者能更好地专注于画面沉浸于故事。并且不同于其他漫画中作者与读者的单向交流，网络漫画的开放性让作者可以与读者直接在评论区等空间内进行双向即时的交流，这也大大提升了读者的参与感，也让作者更及时地接收到读者的意见和建议。

从内容上看，网络漫画可表现的主题更丰富，受限制更少，因此其情节和叙事越来越复杂，篇幅也在不断变长，这也是吸引各种年龄层和取向读者的一个很大的特点。

根据《2018 年漫画产业白皮书》的调查，网络漫画中最受欢迎的类型是搞笑漫画和描绘日常生活的漫画，例如徐娜蕾的《蕾蕾的笔记本》（中文译名）描绘了平凡无奇的家庭生活中各种小事，赵石的《心里的声音》中一家人略带夸张的搞笑日常获得了巨大人气,甚至改编为了电视剧。日常漫画的现实感很容易让读者共鸣,与读者建立情感联系,而搞笑漫画妙趣横生让读者们心情放松,其中有些讽刺现实社会的内容在引发读者共鸣的同时代为抒发了大众心中的不满。这类网络漫画不仅是一种娱乐,更是现代社会的反映和现代人的剖面,是这个时代特有的产物。第二位是爱情漫画,例如纯kiki的《奶酪陷阱》、金明美的《金秘书为何那样》等,这类漫画的作用可以对比爱情类韩剧,满足了读者对浪漫爱情的憧憬和想象。紧随其后的是奇幻类漫画,动作类等,另外还有纪实与虚构相结合的历史类和政治类这种较为严肃的漫画也获得了很多人气。可见网络漫画主题覆盖面之广,不仅有迎合大众口味的娱乐性较强的漫画,还有主题更深刻甚至可以说具有一定文学性的漫画。

至此,通过对网络漫画形式和内容特点的分析,可以来进一步预测其未来的发展方向和趋势。首先,数字技术的不断发展让网络漫画从黑白发展到彩色,更让其从单纯的视觉形式进化到多重感官享受。目前Naver Webtoon已经投入效果编辑软件,使作家可以自由地添加动态效果、音效音乐。这给读者更丰富更刺激的体验,网络漫画的动画化可以说是未来的必然趋势。其次是在运营模式上,网络漫画逐渐进入了OSMU(one source multi use)模式时代,将网络漫画改编为电视剧、电影、游戏等其他媒体形式,成果显著。之前大热的电视剧《未生》和电影《与神同行》系列就是最好的例证。网络漫画不仅题材丰富至极,是一个巨大资源库,并且人气漫画的剧情已经通过读者的验证,大大减低了改编的风险,更容易受到市场和观众的欢迎。网络漫画展现的强大叙事能力和衍生产品的巨大销售潜力,都提升了其附加产值,成为韩国文化产业内容产生的全新源泉。韩国网络漫画未来发展重点必然着落在扩大其利用范围、获取更多附加价值之上。

(三)韩国网络漫画发展中的问题

尽管韩国网络漫画发展形势一片大好,更有韩国政府文化体育观光部等主管机构的大力支持和投入,2014年文体部发布了《漫画产业培养中长期计划（14—18 年）》，目标为达成 2018 年销售额一兆韩元出口额，2015 年为动漫产业发展投入 250 亿韩元。但也面临着许多困难，大众对漫画的固有印象、作家的待遇问题、产业链固化等都限制了网络漫画的发展，其中 2017 年到 2018 上半年韩国政府重点关注的问题就是不公平问题以及非法传播和下载问题。

  网络漫画作家和平台之间的关系是否公正这个问题 2017 年开始正式成为热点问题，不公平的合约、平台的单方面解约、作家的不合理待遇等问题普遍存在，从更宏观的角度去看这不仅仅是作家和平台之间问题的发酵，根本上是对这个行业公正和共生问题的认识终于正式进入视野。首尔特别市公正经济科首次对漫画、网络漫画、插画行业进行了《文化艺术不公正情况调查》，从 2016 年 12 月到 2017 年 2 月对漫画作家 315 名、插画家 519 名进行了访问和线上问卷调查、访谈会以及合约分析。2017 年 6 月 14 号公布结果表明，签订书面合约的漫画作家比例达 79.2%，但使用标准合约格式的情况只有 23.9%。被强迫签订不公平条约（36.7%）和无理条约（35.9%）占据了不公正情况的前两位，之后是不合理的收入分配占 33%，平均每人受害次数达 2.4 次、金额为 766 万韩元。剩余的还有对创作的妨碍和干预（20.3%）、署名权侵害（16%）等多种形式对作家进行剥削和压榨。另外漫画作家、插画家每 3 名就有 1 名曾经收到过辱骂、性骚扰等人权侵害。

  在这种作家单方面严重不利的情况下，韩国文体部、公正委员会等部门开始积极促进相关法律法规的制定和完善，并敦促网络漫画平台自主改正合约形式和条款。2017 年 9 月 21 日首尔市政府、文化体育部和三大网络漫画平台（Naver、Daum、Ktoon）签订了合约，旨与平台共同研究现有合约情况并通力合作建立公正的交易秩序。之后文体部还与韩国文化振兴部在 2018 年 3 月共同举办讨论会，提出了网络漫画行业内的各种问题和改善方案，随后在大邱、釜山、光州等韩国各地展开漫画作家巡回座谈会，为解决作家们遭到的不公平待遇和人权侵害问题做出了持续的努力。韩国公平交易委员会虽然在 2015 年 4 月就发布了漫画以及网络漫画行业需要的各种合约的标准模板，但为了适应2018年漫画市场的变化将在2019年发布以公正和共存为目标进行完善的全新合约模板，以及根据《漫画振兴相关法规》第三条制定的漫画产业扶植和支援基本计划，不仅从政策实施角度考虑设计，更在吸收各界意见后加入了亟待解决的现实需求。

由于网络漫画产业的急速成长，作家与企业间的矛盾日益激烈，但政府却没能做出实质的应对，如今这个问题不再单纯妨碍企业发展和作家创作，更是发展为妨碍韩国文化和企业共同发展的层次。为了形成文化和企业间的良好共生，必须以营造公平的市场环境为第一原则，韩国政府在这一点上仍然任重而道远。

第二个主要问题是网络漫画的非法流通问题。以网络为载体的网络漫画市场享受网络环境带来的积极作用的同时也必然被其弊端影响。可以超越现实空间交流的开放性一方面成就了网络漫画的人气，另一方面也使网络漫画的非法复制和传送成为巨大威胁。这与网络漫画产生初期在博客上连载和共享的方式有莫大关系，读者对网络漫画的认识就固定为免费资源，对于需要付费才能享受内容的概念很难接受。对网络漫画的认识从免费到付费的转换，是网络漫画生态环境得以持续长期发展的基础条件，因此付费平台雨后春笋般涌现，现有的平台都推出了付费服务。但读者意识的转变并非一日之功，对这种知识产权侵害犯罪认识的薄弱，加之对非法传播市场的法律制裁很难实行，非法复制和传播成为普遍现象。

韩国电子数据公布平台（DART）上显示的2017年各大网络漫画平台的销售状况来看，除了Kakaopage盈利74亿韩元左右外，其他平台包括Naver都是赤字状态。非法传播的害处首先就体现在了这里，破坏了创作者和企业整体的生存环境，侵害合法漫画的市场消弭读者需求，进而引发经济负增长效果。其次还可能使相关产业丧失发展机会，减少就业岗位，大幅削弱生产附加值的能力。

但Naver为首的Lezhin Comics、toptoon等平台自主向警察检举非法网络漫画共享网站，因而成功捉获罪犯的方式，逐渐获得了一定成功。2018年5月28日韩国最大的非法漫画共享网站"夜兔子"的运营者被逮捕,该网站造成的损失达到 200 亿韩元。此外政府在 2018 年 5—7 月集中整治非法网站,除了韩国国内 13 个海外非法网络平台被关闭,8 个平台的运营者被捕。同时韩国知识产权法修正案中增加了文化体育观光部部长对网站下达禁止访问命令的权力,禁止访问的措施只需要通过知识产权保护审查委员会的审议即可实施,大大简化了流程。未来对网络漫画的海外非法服务器管控、损失赔偿惩罚力度、电脑技术类违法行为的对应等方面,仍然有许多地方需要韩国政府的进一步努力。

三 韩国网络漫画的海外市场拓张

通过上一章的阐述,可以看出韩国国内网络漫画产业上升势头良好,可以说已经在漫画市场站稳了脚跟,这为漫画企业和平台开拓海外市场提供了稳固地基石。韩国网络漫画积极向海外拓宽市场的同时,引进其他国家尤其是纸质漫画强国日本漫画作品,为韩国读者提供了大量质优的漫画资源,形成了国际化的电子漫画市场。如今,作为网络漫画的先锋国家,2014 年 7 月韩国的 Line Webtoon 率先在手机客户端提供了翻译为英语、中文、泰语、印尼语等多国语言的韩国漫画阅读服务,这也成为韩国网络漫画进发海外的起点。

(一) 韩国网络漫画海外市场发展现状

世界电子漫画市场预计在 2021 年以年平均 9.9% 的增长率达到 13 亿美元。[①] 其中韩国网络漫画平台在国内外的活跃起到了巨大的推进作用,LineWebtoon、Lezhin Comics、Piccoma、Comico 等平台以韩流相关内容的影响力受到世界市场的关注,Lezhin Comics 更是在 2018 年第一季度的美国谷歌应用市场上荣登漫画类应用内销售

---

① 한국통신산업진흥원, 2017년도 국외 디지털콘텐츠 시장조사 보고서, https://www.nipa.kr/main/selectBbsNttView.do, 2018 - 4 - 26.

额第一的宝座。在亚洲、欧洲、美国甚至中东等全世界各地 Lezhin Comics 和 LineWebtoon 都是应用市场漫画部门下载量的前两名。2017 年，韩国漫画的输出额对比 2016 年增长了 8.6% 达到了 3526 万美元，其中欧洲以 1009 万美元排在首位，日本则以 974 万美元屈居第二，东南亚地区和北美洲分别以 709 万美元和 503 万美元紧随其后。但第五位的中国则大幅缩水至 136 万美元。

Naver 的 LineWebtoon 从 2014 年发展至今，已经在 70 多个国家上市，以 2049 部漫画作品在印度尼西亚、泰国、中国台湾等漫画市场达成占有率首位。[①] Daum 则使用 Daum Webtoon 和 Kakaopage 两个网络漫画平台，与中国最大的网络漫画平台腾讯动漫以及北美网络漫画小说平台 Tapas 结成合作关系，进行内容输入和平台上市。

韩国网络漫画从 2013 年开始打入日本市场，只用五年不到的时间，韩国软件的下载率就占据了前两位。最初 Naver 的日本分公司 NHN Entertainment 推出 NHN Comico 软件，只是提供韩国网络漫画的免费阅读，到 2016 年在日本市场站稳脚跟后开始对部分人气漫画进行收费。Naver 的 Linewebtoon 和 Daum 的 Piccoma 在日本的销售额节节攀升，2018 年第二季度各比 2017 年增长 24.7% 和 254.8%，LineWebtoon 销售额更是达到了 287 亿韩元，Piccoma 的销售额虽然仅有 100 亿韩元，但确是 2017 年同期的三倍以上。另外 2016 年开始连载的网络漫画《文学处女》讲述了文学爱好者女主人公和人气作家男主人公之间的浪漫爱情故事，由于在线上一直保持读者喜爱数和阅读数第一的成绩，最近还被改编成日本电视剧播出。至此韩国企业在日本已经开始朝着开发漫画资源附加值的方向发展起来了。

在仅次于日本的世界第二大漫画市场美国，电子漫画的市场占有率只有 9% 左右，但其发展潜力不可小觑。目前美国电子漫画都

---

① 한국통신산업진흥원，웹툰플랫폼 글로벌화 전략연구，https://www.nipa.kr/main/selectBbsNttView.do，2018 - 3 - 20.

是由 Diamond Comics 和漫威 Comics 等大型漫画出版社自行开发的网页和应用软件以及漫画平台 ComiXology 和 ComicBlitz 为载体提供的。① 虽然 2013 年开始韩国网络漫画在美国网站上获得了很大的人气，但非法翻译传播大行其道，因此为了应对这种状况韩国企业开始直接在美国市场建立漫画平台。Tapas Media 最先在 2012 年创立北美英文网络漫画和小说平台，目前在美国拥有 4 万名作家、100 万篇漫画、200 万名读者，每月仍然保持 15% 的销售额增长。Tapas 从 2014 年特别针对北美市场的情况开发了读者捐款的模式，读者在读完作品后自主决定是否捐助和其金额。2016 年才正式进入美国市场的 Lezhin Comics 在 2017 年 8 月紧追 DC 和漫威占据了第三位，但两个月后就迅速上升至首位。为了更好地融入美国，Lezhin Comics 对 160 余篇韩国网络漫画最大化进行符合美国文化的翻译和排版，同时经常举行线上线下粉丝见面会以增进与读者的交流，正是这些种种努力让其能超越强大的美国本地漫画公司。

从前文的数据看，韩国网络漫画在中国的市场规模甚至被东南亚远远甩在身后，这与中国漫画市场的特性有很大关系。首先中国本地传统漫画市场发展相当薄弱，预计在 2021 年才能达到 4.84 亿美元，电子漫画为 1.11 亿美元，这与中国整个经济体量相比微不足道。其次漫画本身不是主流文化，受众小，同时比起中国原创漫画，日本和美国漫画才是读者的最爱，然而大部分传播却都以非法扫描翻译的方式为主。这为韩国网络漫画进入中国市场减轻了本地龙头企业阻力的同时，习惯了盗版免费阅读的中国读者的观念也为其创收造成了巨大障碍。

根据韩国漫画影像振兴院在《2017 年海外漫画市场调查研究》中调查的数据，中国漫画读者数量在 2016 年激增了 76.2%，2017 年约为 9725 万名。其中中国电子漫画产业和市场正式确定并迅速发展这点起到关键作用。因此在这之前韩国网络漫画中国国内获得

---

① 한국문화관광연구원, 웹툰 미주시장 현황 및 시사점, http://www.kcti.re.kr/web/board/boardContentsView.do? contents_ id = 2_ 1176, 2017 - 6 - 9.

韩国网络漫画（Webtoon）的发展与海外市场拓张

人气的只有 Kakaopage 的《undead king》，但随着 2015 年国内腾讯动漫、U17、快看等漫画平台的崛起，连载的漫画达到 100 个左右，2017 年 8 月推出了"等待就免费"的运营模式，收益的增加使得网络漫画市场步入正轨，进入了读者和作家、企业多赢的良性循环。Lezhin Comics 从 2017 年开始也与腾讯动漫和快看漫画合作，上架了 16 篇漫画，其中《花道士》在上架 3 个月就达到了 17 亿的点击数。但是从我国人口基数和发展势头来看，目前漫画市场只露出冰山一角，巨大的市场潜力对韩国网络漫画企业有着绝对的吸引力。

在欧洲市场上，法国是韩国网络漫画活跃的中心。欧洲第一个网络漫画平台 Delitoon 在 2011 年创立初期本来是为了给法国本土的博客漫画家活动的平台，但现在大部分作品都是韩国网络漫画。[①] 为了更好地吸引读者，该平台召集了高水平的韩语翻译，经过数轮的革新成为现在法国登载韩国漫画最多的平台。而其中人气极高的 Kakaopage 连载漫画《Honey Blood》以吸血鬼为主角，吸引了进入网站的 31% 的读者。

韩国网络漫画在东南亚市场发展最好的两个国家便是泰国和印度尼西亚。LineWebtoon 率先在 2014 年开始以通信软件 Line 为依托，进军泰国市场，2016 年同属 Naver 的日本子公司推出 Comico 平台，在 2017 年下载量达到 250 万。2016 年 DaumWebtoon 与泰国首个网络漫画企业 Ookbee Comics 签订了版权合约，开始大展拳脚。LineWebtoon 进驻印度尼西亚虽然比泰国晚了一年，但也是当时唯一正式的网络漫画平台。到 2016 年 Comica 平台的出现打破了 Line 的垄断，除了印尼之外还在新加坡、马来西亚等其他东南亚区域提供漫画服务，截至 2017 年 10 月其会员数突破 120 万名，可以说在东南亚大获成功。

综上，韩国网络漫画积极在全世界寻求突破和发展，并且成功

---

① 한국통신산업진흥원, 웹툰플랫폼 글로벌화 전략연구, https://www.nipa.kr/main/selectBbsNttView.do, 2018-3-20.

在日本、北美、东南亚多个国家和大洲的市场上占据了重要的地位。这不仅促进了各国漫画市场尤其是网络漫画市场的扩大和当地企业的收益，同时又反哺韩国企业和作家，对韩国网络漫画的进一步发展构筑了良好的生态环境。

（二）韩国网络漫画海外市场拓张策略和前景

通过这些年各大韩国网络漫画平台在海外的摸索，独属于韩国的商业策略和模型逐渐形成并取得了不俗的成绩。

第一，本土化战略是重中之重。高质量的翻译将漫画的内容恰当地传达给读者正是韩国网络漫画在海外迈出的稳健的第一步。然后与当地企业结成紧密的合作关系，提升平台的知名度扩大受众。同时还充分考虑到各个国家地区不同的文化、信仰，构建合适的漫画体系。正是本土化战略的细致制定和严格执行，使得韩国网络漫画可以在短时间迅速推广到世界范围，日后这仍然是韩国漫画企业绝对不可忽视的部分。

第二，人气漫画的多次多方位活用也是韩国网络漫画国际化的绝佳手段。将漫画改编成电影、电视剧、图书、游戏等其他文化媒体，不仅提高了漫画产业的附加产值，更丰富了已经在全世界风靡的韩流文化的内容。如果参考韩国国内的成功案例后在海外也能顺利开花结果，必然能让韩国网络漫画甚至韩国文化的影响力更上一层楼。可以预见 OSMU 模式是未来韩国网络漫画海外发展的主要方向。

第三，在日本、中国、北美、欧洲、东南亚都留下了韩国网络漫画优秀成果的情况下，可以率先探索其他新的地区和国家占得发展先机。目前已经有韩国漫画出版社进入墨西哥市场的先例，韩国顶尖动漫公司 Vooz 的漫画人物 Pucca（中文译为中国娃娃）在巴西成为青少年群体中的时尚标志。未来韩国漫画平台和企业可以通过更加积极地在海外新地区和国家举办漫画展览和博览会，增强双方交流，为占据市场份额打下坚实基础。

通过以上分析，可以预见拥有大量海外市场成功经验的韩国网络漫画产业可以在坚持并完善其战略和模式的基础上，开发出更多优质的漫画资源共享给全世界读者，形成稳定长期的全球辐射输出，成为世界网络漫画的领头羊也并非没有可能。

结　语

韩国网络漫画诞生不过十多年却在韩国国内乃至全世界取了令人瞩目的成绩，并且发展情势一片大好，为陷入低迷的世界漫画市场提供了全新模式注入了一剂强心剂。韩国网络相关产业和技术的良好发展、漫画企业和平台的积极努力、韩国政府的大力支持都起到了至关重要的作用。而我国作为韩国一衣带水的邻国，可以充分借鉴韩国网络漫画的成功实例、海外市场拓展的优秀策略等来发展本国的漫画产业，紧跟上世界大潮流，力争在蒸蒸日上的世界漫画市场占据一席之地，甚至在将来进一步成为世界漫画市场的中心。

参考文献

박동규, 런던도서전이 주목한 태호 "그는 가장 획기적인 웹툰 작가", 조선일보 문화면, 2014-4-10.

한국문화관광연구원, 웹툰 미주시장 현황 및 시사점, http://www.kcti.re.kr/web/board/boardContentsView.do?contents_id=2_1176,2017-6-9.

. 한국통신산업진흥원, 웹툰플랫폼 글로벌화 전략연구, https://www.nipa.kr/main/selectBbsNttView.do 2018-3-20.

한국통신산업진흥원, 2017년도 국외 디지털콘텐츠 시장조사 보고서[OL], http://www.nipa.kr/main/selectBbsNttView.do, 2018-4-26.

한국콘텐츠진흥원, 2018년 만화산업백서, http://www.kocca.kr/cøp/bbs/view/B0000146/1839775.do?menuNo=201826,2019-7-12.

The Development and Overseas Market Expanding of Korean Webtoon Industry

Wu Bingying

Abstract: With the development of the Information revolution, the world has entered the digital age of information, and its influence permeates every aspect of people's lives. The popularity of portable digital devices, especially smart phones, has revolutionized the way people live. In reading mode, the traditional publishing market has been shrinking, on the contrary, e-books, e-magazines and other digital reading market development. Among them, Japan and the United States dominate the Comic Book Market, South Korea is the first to follow the digital trend, quickly occupied a place. South Korea's representative comprehensive web portals "NAVER" and "Daum" as early as 2003 has launched a cartoon column, very popular, as a result, a new coinage was coined to describe this new form of Caricature: the Golden Web. This paper will focus on the new comics in South Korea formed around the cultural and industrial development process as well as overseas market expansion status and strategy for sorting and analysis.

Keywords: Korean Webtoon; Comics; Global Comics Market

网考模式下汉语水平口语考试认知效度研究[*]

王景丹[**]

摘 要：信息技术与汉语教学的结合带来了汉语言教学的革命，从而逐步改变了传统的教学与考核模式。本文在阐述语言测试学中认知过程研究的理论依据的基础上，论述了认知过程研究应该成为认知效度研究的立足点。研究受试者认知过程的意义，在于为认知效度研究提供支持，为判断测试任务的真实性和有效性提供依据。同时，本文试图运用社会——认知效度验证框架分析汉语水平口语考试的效度。同时，论述了网考对汉语口语测试的积极作用。

关键词：网考　汉语水平口语考试　认知过程　认知效度

信息技术与汉语教学的结合带来了汉语言教学的革命，从而逐步改变了传统的教学与考核模式。国家汉办孔子学院于近些年启动了汉语水平口语网络化考试。全国各高校先后开展了基于网考的汉语口语考试的改革实践与研究。学者们认为，汉语口语网络化考试形式的出现是汉语教学不断发展以及网络考试软件不断完善的必然结果。

---

[*] 基金项目：孔子学院总部/国家汉办汉考国际基金项目"基于实证分析的HSK中高级口语考试效度历时研究（2009—2018）"（CTI2018B03），阶段性成果。

[**] 作者简介：王景丹，女，复旦大学国际文化交流学院教授，研究方向为汉语国际教育。

引 言

汉语水平口语考试 HSKK 是全球性的考试，已经为全球所认可，其影响力也日渐增强。目的是推动汉语的发展，对汉语实际运用能力进行客观和准确的测量，从而为提高汉语教学质量而做出贡献。汉语水平口语考试 HSKK 是汉语能力测试的重要组成部分，它可以检验汉语口语教学效果，诊断可能存在的教学问题，为后续的汉语教学工作提供改进的依据，也为整个汉语国际教育的发展提供决策依据。因此，作为汉语水平口语考试 HSKK，其编制的科学性、有效性、分数的解释和使用的合理性，也就是效度，显得尤为重要。

根据测试学原理，汉语水平口语考试 HSKK 属于标准参照测试（criterion-referenced test），具有特定的理论和操作定义。

本文拟以汉语水平口语考试 HSKK 为研究对象，对这一重要部分从认知角度来进行效度分析。试图运用 Weir 提出的社会——认知效度验证框架分析汉语水平口语考试 HSKK 成绩测试的效度。以汉语水平口语考试 HSKK 的设计和编制为例，运用上述框架收集其效度证据。

一 认知过程研究的理论依据

从历史沿革来看，语言测试领域的学者传统上采用实证主义思路，实证主义在传统上一直是测试学研究者的安全立场。因此，在实证主义研究框架内，用科学、客观的方法探求"唯一真理"是关键。

语言测试的设计、实施和评估都在社会语境下进行，语言测试研究是否能够脱离测试开发者与测试参与者而单独存在呢？测试开发者想要测量的构念具备"唯一性"吗？所有的效度研究方法都应该纯量化吗？语言测试的矛盾在于测试本身存在于社会语境之中，与自然科学中的测量不同，测试不能离开测试者与利益相关者。语言测试无法像自然科学那样脱离社会语境单独存在。

20世纪后半叶以来，实证主义及定量研究方法开始在社会科学研究领域受到质疑和批判，在二语习得领域，研究焦点从学习结果向学习的认知过程转移。受二语习得研究兴趣转移的影响，语言测试学中对认知过程的研究也略成气候。如今，测试学研究者采取的立场往往介于纯粹的现实主义者与反现实主义者之间，其研究方法不再局限于实证主义者喜好的量化研究方法，而会采取量化与质化结合的研究方法。

二　认知效度与认知过程

20世纪90年代以来，"认知效度"这一概念得到广泛认可。认知效度指测试需要受试者使用的认知过程在多大程度上与非测试环境中使用的认知过程一致。Weir（2005）的社会——认知模型中提到认知效度在测试研究中的重要性，特别是在受试者的分数被用来预测其是否适合未来的工作。认知效度起初被称为基于理论的效度，Weir（2005）强调研究者了解所测二语技能所涵盖的认知过程及采用基于此的标准的重要性，就是将认知效度概念引入构念效度研究，用于补充传统的量化统计方法。

认知过程研究为认知效度研究提供支持。认知效度研究集中在对受试处理语言测试项目和任务的认知过程上。过去十年间，学者们特别关注语言使用的认知过程研究，特别关注专家使用者与新手之间的认知差异，更多地关注测试语言能力的方式方法在多大程度上"代表"语言使用的认知过程。

认知效度研究的目的是探究测试设计者设计的测试任务是否足够引发语言使用者在真实目的语语境中具有"代表性"的"认知过程"（Field，2013）。Field（2013）认为测试环境下认知过程的"代表性"问题包含以下三方面内容：（1）相似性，指受试者在考试中经历的认知过程在多大程度上与真实目标语环境中经历的认知过程类似；（2）综合性，指测试项目是否具备多样性及测试项目是否引发一个或多个层次的认知过程；（3）校准性，指受试者的考试表现是否体现了考试对考生的认知要求。

总而言之，测试的认知效度研究有两条途径：一个途径是比较受试者在测试环境下与真实语境下认知过程的相似性；另一途径是研究测试任务的综合性和校准性。为了更好地研究测试任务的校准性，必须观察受试者与测试任务之间是如何交互的。研究者需要关注受试的认知过程在多大程度上体现测试任务的认知要求，若测试设计者在测试任务中预设的不同层次的认知要求与受试的认知过程能一一对应，说明该测试任务的校准性较高，反之，则说明校准性较弱。

三 认知过程实证研究

在研究方法上，定量研究方法有其自身局限性，比如仅仅观察考试结果无法调查考试过程本身。认知过程研究则侧重质化研究方法，诸如使用有声思维法、回顾法、内省法等。而对答题认知过程进行研究的最有效手段就是有声思维法（Ericsson & Simon, 1993）。Weir（2005）提出测试设计者设计试题需基于受试者的行为，这样将来在设计测试材料时能够从一开始就对需要测量的构念有一定了解。

在研究目的上，语言测试领域的认知过程研究主要侧重：（1）比较受试者在考试过程中与在真实语境中认知过程的异同；（2）研究题型对受试者认知过程的影响；（3）构建特定考试任务的认知过程模型。以下将从这三个维度展开认知过程实证研究综述。

1. 测试环境与真实语境中的认知过程对比

有学者做了实验证明，测试环境与真实语境下的认知过程并不匹配，由此可见，测试设计者需要进一步提升测试任务的认知效度。

使用回顾法对比测试环境与真实语境下受试认知过程的研究并不多见,更多有关认知过程的实证研究着眼于题型,经实验证明不管研究是否涉及受试真实语境下认知过程的数据采集,真实语境下受试的认知过程是认知效度研究的客观参照。测试研究者对真实认知过程的把握更多依赖常识,但如果研究目的是进行测试的认知效度校验,为避免误判,研究者仍需重视对受试真实语境下认知过程的实证研究。

2. 题型与认知过程的交互

不同的测试方法即题型可以测量待测能力构念的不同方面,因此,探讨哪些题型可以用于测试及能够测量什么就显得非常重要(Alderson,2000)。测试的交互性指语言使用者(考生)和语言使用任务(测试任务)之间产生的一种互动,测试任务自身所具备的特质起到关键作用(邹申,2005)。提升测试互动性条件之一就是测试题型。题型不同,针对的认知过程可能就会不一样。

3. 认知过程模型的构建

认知策略是一种特殊的认知过程,与普遍的、潜意识或无意识的认知过程相比,认知策略更具目的性,是受控制的认知过程(Cohen,2006)。如口语认知过程体现了很强的策略性和目的性,考生策略是完成口语测试任务行为的一部分,因此,可以认为是交际行为构念的组成部分,体现了口语测试的交际性。

四 认知过程研究的意义

认知过程研究的意义在于为测试任务的认知效度研究提供实证支持,是认知效度研究的基础。认知效度的考量基础是测试的真实性,测试任务的真实性包括情景真实性与互动真实性两个方面(邹申,2000)。因此测试设计者设计测试任务时,总是想方设法使测试任务模拟真实语境,并尽可能实现测试任务与受试之间的交互。如果测试任务不能引发受试在真实语境中可能使用的认知过程说明测试任务的真实性不够,也就无法预测受试在真实语境中能否完成同等认知要求的任务。

同时，认知过程研究的意义还在于为测试任务的有效性提供依据。如需探讨一项测试任务是否具备较高的校准性，能否体现真实语境下的认知要求，测试研究者必须观察分析受试的认知过程，判断受试在答题过程中是否按测试者预期使用了真实语境认知要求的认知过程，而非一系列与测试构念无关的考试策略。

最后，认知过程研究的意义还在于帮助测试研究者更深入地了解测试任务构念，了解技能的构成及受试的认知策略，这也将对语言教学起到正向的反拨作用。

五 社会——认知口语测试效度验证框架

效度是评价一项测试优劣的最重要的标准。它是基于多种理论依据和经验依据的论证，以证明一项测试的解释和使用能在多大程度上是合理的，信度也是一种效度依据。此时效度被视为一个整体，包括认知效度（基于理论的效度），情景效度，评分效度，效标关联效度和后果效度。构念效度是其核心，除认知效度外，情景和效标关联效度证据也是构念效度证据的一部分。

受试者的个人特征、外在的情境因素和内在的认知过程，是社会——认知口语测试效验框架的主要部分。一方面，受试者运用听力能力完成听题干的任务，然后需要对输入信息进行处理，而后再输出，这是认知过程；另一方面，口语表达不可能是纯粹的语言现象，它需要与一定的交际任务情景相结合，这是它社会性的一面。

Weir（2005）提出在测试之前就需要开始收集效度证据，如认知效度和情景效度，测试之后也要收集其他的效度证据，如评分效度，效标关联效度以及后果效度。

对语言的不同认识体现在语言测试上，通常表现为不同测试方法或模式的采用。总的来说有两个研究方向：一是微观角度，研究发生在头脑中的事情，语言的听力理解过程被认为是馈入信息的处理过程。通过自下而上和自上而下地进行认知处，输入的语言信息从一种表征转化为另一种表征，最终将语言信号转化为可以理解的意义；二是宏观角度，研究发生在头脑外的事情，研究者认为口与表达发生在交互情境中，是听者与说话者互动的高度情景化的双向的交流行为。在这个过程中，口语表达者往往会扮演积极主动的角色，由此，他们双方一道解决交际问题，形成语篇，完成交流目的。

口语表达在语言测试中会被分为若干个分范畴或指标，有效地考察考生在这些指标上的表现，从而为评估出该项能力提供可靠的依据。交际语言能力主要包括两个部分语言能力（如语法知识、语篇知识、语用知识、社会语言知识）和策略能力（如认知策略、元认知策略）。Buck 建议将口语表达能力和任务相结合。

六　汉语水平口语考试 HSKK 的认知效度验证

运用社会——认知口语测试效验框架，效度的验证从测试开发时开始，这样能帮助我们更全面有效地收集不同阶段的效度证据。根据这一框架，测试开发者在设计和编制成绩测试时需要解决以下几个问题：

✦ 完成测试任务的认知过程对受试来说是合适的吗？
✦ 测试任务的特征及其操作对所有受试都是公平的吗？

下面以汉语水平口语考试 HSKK 的设计与编制为例，分析说明在这一框架下成绩测试效度验证的几个重要的方面。

对于汉语水平口语考试 HSKK 测试来说，其测试的内容是口语表达能力。

汉语水平口语考试 HSKK 可以分为两个模块，一个是听说结合，先听然后复述或重复。每道试题都有一个主要的情景，它们均属于学生熟悉的生活场景或未来工作。另一个模块是自主表达，根据题干表达自己的观点和想法。如，话题可以是谈论音乐、电影、婚姻、广告、动物、时尚、金钱等。

简单的口语表达题一般认为最好排在整个测试的前面，让考生能够镇定下来，慢慢适应考试的难度。如果前面的几道听力题过难，可能会导致他们心情紧张，从而影响整个水平的发挥。

由于口语表达活动是实时进行信息处理的，时间限制必然会影响口语表达的难易度。如果要求考生边听边答题，题目之间的间隔时间不长的话，他们的认知负担会加重，虽然在现实生活的交际场景中，互动是实时进行的，但是听者可以要求说者重复，所以相对负担不会那么重。

成绩测试也需要在测试任务的语言使用要求方面真实的反映目标语环境语言使用特征。如果考试题目的特点符合学习者平时使用语言的特征，那么这种语言测试的情景就是真实的。

说话者语速、语言变体等，它们同样也会影响测试任务的难度。

结　论

效度是效度验证的核心，是测试之前开始收集的效度证据。本文主要尝试运用社会——认知口语测试效验框架收集汉语水平口语考试 HSKK 测试的效度证据。实践证明，按照 Weir 提出的效验框架，结合对语言测试的认识，汉语水平口语考试 HSKK 测试的效度验证在测试设计之初开始是可行的，一方面，它有利于测试分数被合理的解释和使用；另一方面，也能帮助测试使用者清楚地分析不同测试结果背后可能存在的原因。当然这些证据还需要和对测试分数的效度分析结果相结合，才能更全面确保测试效度。

研究结果显示，汉语水平口语考试 HSKK 更重视认知过程，尤其是语篇建构。在日常的汉语学习中，汉语教师应该注意培养学生对汉语的认知过程，学生应该积极置身于汉语环境中，学着去运用当前可即的信息，例如上下文语境及背景知识来完成当前任务。

将网考与汉语口语测试相结合，是信息技术手段与测试的有机结合和良性互动。能充分发挥信息化和交互性的优势，是信息化时代深化汉语口语教学与测试改革的有益探索。网考系统在组卷、阅卷和组织考试方面具有智能化和迅捷的特点，方便组织并完成考试的全部环节。在具体实施中，教师应在测试理论的指导下，将测试与课堂教学紧密结合，将其作为提高教学效果的一项重要组成部分，充分发挥测试对于汉语口语教学的反拨作用。

参考文献

陈建林：《外语教学测试构念研究——以 TEM8 作文评分员为例》，上海外语教育出版社 2015 年版。

何莲珍、李航：《语言测试的主要研究范式及其发展趋势》，《浙江大学学报》（人文社会科学版）2011 年第 1 期。

金艳、吴江：《大学英语四、六级网考的设计原则》，《外语界》2009 年第 4 期。

李清华：《语言测试之效度理论发展五十年》，《现代外语》2006 年第 1 期。

秦涛：《基于大学英语网络考试的师生困惑调查研究》，《宁波广播电视大学学报》2011 年第 2 期。

孙瑞梅、郑玮：《网络环境下诊断性测试在英语教学中的应用》，《临沂大学学报》2011 年第 1 期。

汪顺玉、彭康洲：《语言测试真实性维度的再认识——兼谈考试效度的诠释》，《重庆工学院学报》（社会科学）2009 年第 23 期。

杨惠中：《有效测试、有效教学、有效使用》，《外国语》2015 年第 1 期。

袁晶：《大学英语网络化测试交互性特征的研究和实施》，《大庆社会科学》2013 年第 5 期。

张淑平：《成绩测试研究综述》，《中国考试》2011 年第 11 期。

邹申、杨仁明：《简明英语测试教程》，高等教育出版社 2000 年版。

邹申：《语言测试》，上海外语教育出版社 2005 年版。

Bachman, L. F., 1990, *Fundamental Considerations in Language Testing*, Oxford: Oxford University Press.

Weir, C. J., 2005, *Language Testing and Validation: An Evidence-Based Approach*, Palgrave Macmillan.

A study on the Cognitive validity of spoken Chinese Test under the Internet Test Mode

Wang Jingdan

Abstract: The combination of information technology and Chinese language teaching has brought about a revolution in Chinese language teaching, which has gradually changed the traditional teaching and assessment model. On the basis of expounding the theoretical basis of the study of cognitive process in language testing, this paper argues that the study of cognitive process should be the foothold of the study of cognitive validity. The purpose of this study is to provide support for the study of cognitive validity and to judge the validity and validity of test tasks. At the same time, this paper attempts to analyze the validity of HSK by using the cognitive validity framework of Social Florida. At the same time, this paper discusses the positive effect of the online test on the oral Chinese test.

Keywords: Online Examination; HSKK; Cognitive Process; Cognitive Validity

国际汉语教学慕课学习体验的探索性研究

崔 燕[*]

摘 要：本文从慕课的概念、特征及模式引入，回顾了慕课学习者学习意愿的影响因素和完成率的文献，并对中文慕课平台和国际汉语教学慕课的发展历程进行概述。通过深度访谈和参与式观察，作者从学习动机、学习行为、持续意愿、慕课的易用性和总体看法五个方面探究了外国学习者学习汉语慕课的实际体验。最后本文提出了慕课学习体验的三个层次说，并对中文慕课的进一步推广和使用给出具体建议。

关键词：国际汉语教学 慕课 学习体验

一 慕课概述

中文词"慕课"是"大规模的网络开放课程"（Massive Open Online Course）英文缩写 MOOC 的音译。慕课的概念于 2008 年出现，2011 年美国斯坦福大学推出了"人工智能导论"的网络课程受到了广泛欢迎，慕课由此开始了快速发展。Udacity、Coursera 和 edX 等慕课平台在 2012 年相继创立，慕课课程如雨后春笋般出现，

---

[*] 作者简介：崔燕，女，北京师范大学—香港浸会大学联合国际学院中国语言文化中心副教授，研究方向为汉语国际教育、中华文化传播。

《纽约时报》将该年称为"慕课元年"。①

（一）慕课的特征和模式

从慕课的英文概念中，可以看到慕课具有以下几个基本特征：一是课程可同时容纳数量众多的学习者；二是对学习者通常不设限制，有兴趣的人士（在具备相应的网络连接条件下）都可以参与；三是学习活动主要在网络环境下开展，学习的时间和地点更加自由和灵活。慕课的课程模式大致可分为两种：cMooC 模式和 xMOOC 模式。cMooC 模式出现较早。它是基于连通主义学习理论，即教师扮演课程发起人和协调者的角色，学习者通过资源共享和在不同社交媒体的多角度互动，学习新的知识。xMOOC 是慕课的新型发展模式，不过它与传统教学有很多相同之处：课程设有具体的开课和结束时间，教师定期发布学习内容和作业，课程设有小测验和期中、期末考试等（焦建利、王萍，2015）。与课堂教学相比，慕课不同之处在于：一是学习者选择课程的主动性和学习课程内容的灵活性更强；二是以视频教学为主；三是每门课程的学期较短，每课的学习视频大多为 5—20 分钟；四是作业和测验通过在线提交，由网络自动评分或学习同伴互评。

（二）中国大学对慕课的参与

随着慕课的兴起，中国的大学和互联网公司也积极投入慕课的建设。2013 年，北京大学、清华大学、上海交通大学和复旦大学加入 edX 或 Coursera，成为它们的合作院校并推出在线课程。同年 10 月，清华大学推出中文慕课平台"学堂在线"，它与国内外多所一流大学合作，课程覆盖 13 大学科门类。② 2014 年 4 月，上海交通大学研发的"好大学在线"发布，它由部分中国大学合作组建，以

---

① 作者认为如果采用"公开在线课程"来指称慕课，"公开在线课程资源馆"来定义慕课平台，能够在概念上更加明确地表明慕课的特征和慕课平台的价值。

② "学堂在线"官网，"关于我们"，https://next.xuetangx.com/about，2019 年 12 月 25 日。

非官方、非法人为特征。① 2014 年,网易与高教社携手推出"中国大学 MOOC",合作院校达到 564 所。② 2015 年 2 月,北京大学与阿里巴巴集团联合运行"华文慕课",课程由北京大学提供。③

二 慕课研究文献回顾

在关于慕课的概述之外,下文主要从两个方面对与本研究关联密切的文献进行回顾。

(一) 慕课学习者的意愿

关于慕课学习者的意愿,首先的问题是谁是慕课学习者。一项中国慕课使用者的调查显示,18—25 岁的使用者所占比例达到 47.9%,本科及以上学历占到 80%,人群主要分布在一二线城市,使用者认可"人生需要不断学习,对生活有一定的计划性"的观点。④ 这与一位外国学者的观察相印证,即虽然慕课可以大为节省学习费用,但它对低收入人士并没有很大吸引力,反而是受过良好教育的阶层对慕课更有兴趣(詹妮弗·罗伯茨,2019)。其次是学习慕课的动机。上述调查的数据还显示,通过学习慕课拓展知识面是使用者的主要动机;此外,学生使用者希望通过慕课接触更多优质资源,作为课堂的补充,职场人士则希望借助慕课来提高自己的职场竞争力并充实生活。⑤ 国外的研究发现,很多学习者正是出于好奇,或为了寻找乐趣,通过学习慕课来实现社会交往(詹妮弗·

---

① "学堂在线"官网,"关于我们",https://next.xuetangx.com/about,2019 年 12 月 25 日。
② "中国大学 MOOC"官网,https://www.icourse163.org/about/aboutus.htm#/about,2019 年 12 月 25 日。
③ "华文慕课"官网,"关于我们",http://www.chinesemooc.org/about_us.php,2019 年 12 月 25 日。
④ 《2016 中国慕课行业研究白皮书》中"慕课用户画像",http://www.sohu.com/a/115837986_400678,2020 年 1 月 2 日。
⑤ 《2016 中国慕课行业研究白皮书》中"学习慕课课程的动机",http://www.sohu.com/a/115837986_400678,2002 年 1 月 2 日。

罗伯茨，2019）。再次，影响学习者的学习意愿的因素。研究者关于大学生学习慕课的文献表明，网络学习行为意向的影响因素包括可感知的易用性、有用性、兴趣和互动等（邓李君、杨文建，2016；卢迪等，2015）。

（二）慕课的完成率

慕课的完成率是一个引起众多关注的话题，学者们认为，产生这一问题的原因是多方面的。其中包括学习者的动机只是为了满足某种好奇心，没有坚持学习的动力；在线学习模式产生的学习者和教师之间的时空分离，学生因缺少互动而丧失学习兴趣；授课语言或授课教师的发音难以听懂；学习者并不具备良好的自主学习的经验，不适应在线学习的方式（陈向东、曹安琪，2014；郝兆杰等，2018；Wang & Baker，2015）。也有学者提出，成功不应该仅仅被界定为完整学习一门课程并通过考试，如果学习者学有所获也是成功。同时，该学者强调，学习者在报名之前应了解自己的性格特点乃至学习风格，明确学习某门慕课的原因以及学习计划，这将有助于学习者完成一门慕课的学习（詹妮弗·罗伯茨，2019）。

三 国际汉语教学慕课的发展情况

国际汉语教学慕课目前在国际慕课平台上线的课程有三四十种，但本文讨论的范围是中国内地的四个中文慕课平台，即华文慕课、学堂在线、好大学在线、中国大学 MOOC，因此这里对其他慕课平台不做具体分析。在这四个平台上，首先，我以"汉语/对外汉语/汉语国际教育"为关键词对进行检索，得到初步的检索结果；其次，以课程概述和课程目标中表明课程面向的是留学生、外国汉语学习者、华语学习者或汉语国际教育的教师，或是该课程为汉语国际教育专业课为标准，在检索结果中逐一复查，排除了无关课程和非直接相关的课程，并减去在不同平台提供的相同课程，共检索到 53 门国际汉语教学慕课。这些课程基本属于知识性课程，即

xMOOC 模式，其学习方式是讲授为主。各中文慕课平台提供的汉语国际教学课程的数量分布如表 1 所示。

表 1　中文慕课平台提供的国际汉语教学课程的数量分布

慕课平台	华文慕课	学堂在线	好大学在线	中国大学 MOOC
课程数量	11	14	3	33（*8）

注：*表示这些课程在其他平台也提供，数据截至 2019 年 12 月 28 日。

表 2　　　　　　　　国际汉语教学慕课的基本信息

开课院校	课程名称	开课平台	数量
北京大学	Chinese for HSK 1，Chinese for HSK 2，Chinese for HSK 3，汉字，中级汉语语法，中级商务汉语（入职与营销篇），中级商务汉语（商务活动篇），汉语与文化交际，对外汉语教学核心语法，汉语语法教学，课堂教学测试与评估	华文慕课	11
北京第二外国语学院	中级汉语视听说	中国大学 MOOC	1
北京师范大学	**初级汉语口语，**汉语文字词汇，**应用语言学理论与实践	学堂在线 中国大学 MOOC	3
北京邮电大学	中国文化传承与科技创新	中国大学 MOOC	1
北京语言大学	**初级汉语语法，**速成汉语语法课堂，**商务汉语（中国商务概览），汉语语法与语法教学，*汉语国际教育概论，*初级汉语综合课教学法，*功能汉语速成，*商务汉语（中国经济聚焦），*HSK4 级强化课程，*初级汉语语法进阶，*初级汉语口语入门，第二语言习得，中国概况	学堂在线 中国大学 MOOC	13
成都信息工程大学	对外汉语教学概论	学堂在线	1

续表

开课院校	课程名称	开课平台	数量
海德堡大学孔子学院	新实用汉语初级课程（一）	好大学在线	1
湖北大学	跨文化交际	学堂在线	1
华中农业大学	魅力汉语	中国大学MOOC	1
暨南大学	华文趣味教学法，＊＊华文教学的理念与方法，＊＊华文教育技术与实践	学堂在线 中国大学MOOC	3
南京大学	国际汉语初级课堂教学，中国文化与当代中国	中国大学MOOC	2
清华大学	对外汉语	学堂在线	1
上海交通大学	中级汉语（一），中级汉语（二），＊你好，中文（中级）	好大学在线 中国大学MOOC	3
上海外国语大学	汉语精读，初级汉语语法，汉语初级入门	中国大学MOOC	3
四川大学	学成语知中国，学汉字知中国	中国大学MOOC	2
武汉大学	汉语upup	中国大学MOOC	1
西北农林科技大学	走近历久弥新的中国	中国大学MOOC	1
西南交通大学	World Heritage Sites in China	—	1
新疆大学	对外汉语课堂教学设计	学堂在线	1
浙江科技学院	初级汉语综合	中国大学MOOC	1
郑州大学	走进中国	中国大学MOOC	1

注：本表按院校名称的拼音排序，如果某个院校的慕课有两个开课平台，则该院校加＊标识课程的提供平台是中国大学MOOC，加＊＊标识的课程是两个平台都提供，数据截至2019年12月28日。

与2018年的数据相比（辛平，2019），对外汉语教学慕课在2019年有了快速的发展，这主要体现在几个方面：提供慕课的院校从6所增加到2019年的21所，慕课数量从26门增加到53门（具体开课的院校和课程名称详见表2）。慕课的类型更加丰富，涌现了介绍中国概况和文化、关注国际汉语教育理论与方法的课程，如《中国文化与当代中国》《初级汉语综合课教学法》等课程；与先前偏重语言或偏重文化的课程不同，出现了语言和文化并重的新课型，如《学成语，知中国》。在汉语的专项技能训练上，课程更加细化，如《中级汉语视听说》。同时，随着课程类型的丰富，面向的学习者也进一步拓宽，如《华文教学的理念与方法》主要面向从事（或学习）华文教育的师生，中国文化相关的课程为中高级汉语学习者提供了更多可学习的课程。关于国际汉语教学慕课的类型与数量分布，如表3所示。

表3　　　　国际汉语教学慕课的类型与数量分布

课程类型	课程举例	数量
语言要素	汉字、初级汉语语法、汉语文字词汇	11
专项技能	中级汉语视听说、汉语精读、初级汉语口语	5
汉语综合	清华对外汉语、初级汉语综合、汉语upup	10
专门用途汉语	商务汉语（中国经济聚焦）、HSK4级强化课程	8
中国概况与中国文化课程	中国概况、走进中国、中国文化与当代中国	6
国际汉语教育理论与方法	汉语国际教育概论、华文教学的理念与方法、初级汉语综合课教学法	11
其他	华文教育技术与实践	2

注：＊表示这些课程在慕课平台，数据截至2019年12月28日。

四　研究问题与方法

（一）研究问题的提出

研究者们指出，对慕课的研究通常是基于局外者的视角，而学习者对慕课学习的看法是一个重要问题，这方面的研究很有必要（陈向东、曹安琪，2014；Liu, et al., 2015）。现有文献多聚焦于慕课在国际汉语教学与推广中所发挥的积极作用，而较少对存在问题进行的客观反思与研究（张玉娇、陈彧，2019）；文献中关于慕课学习者体验的实证研究不足，而关于外国汉语学习者慕课学习体验的实证研究基本空白。因此，本研究希望能就此做一项探索性分析。主要探讨研究问题是：外国汉语学习者学习慕课的实际体验是怎么样的？

（二）研究方法

正如一位研究者所言，教育研究不能依靠断言或是仅凭数量和完成率的数据。采用多种研究工具才能更深入地研究慕课现象，不仅质性的分析不可缺少，而且量化的数据也需要与人性化的分析相结合才能更好揭示教育现象本质（詹妮弗·罗伯茨，2019）。在线课程的推广与应用，需要真正深入解决学习者在慕课学习实践中存在的问题，这有助于提出改进慕课教与学的实际建议。基于上述的认识，本研究主要采取了两种研究方法，一是参与式观察，二是深度访谈。

1. 选择参与式观察的原因与对象

作为研究的开展者，作者本人也是国际汉语教师，因此也是研究对象中的一员；作者旨在通过自己的体验来加深对慕课的认知和了解。因此，在开展这项研究期间，作者浏览了中文慕课平台的所有汉语国际教学慕课的课程概述和课程目标。同时，注册体验了不同课程类型的慕课，并选择了两门慕课作为重点观察的对象。这两门课程分别是：四川大学的"学成语知中国"和北京大学的"汉字"。这两门慕课的主讲教师都具有丰富的汉语国际教育的理论与教学经验，川大的"学成语知中国"首次开课时间是在2019年6月，目前开课两次，具备一门慕课的完备形式。北大的"汉字"不仅有线上课程，还有配套的慕课教材。此外，选择"学成语知中国"作为观察对象还有一个原因，就是参与本研究的外国学习者自愿选择了这门课；选择北大"汉字"慕课是因为我们在汉字的课堂教学中采用了北大的慕课教材，这有助于分析课堂学习和慕课学学习之间的关系。

2. 深度访谈的对象和过程

本研究收集资料的另一种方法是深度访谈。访谈的目标对象在中国学习或工作,并且正在学习汉语的外国人士。作为一项探索性研究,作者通过电邮招募本人所工作的大学自愿参加这项研究的参与者(以下简称参与者)。回复参与意向的共 5 人。其中一人因时间无法安排没有参加访谈,实际参与者 4 人。访谈于 2019 年 11—12 月进行。参与者的基本情况如表 4 所示。

表 4　　　　　　　　　　参与者的基本情况

编号	国籍	教育水平	学习汉语时间	是否中文专业	汉语水平
A	美国	大学毕业	9 年	是	高级
B	美国	研究生	5 年	否	高级
C	美国	大学毕业	1—2 年	否	初级
D	美国	大学毕业	4 个月	否	初级

对两位高级汉语的参加者,作者请他们各自注册并选择一门慕课(巧合的是,他们都选择了《学成语,知中国》),并在随后的四周时间里自主安排学习。之后作者与参加者进行了三轮访谈,这些访谈安排在三周进行。在每次访谈之前,作者会将访谈的主要问题发给参与者,并请参与者给出书面回应;之后与参与者分别进行面谈,每次面谈时间持续 30—60 分钟。在面谈中,研究者提出更多细节问题,请参与者就主要问题进一步做进一步解释和补充,并一起回看部分慕课内容,请参与者表达自己的感受和观点。

两位初级汉语的学习者都在本学期学习了汉字课程,作者先请她们注册并学习汉字慕课,然后分别进行书面访谈,最后与她们一起面谈,面谈时间大约 50 分钟。在面谈过程中,研究者与这两位学习者一起回看部分汉字慕课内容,请她们对给出的书面回复给出进一步解释、补充和拓展。此外,研究者在这段时间里也与其他汉语学习者、慕课授课教师就慕课学习话题进行了多次讨论,从而尽可能取得关于研究问题的详细真实的回答。

3. 资料的整理和归纳

访谈的资料通过录音和书面记录保存。在每次访谈结束之后，研究者尽快将本次的录音资料转化成书面文字，并翻译成中文，形成访谈记录稿。随后，会对访谈的原始资料进行编辑，给每位参与者编码，对每一份文字资料进行分析、比较，并归纳总结，尽可能详尽地回答研究问题。

五　研究发现

本文的主要研究问题是关于汉语慕课学习的实际体验，下面分别从学习者的学习动机、学习慕课的行为、学习的持续意愿、慕课的易用性、对慕课的总体看法等方面进行探讨。

（一）学习慕课的动机

通过访谈和观察，可以看到参与者学习慕课源自于他们对学习汉语的兴趣。每一位参与者都明确表明自己对学汉语有兴趣，如参加者 A 说，"我对成语和他们背后的故事有兴趣。"参与者 B 说，"我希望可以多记下几个成语，丰富我的口语和写作。而且我想要多学汉语，这个也可以练习听力。"两位初级汉语的学习者也明确表明了他们的兴趣，参与者 C 目前所工作的部门是数据科学系，她大学所学的专业与汉语并无关联，但她本人对学习汉语有兴趣，从大学时起就开始学习汉语。参与者 D 说，"我对汉字的复杂性以及表意性特别感兴趣。"另外，参加者目前都在中国工作，学习所在国的语言对于他们的生活便利性显然具有帮助。这一点从参与者和 D 来了中国后开始学中文也可以看到。由此可见，对汉语的兴趣和实用性是学习汉语慕课的前提。

他们学习汉语慕课的动机主要在于找到一种汉语学习的新（或补充）方式。四位参与者都不是学生身份，因此在课堂学习汉语难以保障。参与者 A 说，"我以前的大部分中文都是在教室里学的。我想知道慕课是不是一个让我继续学习汉语的有效方法，甚至是在我离开中国以后的时间也可以用。"参与者 B 说，"我一般是用 HSK 的教材自学，或者找个老师一对一上课。我想看看慕课怎么样，是否值得用，如果能找到我喜欢的一个新的学习方法，也挺好的。"参与者 C 说，"因为我们现在每周只上 3 个小时的汉语课，所以最好也有几个小时的网络课来补充学习。"参与者 D 说，"我非常感谢慕课作为一种资源，我也可以将它用于学汉语的不同方面。"因此，慕课是他们满足学习汉语需求的一种途径。

（二）学习慕课的行为方式

在访谈中，研究者请参与者描述自己学习慕课的具体行为。包括以下几个方面。

1. 是否回看视频或做笔记。参与者 A 介绍说，"当我做选择题的时候，我会返回查看了一些成语的定义，或是答错题的时候回头看。我用手机上的 APP 做了一些词语的闪卡，我会看这些闪卡。"参与者 B 的回答是："算是没做笔记，不过我经常返回重看视频。"参与者 C 说，"我经常跳转到不同的视频，所以我从来没有看过其中一个视频很长时间。"从回答中可以看到，回看视频的行为主要与两点有关：视频内容是否能引起兴趣和注意力；视频内容是否与考查的知识点相关。换言之，影响慕课学习的行为的因素主要取决于内在兴趣或外在约束。

2. 能否专心于慕课学习。参与者 A 说，"如果我在学习的时候收到微信新消息会看。"参与者 B 回答说，"我有一次在咖啡馆里学习，就会偶尔抬头看看别人。"参与者 C 说，"我发现视频让我难以集中注意力，速度太慢了。在线学习可能是一个挑战，因为很难集中精力。"参与者 D 说，"缺乏互动有时会导致我看视频时走神，这是我努力记笔记的原因。"从上述回答中可见，慕课灵活的学习方式对学习者来说，与课堂学习相比，在提供便利的同时，也会产生其他学习干扰因素；而教学视频（即在线教学的主要特征）的风格对注意力（即教学效果）有显著的影响。

3. 是否参与测验或作业。参与者 A 回答，"我做了与视频相关的选择题，我做了选择题，因为我会得到答案，帮助我知道我是否真的知道这些成语。"参与者 B 说，"我做了选择题。我觉得这个还不错，帮助我了解我是否真的记得从课程视频和 PPT 中学的东西。虽然我知道我还没有学的足够深入，能够在生活中用它们。但是如果我在阅读或听到这些成语，我可以理解它们。"从回答中可以看到，在线测验主要考查的是知识的记忆，但能够提供即时反馈，这有助于学习者检验学习效果。作者在观察中发现，有些慕课在视频中随机插入的一两道小测验题目，而不仅仅是以单元测验和期终测验的形式呈现，这既发挥了慕课的技术优势，也增加了课程的互动性，有助于学习者保持注意力。

4. 是否参与评论。参与者 A 的回应："我参加了一些评论，但我觉得没有动力，因为没有互动。"参与者 B 回答："没有，一般只会看一下别人发的评论。很多人就是复制和粘贴，而且写了评论是否真的会有人（老师）看。"作者在观察中也发现，大部分慕课的评论功能不能够真正发挥表达观点的作用，评论的参与率不高，并且相当一部分评论者只是以完成课程要求为目的。造成这一现象的原因可能有：教师没有对发表评论提出清楚的指引，设置的题目侧重于知识的识记，不能引发讨论；评论和问题没有得到教师或同伴的反馈。如何让评论有效发挥对所学知识的巩固、对已有知识的联结和协同学习作用，这是汉语教学慕课进一步发展所需要关注的问题。

参与者 C 和 D 所学习的汉字慕课没有提供测验、作业或评论，因此对上面的两点无法回应。

（三）汉语慕课的易用性

第一，从技术操作的易用性来说，虽然参与者在学习过程中偶尔会遇到一些小的技术问题（如下载课程 PPT），但是中文慕课平台（参与者使用的是中国大学 MOOC 和"华文慕课"）都比较容易操作。例如，参与者 B 提到注册和查找课程"没那么难"，搜索课程"也挺容易的"；参与者 C 说，"注册过程相当顺利"。参与者 D

说,"我发现这个网站使用起来相当直观"。也就是说,外国学习者认可中文慕课平台的易用性。

第二,从学习课程内容的易用性说,外国学习者认为有待改善。这包括以下几个问题:(1)语言的理解。参与者 C 说,"浏览网站本身有点困难,因为大部分是中文的,而不是英文的"。语言理解的另一个问题是翻译的准确性。参与者 D 说,"我需要看英文的字幕去理解内容,但有些英文字幕不是很好,有的意思看不明白,有的翻译对词义的解释不太正确,比如有个词我已经知道是贬义的,但视频上的英文字幕是褒义的用法"。作者对汉语教学慕课的观察中也发现,对外国学习者(尤其是初级汉语学习者)来说,语言是学习汉语慕课中很直接的障碍,在慕课平台的首页、课程的说明和要求中缺少英文提示,给学习者带来了困难。(2)目录类别的设置。参与者 A 说,"我认为,如果能够将课程列在一个以上的类别下,可能会更容易找到课程。例如,《学成语,知中国》这门课看起来对外国人有用,但没有给外国人学汉语的目录类别"。(3)课程的设置方式。参与者 A 说,"只要一段视频结束,它会自动转到下一段视频,跳过所有与第一段视频相关的问题和复习,我觉得很不方便"。以上具体问题是学习者关于改进汉语教学慕课的实际建议。

(四)学习汉语慕课的持续意愿

研究者在对高级汉语学习者的三轮访谈中,每轮(即每周)会追踪学习者的学习意愿。从访谈中看到,在学习的初期,参与者对完成一门慕课的态度基本是认同的。在刚开始学习的时候,参与者 A 表示,"我觉得完成整个课程比较好",参与者 B 说,"如果我的空时间够用的话,学整个课程是可以的"。

学习者完成一门慕课的意愿随着学习的过程会发生变化,这源自以下几个因素。

1. 慕课开课时间的限制。比如参与者 A 指出,"我是在课程进行一大半才开始学习的,想学完课程也来不及。"参与者 B:"这个课结束了，也许下课开课我还会学，但我很大可能会忘记它。如果课程并不总是开放的，而是在某些时间开始和结束，那么它就不那么方便了，因此我就不太可能在任何有空的时间里学习它。按照我现在的工作和学习的日程安排，这对我来说并没有什么很多价值。"

2. 缺乏直接的学习动力。参与者 A 回答："将来我会不会通过慕课学习汉语，这主要取决于我有多想学习更多的汉语。"参与者 B 说，"我觉得考试没什么用，我也不知道慕课的证书会有什么价值。"

3. 在学习过程中难以保持兴趣。当研究者在第二周问参与者是否因为兴趣继续学习，参与者 A 表示，"主要是因为参与了这个课题"，参与者 B 回答，"兴趣比较小，比较大的原因是因为在参加这个课题。如果有互动，我的兴趣可能会更大一些"。

（五）对所学慕课的总体看法

1. 慕课学习中喜欢的部分。参与者 A 说，"我可以暂停和重看视频，所以如果我错过了一个部分或想要记下什么东西，我可以很容易地这样做。"参与者 B 回答，"我喜欢视频，因为它们不太长，看两三遍很容易。也可以随时看，很方便。"参与者 C 和 D 表示慕课能帮助她们复习课堂中所学的内容。作者在"学成语，知中国"慕课中体验到，教师语速适中，讲解深入，有中英文字幕；课程结构清晰，形式丰富，视频中既有教师讲授，也有动画演示某个成语的意思和外国人应用成语的表演；课程包括评论、测验和考试等完整的课程结构。作者在"汉字"慕课中发现，该课程上线较早，因此课程结构不够完整，更适合用作翻转课堂教学或课堂教学的补充资源。

2. 慕课中有待完善的部分。参与者谈到以下几个方面：（1）视频的长度。参与者 B 说到，"视频 20 分钟，我就难以保持注意力。视频只有 8 分钟，就使得这些视频更容易观看和保持注意力"。（2）视频内容。参与者 B 认为课程中不应采用外国学生来表演小品，他说，"因为他们说的中文不太好，有的很紧张，说得很慢，我想多听中国人说话，不要像他们那样发音和节奏不自然的中文"。（3）测验和作业的设计。参与者 B 提到，有的题目要求不清楚。比如一个题的题型是简答题，但问题是问"一个什么成语"，他感到疑惑，不知道是要写文章还是写一个成语。其他参与者提出的建议在前文中已介绍，这里不再说明。

3. 对教学内容和教学风格的看法。（1）学习者对有细节的分析、形象的内容感兴趣。参与者 A 说，"我喜欢听老师讲成语的词性和句子中的成分，提到一些汉字的部首，我觉得很有趣，我肯定会记住这些"。参与者 B 回应说，"有些成语的解释很有意思，比如饭来张口，衣来伸手，就像给你一个画面"。（2）学习者偏好自然和轻松的教学风格。参与者 A 说，"我不确定具体是什么原因，但我最喜欢的那个老师讲课我感觉更轻松"。参与者 B 说，"每个老师自己的风格都有积极的一面，但我不喜欢有的老师好像一直在读，不自然"。

4. 关于课堂学习和在线学习之间的差别。参与者 A 说，"慕课学习缺乏课堂环境，缺乏与教师的互动"。参与者 B 的回答是，"课堂学习有师生互动，注意力会好一些；在课堂中，老师会提问你，让你保持注意力"。参与者 C 说，"对我来说，学生和老师之间的互动有助于我保持专注，对学习感到兴奋，所以当没有互动时，我会受到负面影响"。参与者 D 的看法是，"我认为每种学习方法都有各自的优缺点。课堂学习时我们更容易记笔记，我们可以在任何需要的地方停下来提问，听到解释，并得到即时反馈。在线学习的最大好处是自由：你不需要与其他人的日程安排相协调，也不需要在课堂里学习。不过，就我个人来说，我不喜欢盯着屏幕的学习方式，因此我也试着用慕课作为汉语的听力和阅读练习"。从上述回答中可以看到目前汉语慕课最大的不足是不能满足学习者对互动的需求，这与之前其他学者的看法相印证（薄巍等，2019）。

六 理论性的初步探讨

基于现有慕课的文献和作者的实证研究,本文尝试做一些理论性的探索,提出慕课学习体验的三个层次说,由低到高分为三个层次:有用体验、互动体验和愉悦体验。

对汉语慕课的学习者来说,有用体验是学习的第一个层次,也是慕课学习的初始动机。学习者首先是对某种知识有学习需求(本文的参与者的学习需求是学习汉语),并且持有好奇的心态,想要了解并体验慕课是否是一种有用的学习途径。有用体验包括的因素有:好奇心、尝试意愿、潜在需求、直接需求。有用性与个人需求的关联度越高,学习者的学习意愿就会越显著,完成课程的可能性就越大。比如,一个汉语学习者发现一门慕课对他(她)准备HSK 考试很有帮助,他(她)学习该慕课的意愿就会增强;如果学习者完成慕课可以获得学分,那么他(她)完成该慕课的可能性就很大。在这个层次,学习的目的是为了获取知识及得到某种现实的利益,完成对某种知识概念的认知和了解。

互动体验是慕课学习的第二个层次。互动体验是维持慕课学习兴趣的重要因素。互动体验包括人机互动(如学习者参加小测验并即时得到结果),师生互动,同伴互动,以及学习者与其他社群的互动。互动体验源自于人类的社交和情感需要。在本研究中,参与者感到慕课本身能带来的互动体验非常有限,因此他们有在社交媒体上发自己学习慕课的动态,有在生活中和同事交流慕课中所学的成语等,这些互动行为对维持学习者的学习兴趣起到一定的作用。在这个层次,学习的目的是为了与社群互动,建立起知识的联结,巩固和深化理解所学的知识。

愉悦体验是慕课学习的第三个层次,也是学习体验中的最高层次。愉悦体验并不是与另外两种体验分割开,而往往是与其他体验相融合。愉悦体验是一种内在的心理感受,对慕课学习的持续性具有最重要的影响。在这个层次,学习的目的是为了实现知识的价值和意义，知识得以吸收和转化，学习者拥有自我赋能的满足感、学有所用的成就感、自我发现的愉悦感。

结　语

　　从学习者的体验中可以看到，学习者期待慕课成为终生学习的一种途径。但不同的学习者对慕课有着不同的需求，有的学习者只对课程中的部分知识感兴趣，并没有完成课程的需要；有的学习者有意愿完成整个课程，但需要更加弹性的时间安排。目前，多数慕课都设置了明确的开课时间和学习时间限制。时间的要求对完成课程会起到督促作用；但对于终生学习者来说，时间的要求可能与对学习带来了不少限制，减弱了学习者的学习意愿。既然慕课旨在"通过互联网这个渠道和手段，打破各种壁垒，让每个人都可以平等地进行教育"，[①] 那么提供多元的慕课学习方式将有助于实现这一目标：同一门课程既可以是自助方式（随到随学，无作业和测验要求，完全免费）、半自助方式（没有明确的开课时间，有较宽松的学习期限，有作业和测验要求，完成课程要求可获得认证证书，收取证书费用）和督导方式（有严格的开课时间和学习时间限制，有作业评改和教师反馈，完成课程要求可获得认证证书，收取课程和证书费用）。这种多元的学习方式或许可以更好地满足不同学习者的需求。

　　慕课应更充分应用在线课程的技术优势，致力于提升学习者的互动体验和愉悦体验，这正如一位研究者所言，"学习不仅是关于事实与结果的间接获取，也是内在于主体实践中的直接体验，更应当是展现生命意义、激发生命活力、体悟生命价值的重要途径"（高地，2014）。

　　最后，作者想要说的是，每一门慕课的上线背后都有教师及课

---

① "中国大学 MOOC" 官网，https：//www.icourse163.org/about/aboutus.htm#/about，2019年12月25日。

程团队、平台所付出的诸多努力和心血。对每一位慕课的学习者来说，我们毫无疑问对这些付出心存感谢。但我们仍然需要正视慕课发展中的不足之处，这将有助于慕课的进一步推广和使用。国际汉语教学慕课是中国语言文化走向世界的一种途径，我们期待它能更好地实现这个目标。

参考文献

薄巍、冯芃芃、金檀：《外语学习型慕课的类型、特征与发展》，《广东外语外贸大学学报》2019年第2期。

陈向东、曹安琪：《为什么没有坚持——一个MOOC学习个案的分析》，《现代远距离教育》2014年第2期。

邓李君、杨文建：《大学生慕课（MOOC）使用意愿影响因素与图书馆应对策略》，《图书馆论坛》2016年第8期。

高地：《MOOC热的冷思考——国际上对MOOCs课程教学六大问题的审思》，《远程教育杂志》2014年第2期。

郝兆杰、肖琼玉、常继忠：《慕课学习者完成课程的影响因素研究》，《成人教育》2018年第10期。

焦建利、王萍：《慕课：互联网+教育时代的学习革命》，机械工业出版社2015年版，第2—6页。

卢迪、杨慧兰、施和平：《浅析"慕课"对大学生学习兴趣的影响》，《教育教学论坛》2015年第41期。

辛平：《教学理念视域下的对外汉语教学慕课分析》，《高教学刊》2019年第16期。

张玉娇、陈彧：《慕课与国际汉语教学及推广》，《汉字文化》2019年第16期。

[美]詹妮弗·罗伯茨：《我的慕课学习之旅：终身学习的自我人种志研究》，肖俊洪译，《中国远程教育》2019年第11期。

Liu, M., Kang, J., & McKelroy, E., 2015, "Examining Learners' Perspective of Taking a MOOC: Reasons, Excitement and Perceptions of Usefulness", *Education Media International*, 52 (2), 129–146.

Wang, Y. & Baker, R., 2015, "Content or Platform: Why do Students Complete MOOCs?", *Merlot Journal of Online Learning and Teaching*, 11 (1), 17–30.

An Exploratory Study on the Learning Experience of MOOC in Teaching Chinese as a Foreign Language(TCFL)

Cui Yan

Abstract: Based on the concept, characteristics and models of MOOC, this paper reviews the literature on the influencing factors of mooc learners'learning intention and completion rate, and summarizes the development of Chinese MOOC platform and international Chinese teaching MOOC. Through in-depth interviews and participative observation, the author explores foreign learners' actual experience of learning Chinese moocs from five aspects: learning motivation, learning behavior, continuous willingness, ease of use of moocs and general views. Finally, this paper puts forward three levels of MOOC learning experience, and gives specific suggestions for the further promotion and use of Chinese MOOC.

Keywords: Teaching Chinese as a Foreign Language; MOOCs; Learning Experience

"互联网+"新业态与高校传统文化教育对策研究*

孙惠欣**

摘　要：中华传统文化是中华文化的精髓，大学发挥着文化育人的功能，担负着提升当代大学生人文素养的重任，是文化传承和创新发展的重要阵地。"互联网+"催生了新的发展业态，网络文化在互联网的蓬勃发展中应运而生，并在信息技术时代获得前所未有的发展机遇，改变着高等教育的发展环境。但同时我们也看到，在互联网与教育领域融合发展日益深入的当下，高校传统文化教育面临多元文化的强势冲击，因此，加快传统文化教育现代性升级改造，构建"互联网+传统文化教育"平台，开发网络课程资源，探索传统文化与网络文化在高校的和谐共生之路和二者在大学校园的融合发展，对构建包容开放的现代大学文化具有积极的指导意义。

关键词：互联网+　新业态　传统文化教育　机遇挑战　对策

"互联网+"是创新2.0下的互联网发展的新业态，是知识社会创新推动下互联网形态演进及其催生的经济社会发展新形态。随着大数据、物联网、云计算等新一代信息技术不断取得突破，新的

---

* 基金项目：大连大学教学改革重点项目"'互联网+'背景下高校传统文化教育教学创新与变革研究"，阶段性成果。
** 作者简介：孙惠欣，女，大连大学文学院教授，博士生导师，研究方向为中国古代文学。

技术手段正逐渐改变着人类的经济生产和社会生活方式，也给教育带来了重大变革。2017 年，国家颁布的《关于实施中华优秀传统文化传承发展工程的意见》中明确指出："实施中华优秀传统文化传承发展工程，是建设社会主义文化强国的重大战略任务，对于传承中华文脉、全面提升人民群众文化素养、维护国家文化安全、增强国家文化软实力、推进国家治理体系和治理能力现代化，具有重要意义。"① 在互联网与教育领域日益深入融合发展的当下，如何加快传统文化教育升级改造，探索传统文化与网络文化在高校的和谐共生，融合发展，对构建包容开放的现代大学文化具有积极的指导意义。因此，将"互联网+"思维应用到高校传统文化教育之中，推动其教育方式与模式的创新，已经成为当前教育界积极思考的问题。

一 "互联网+"相关概念内涵及特征

"互联网+"作为一个新出现的名词，最早是在 2012 年提出的。"互联网+"的概念，是在互联网的基础之上，随着互联网技术的日趋强大发展起来的，是基于互联网技术的不断革新而衍生出来的新理念。

（一）"互联网+"相关概念内涵

1. "互联网+"概念

"互联网+"概念的提出始于第五届移动互联网博览会上，易观国际董事长兼 CEO 于扬（2012）的发言中第一次使用了"互联网+"的概念。他认为："在未来，'互联网+'公式应该是我们所在行业的产品和服务，在与我们未来看到的多屏全网跨平台用户场景结合之后产生的这样一种化学公式，我们可以按照这样一个思

---

① 中共中央办公厅、国务院办公厅：《关于实施中华优秀传统文化传承发展工程的意见》，http://www.gov.cn/zhengce/2017-01/25/content_5163472.htm。

路找到若干这样的想法。而怎么找到你所在行业的'互联网+'是企业需要思考的问题。"腾讯集团董事会主席马化腾在《"互联网+"是如何顺势而为?》中说:"互联网就像电一样,过去因为有了电,很多行业发生了翻天覆地的变化。现在有了移动互联网。每个行业都可以拿来用,去改变自己的行业。所有行业都需要基于互联网重新思考,因为这是大势所趋的方向。'互联网+'是一个趋势,'+'的是传统的各行各业。"(杨剑飞,2016)阿里巴巴集团创始人马云则认为:"互联网时代才刚刚开始,下一步全球大趋势是从 T(Information Technology)走向 DT(Data Technology),而'观念'转型升级才是成功的起点。不懂技术的人可以把懂的人请来,因为数字的鸿沟不在于技术,而在于'思想观念',观念的鸿沟才是真正的鸿沟,转型升级就是要把脑袋升级,脑袋升级经济才能真正升级。我们要思考如何用互联网技术、理念、思想去与传统行业进行交融和共同发展。"(杨剑飞,2016)综合起来看,互联网界的先行者们对"互联网+"的不同阐述,反映出一个共识:"互联网"拥有巨大的能量,这种能量足以改变传统、发展传统,使传统呈现出新的面貌。"互联网+"概念正是基于互联网技术的不断革新而创造出来的新理念,被认为是创新 2.0 下的互联网发展的新形态、新业态,是知识社会创新 2.0 推动下经济社会发展的新形态的演进。"互联网+"具有不受时间和空间限制的广泛性和便捷性,其实质是互联网技术在各个行业和领域中的应用,就是"互联网+各个传统行业",通过利用信息通信技术以及互联网平台,让互联网与传统行业进行深度融合,创造新的发展生态。这里的"+"不是简单的"1+1=2",而是两者之和要大于2。"+"可以充分利用互联网的优势,把互联网的创新成效应用到社会的各个领域,加快传统行业转型、升级和更新。2015 年《国务院关于积极推进"互联网+"行动的指导意见》中指出:"'互联网+'是互联网的创新成果与经济社会各领域深度融合,推动技术进步、效率提升和组织变革,提升实体经济创新力和生产力,形成更广泛的以互联网为基础设施和创新要素的经济社会发展新形态。"使得全社会更加关注互联网对于整个社会经济的提升带动作用。与其说互联网是一场产业革命,不如说它是一场社会革命更加确切。

2. "互联网+教育":"互联网+教育"是利用互联网所拥有的基础设施和创新要素促进传统教育的变革、创新发展。"互联网+"具有开放性、即时性、高效性和共享性等特点,"互联网+"对传统行业显示出其强大的力量,不断促使其进行换代升级。李克强总理指出:"在'互联网+'时代,互联网不仅仅是一种连接每个个体的工具,它也是一种思维方式、生活方式。"[①]可见"互联网+"是一种思维、一种理念,而"互联网+教育"便是在这种思维、理念土壤上成长起来的硕果。"互联网+"成为"教育"成长的营养源,为"教育"发展提供源源不断的动力和养料,成为一种"教育思维"。"互联网+"与教育融合为学校重组提供了新的可能,"互联网+教育"其实是在尊重教育本质特性的基础上,用互联网思维及行为模式重塑教育教学模式、内容、工具、方法的过程。"互联网教育与传统教育并非水火不容,相反,互联网教育的很多模式都发迹于传统教育,而且,互联网教育只有与传统教育融会贯通,才能在真正意义上实现互联网+的意义。"(赵帅,2019)《国家中长期教育改革与发展规划纲要(2010—2020)》中详细描绘了中国未来十年教育发展的宏伟蓝图,并明确指出:"信息技术对教育发展具有革命性的影响,必须予以高度重视。"之所以我们需要使用"互联网+"的模式来促进教育的发展,是因为"互联网+教育"具有以往传统教育所没有的特点和优势。

(二)"互联网+教育"的特点和优势

"互联网+"作为经济社会发展的一种新形态,正在创造一个过去传统大学无法企及的、全新的、巨大的教育教学改革空间。"互联网+"为教育提供了新的手段和模式,也为教育创新带来了

---

① 李克强:《第十二届全国人民代表大会第三次会议政府工作报告》,2015年。

新的契机。"互联网+教育"会简化教育过程，突出知识、信息和数据，知识和信息将演变成一种新的教育消费品，替代传统的教师体力劳动。与传统教育相比，"互联网+教育"具有明显的优势，可以最大化地利用教育资源，可以使学习方式与路径更加自主化，同时兼顾大规模与个性教育，实现教育管理与服务的现代化。

1. 教育资源利用的最大化

"互联网+"汇聚的数据和信息资源将成为最核心的资产，互联网的教育服务将成为学校的日常组成部分。有了互联网，学校教育服务不仅局限于自己的学校，完全可以来源于其他学校，来源于企业、家庭及社会方方面面，甚至来源于其他国家，正如比尔·盖茨所说的那样："学生今后可以在网上免费获取世界上最好的课程，而且这些课程比任何一个单独的大学提供的课程都要好，到那时候，无论是在麻省理工学院学到的知识还是在网络课程中学到的知识，都应该被人们所认可。"由此，学校围墙正在被打破，通过线上线下融合来促进学校开放将是大势所趋。目前，我国在教育公平方面的问题主要集中在优质教育资源的共享和均衡配置、优质教师的资源的流动、贫困地区教师的专业发展等方面，借助于"互联网+"的技术理念，可以推进优质教育资源优化配置，提高利用率，为教育资源欠缺的城乡学校、教师、学生等提供网上的优质资源。可以肯定地说，"互联网+"将引发全球教育资源的重新配置，缩小校际教育资源的差距，优质的教育资源借助互联网能够轻松地跨越校园、地区、国家，甚至能够覆盖到世界的每一个角落，这对提高促进教育公平，提高教育教学质量，推动教育创新将起到不可替代的重要作用。

2. 学习方式与路径的自主化

"互联网+教育"打破了传统教育形式在时间和空间上的限制，是一种随时随地的教育。同时，"互联网+教育"给予受教育者更自由的方式与路径，为偏远地区，教育设施落后的贫困山区的学生增加了"教育福利"。"互联网+"提供的实时协同通信网络、大规模的社会化协同等可以为学生提供更好的知识和及时的评价反馈。在"互联网+教育"环境下,学生有了前所未有的选课、听课自由度,可享受到全球最优质的在线教育资源与服务。"互联网所具有的实时多媒体通信功能,完全有可能打破学习组织的地域限制,互联网所能提供的针对性和个性化的反馈与服务,使学习者采用个性化学习方式和个性化学习路径成为可能。"(余胜泉,2016)

3. 大规模与个性教育的兼顾化

互联网时代的到来给传统的教育模式带来了翻天覆地的变化,在线教育使得优秀的教育资源突破时间、空间的限制,使知识得到前所未有的普及与传播。一个优秀教师从只能服务一个班,扩大到服务数千,数万甚至数十万的学生。"互联网+"既可以实现传统教育很难实现的大规模化,同时又能够实现我们现在要求的个性化,既能够实现每个人享有的公平,又能够实现跟每个人能力相匹配的高质量的服务。封闭的教室与校园被互联网所突破,学生随时可以在任何有网络覆盖和硬件支持的场所进行网上学习,使教育资源满足个性需求,实现真正的开放和共享。这样可以大幅度的缩小不同国家和区域之间教育资源的差异,可以深层次的推动和促进教育资源共享化。

4. 教育管理与服务的现代化

"互联网+"能够实现教育的信息化、数字化以及网络化,这种新型的教学模式可以满足课堂教学大规模、个性化教育的需求。"互联网+教育"的跨界融合,将推进信息技术深度进入教学、管理、学习、生活等领域内的关键性业务,一方面提高这些业务的效率,另一方面为这些关键业务提供完全不同的生态环境,从而促进这些业务流程与模式的优化,逐渐实现教育管理与服务的现代化。

二 "互联网+"给传统文化教育带来的机遇与挑战

"互联网+"是一种先进的生产力,网络文化在这种先进生产力的作用下应运而生,并在信息技术时代获得前所未有的发展机遇。互联网已成为当今文化传播的新形态,是中国传统文化传播的主流媒介,其影响力与传播力是传统媒介无法比拟的。但同时,互联网又是一把双刃剑,给传统文化带来发展机遇的同时也使传统文化面临新的挑战。

(一)"互联网+"给传统文化教育带来的机遇

互联网思维和技术的引入,使以往的传统行业获得了全新的发展模式和手段,形成全新的业态。互联网给我们的生活带来翻天覆地的变化,其优势在于它的交互性,只要拥有网络就可以实现资源流动。随着互联网的迅速发展,曾经一度不被人们重视的传统文化重新获得生命力,搭建"互联网+传统文化平台",充分发挥"互联网+"在传播信息方面的快捷、便利、易接受等优势,让优秀传统文化迅速融入人们的生活中去,为学习者掌握传统文化知识以及培养相关能力提供足够的便利,使之能够更快、更好地开展学习活动,进而促进传统和发展传统文化。在当今世界,互联网已成为人们生活的必备品,人们获取信息的主要渠道,我们必须抓住这个机遇,搭建传统文化交流网络平台,开发高质量传统文化系列产品,加强中华优秀传统文化的数字化转化,使之与人民大众的文化需求相适应,以期最大限度发挥互联网平台传播速度快、范围广的优势,将优秀的中国传统文化推介给大众,进而走向世界。

据中国互联网络信息中心(CNNIC)发布的第44次《中国互联网络发展状况统计报告》[①]统计,截至2019年6月,我国网民规模达8.54亿,较2018年底增长2598万,互联网普及率达61.2%,手机网民规模达8.47亿,网民使用手机上网的比例达99.1%。与五年前相比,移动宽带平均下载速率提升约6倍,手机上网流量资费水平降幅超90%。用户月均使用移动流量达7.2GB,为全球平均水平的1.2倍。同时,我国在线教育用户规模达2.32亿,较2018年底增长3122万,占网民整体的27.2%。我们完全可以借助互联网的强势传播能力,进一步探索传统文化在互联网上的新型传播方

---

① http://www.cac.gov.cn/2019zt/44/index.htm.

式，打造平台，向全社会传承和弘扬优秀传统文化。

此外，全球化的进程打破了地域疆界，在世界全球化与一体化的当下，互联网与其他媒介相比，最大的优势在于它的开放性和实效性，它受众之广泛，影响之深远，超乎人的想象。互联网为中国传统文化走向世界提供了新契机，因此要充分挖掘"互联网＋"提供的技术优势及价值，最大限度地将互联网在信息传播方面的巨大优势运用于传统文化教育中，通过全球性网络文化平台，让中国文化产业创新的成果走出去，在世界舞台上展现中国传统文化的风采，让世界更全面、更生动地了解中国优秀传统文化的内涵和精髓，增强中国文化的影响力，推动文化自信，实现文化兴国战略。

2020年3月13日，联合国教科文组织向全球发布了远程教学解决方案，推荐了世界范围内可免费获取的27个学习应用程序和平台，我国的爱课程网、阿里钉钉、蓝墨云班课入选。3月17日，全球移动通信协会将"中国慕课大会5G＋超远程虚拟仿真实验"列入5G行业应用案例。在4月10日，在教育部高等教育司组织召开的高校在线教学国际平台课程建设工作视频会议上，提出将启动高校在线教学英文版国际平台建设项目，组织推荐并建设一批优质英文课程上线，提供给世界各国大学生进行在线学习。我们要以此为契机，加快传统文化产品的升级改造，在国际平台在线课程建设中占有一席之地。

（二）"互联网＋"背景下高校传统文化教育面临的挑战

网络文化在互联网的蓬勃发展中应运而生，并在信息技术时代获得前所未有的发展机遇，传统文化在网络文化、外来文化的强势冲击下，加之互联网数字化阅读与传统阅读习惯的脱节等，使传统文化在高校的传播发展受到愈加严峻的挑战。

1. 外来文化、网络文化对传统文化的冲击

在世界全球化与一体化的当下，不同国家和地区之间的文化打破地域疆界，在不断交流碰撞中融合发展，多元文化成为当下时代最显著的文化主题，"多元文化在当今已成为正规的人类生活经验，

所有的人都生活在一个多元文化的世界中"。(郑金洲,2001)各种外来文化严重冲击了中华传统文化的价值观念、文化结构和文化模式,特别是以西方霸权文化为主导的外来文化,对中国社会经济和文化生活的方方面面都产生了深刻的影响,"各种外来文化特别是西方文化的影响已经深入到社会经济和文化生活的方方面面,严重冲击了中华传统文化的价值观念、文化结构和文化模式。尤其在青少年人群中,存在片面追求西方文化、忽视本民族文化的现象"。(郭万超、孟晓雪,2017)西方文化利用青少年求新求异的心理特点,通过更加迅捷的互联网通道,快速渗透到中国的各个领域。而作为思想尚未成熟的青年学生,更容易对外来文化产生新鲜感和认同感,西方文化已经在悄无声息地通过互联网,直接或间接地影响中国年轻一代人的价值观,从而导致对传统文化敬畏感的逐渐转弱,对传统文化认同感的日益淡薄,给传统文化的传承带来严重的危机。

  从网络文化方面看,网络文化作为一种全新的文化形态,已经渗透到社会生活的方方面面,严重影响着人们的生活、工作和学习。一方面,网络文化的开放性、交互性等特征符合青年的心理特点,为学生带来全新的生活方式、交往方式和生活娱乐方式,同时对青年学生的学习、生活、交往交流等产生不可比拟的积极作用,也为大学生传统文化教育提供了全新的文化环境和方便快捷的传播渠道;另一方面,随着互联网日益普及和广泛应用,大量的不良网络文化填充了因传统文化教育缺失而产生的空位,极大扭曲了国民的价值观、审美观。网络文化借助不断革新的互联网技术手段,为人们带来了技术手段和思想观念革新的同时也为人们带来了不利于社会发展、文明进步的不良文化。青年学生很容易受到不良网络流行文化的影响,造成价值观扭曲、义利观偏失等。同时,与网络文化自由、个性解放相比,传统文化教育普遍存在方式单一、模式古板等问题,这对于思维活跃、对新鲜事物存在极大兴趣的大学生群体来说,新潮的网络文化,大学生更易接受引起共鸣。"在对待传统文化与现代文化问题上,许多大学生以一种'固化'的思维模式审视传统文化，将其理解为'守旧'和'复古'，视其为一种暮气沉沉、缺乏进取精神的文化，加之传统文化的部分内容艰深晦涩，进而失去了进一步了解的兴趣。"（聂翔雁、李大维，2016）此外，基于网络和新媒介技术诞生的各种流行文化，正在改写青少年的思维模式、生活方式和价值观念，并对社会产生影响。而另一方面，对于鱼龙混杂的流行文化，思想单纯，几乎不谙世事的当代大学生们缺乏准确的鉴别和判断，全盘接受，盲目追捧，"青少年网络流行文化的生产具有快速、浅显、偏重视觉体验等特点，也因此在文化表达上往往流于肤浅，缺少历史底蕴，一切都可能被拆散成制造快感的符号，文化传承的断裂有愈演愈烈的态势"。（陈霖，2017）受其负面影响，导致青少年对传统文化兴趣的淡化，甚至抵触传统文化的教育与传承，这也是影响当今传统文化教育效果的重要原因之一。

2. 互联网数字化阅读对传统阅读习惯的颠覆

随着互联网的发展，人们的阅读方式呈现新的发展趋势，传统的纸媒让步于以互联网为依托的数字阅读。数字阅读方式不受时间和地点的束缚，具有较大的自由性，正潜移默化的改变人们的阅读习惯。随着电子产品行业的飞跃式发展，使用数字阅读，尤其是手机阅读等方式的人群数量剧增。据第 16 次全国国民阅读调查数据[①]可知，2018 年中国成年国民包括书报刊和数字出版物在内的各种媒介的综合阅读率为 80.8%，数字化阅读方式（网络在线阅读、手机阅读、电子阅读器阅读、Pad 阅读等）的接触率为 76.2%，较 2017 年上升了 3.2 个百分点。数字化阅读的发展，提升了国民综合阅读率和数字化阅读方式接触率，整体阅读人群持续增加，而图书、报纸、期刊等纸质阅读率增长放缓，而且有逐步下降的趋势。与 2008 年比，数字化阅读由 24.5% 增加到 76.2%，11 年间加增了 51.7 个百分点。

[①] http：//www.199it.com/archives/868955.html.

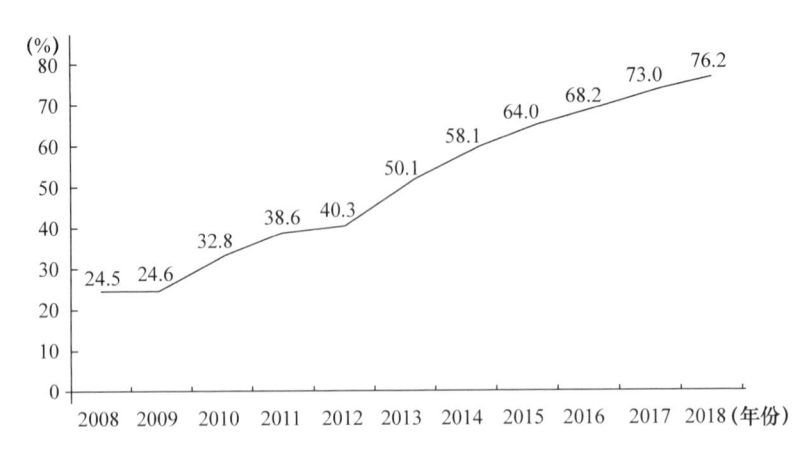

图 1 数字化阅读方式接触率 11 年间变化

2018 年有 69.3% 的成年国民进行过网络在线阅读，有 73.7% 的成年国民进行过手机阅读，有 20.8% 的成年国民在电子阅读器上阅读，有 20.8% 的成年国民使用 Pad（平板电脑）进行数字化阅读。

手机和互联网成为中国成年国民每天接触媒介的主体。从人们对不同媒介接触时长来看，成年国民人均每天手机接触时间最长，人均每天手机接触时长为 84.87 分钟，人均每天互联网接触时长为 65.12 分钟。这里还有一点值得特别关注，中国成年国民和未成年人有声阅读增长较快，这种新的阅读方式一诞生便受到民众的喜爱，成为国民阅读新的增长点，移动有声 APP 平台已经成为听书的主流选择。2018 年，中国有近三成的国民有听书习惯。其中，成年、未成年人的听书率均在 26% 左右。

综上，现今人们的阅读方式已由传统的纸质媒介阅读逐渐转变为数字化阅读，尤其是手机阅读。在节奏越来越快的现代社会中，大众的阅读习惯发生改变，阅读主体需要更为便捷的阅读方式，从而快速地获取信息，阅读总体呈现短平快的特点，传统的纸质阅读已经不能满足大众的阅读需求。与传统阅读相比数字阅读不受时间空间限制，读者可以更为自由和灵活的根据自身实际情况进行阅读，同时具有便携性，更为贴合当代快节奏的生活方式。互联网带

2018年中国成年国民的网络在线阅读接触率为69.3%的成年国民进行过网络在线阅读，手机阅读接触率为73.7%，电子阅读器阅读接触率为20.8%，Pad（平板电脑）阅读接触率为20.8%

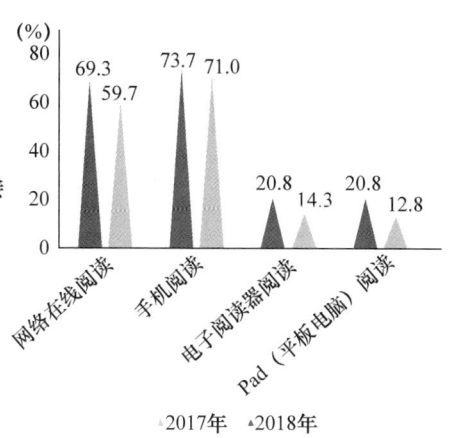

图2　各类数字化阅读方式接触率

- 2018中国成年国民人均每天读书时长为19.81分钟。
- 2018中国成年国民人均每天读报时长为9.58分钟。
- 2018中国成年国民人均每天阅读期刊时长为5.56分钟。

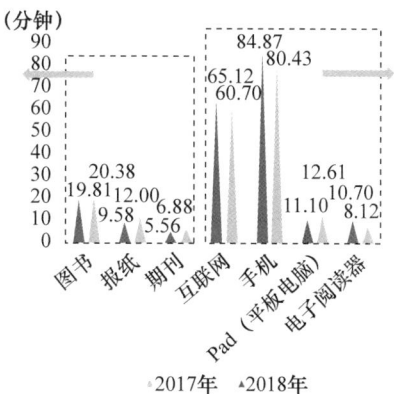

- 人均每天手机接触时长为84.87分钟。
- 人均每天互联网接触时长为65.12分钟。
- 人均每天电子阅读器阅读时长为10.70分钟。
- 人均每天接触Pad（平板电脑）的时长为11.10分钟。

图3　各类媒介接触时长

给我们的这种阅读习惯的改变与传统社会阅读习惯形成巨大反差，二者之间的脱节使中国传统文化的传承和发展面临新的挑战。中华优秀传统文化多以纸质媒介为载体，而记录语言多为文言文，生涩难懂，客观上制约着中国优秀传统文化的传播速度和覆盖面，使得传统文化的传承效果受到影响。因而，中国传统文化如何适应新时代的要求，及时与当代需求接轨，实现传统文化的现代性转型就显得尤为突出和重要。

- 2018年中国成年国民听书率为26.0%，较2017年的22.8%提高了3.2个百分点。
- 中国0—17岁未成年人听书率为26.2%，较2017年的22.7%提高了3.5个百分点。
- 中国成年国民和未成年人听书率较上一年增幅明显。

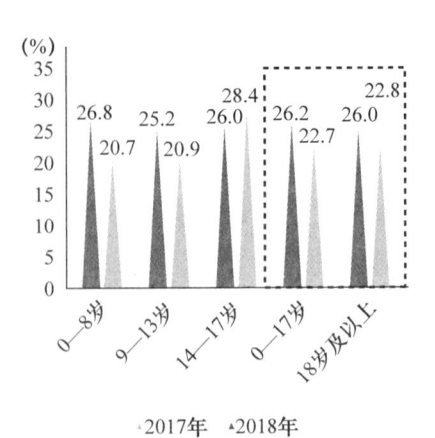

图4　各年龄段听书率对比

三　"互联网+"新业态下传统文化教育的对策

"互联网+"借助新的信息技术手段突破了各行各业原有的形态和结构，催生了新的发展业态，给各行各业带来机遇和无限可能，为传统行业注入活力和动力。互联网技术正在改变着传统教育的生态环境，迎来传统教育变革的新机遇，教育行业也将进入互联网化时代，因此，如何解决线上线下的博弈是传统文化教育面临的新问题。"一个民族的有生命力的文化，总是产生于特定的时代，并随着时代的发展，通过调节自身（重组或顺应），以适应文化领域内的生存竞争规律。"（中国社会科学院"世界文明"课题组，1999）高校传统文化教育要想适应新的时代，就必须像十九大报告中指出的那样"推动中华优秀传统文化创造性转化，创新性发展"，推动文化惠民、文化乐民、文化安民、文化利民、文化强民。互联网为传统文化教育提供了新的手段与方式，互联网文化传播平台和渠道为传统文化教育创设了不同于以往的文化环境，在开展传统文化教育时，如何在教育方式和渠道上做出恰当的调整以适应互联网时代的新特点，这是"互联网+"时代推动传统文化教育发展急需思考的问题。

(一) 构建"互联网+传统文化教育"平台

"互联网+"使传统文化教育不再只是依赖于现实中的书籍、教材,甚至传统意义上的课堂和教师,信息技术成为当前教学中最为普遍和重要的手段。互联网思维和技术的引入,使以往的传统行业获得了全新的发展模式和手段,不断地吸引着传统文化教育者积极融入这个时代,通过构建"互联网+传统文化教育"的平台,实现二者的有效融合。

传统文化在经济全球化和市场经济的双重影响下,其在互联网上的商业化是在所难免的,一方面它可以有力推动传统文化的传播,但另一方面,"过度的商业化则是对传统文化精髓的背离和破坏,过度的商业化只会破坏传统文化原本脆弱的生态"(孙晓婧,2018),会将传统文化变成了一种交易的商品。此外,中国文化产业,尤其是传统文化产业方面,在产品升级改造和后期运作上呈现不专业、不成熟的状态,传统文化产品的开发,缺乏科学依据,缺乏专业人员,没有统一的标准,亦无合理的监管,从而导致社会上的传统文化产品良莠不齐,有的甚至严重误导大众对传统文化的正确认知。因此,搭建符合当下需求的"互联网+传统文化教育"平台就显得尤为突出和重要。

"互联网+传统文化教育"平台构建中,既要考虑到既有教育内容,又要与当前紧迫教育需求有机融合。首先,在具体构建平台过程中,充分结合传统文化教育现有的内容,充分考虑学习者对平台的实际需求,将互联网教育平台与既有的教育内容和当前紧迫的教育需求进行有机融合,确保高校"互联网+传统文化教育"平台既能够运用新技术,又能够兼顾以往的教学内容和实际需求,实现从当前传统文化教育模式向"互联网+传统文化教育"模式的顺利转化;其次,挖掘"互联网+"提供的技术优势及价值,最大限度地将互联网在信息传播方面的巨大优势运用于高校传统文化教育中。运用互联网新技术,结合当代文化需求对中华传统文化进行全面、科学、系统的挖掘,进行现代性升级改造;再次,要充分考虑到不同学习者的实际需求和特点，提供个性化的学习功能，制定出差异化的教学策略，为学习者掌握传统文化知识以及培养相关能力提供足够的便利，使之能够更快、更好地开展学习活动；最后，我们应该利用当下影响力巨大的自媒体去构建传统文化教育的自媒体平台，创新传播路径与维度，扩大覆盖面和影响力，实现社交功能与教育功能的融合，达到传承推广的最佳效果。

（二）开发"互联网+"传统文化课程资源

传统文化教育资源是否符合学习者的兴趣和需求，直接决定了中国传统文化传承的效果，我们应开发符合大学生认知特征的"互联网+传统文化教育"课程资源，除了应有的知识性，力求趣味性、灵活性、丰富性和多样性，凸显传统文化的当代价值，避免出现空洞乏味的说教，力求达到事半功倍的教学效果。首先，合理整合中华传统文化的优秀内容，注重细化和分解，从中提取出符合当代互联网思维发展和现代人文化需求的部分，运用"互联网+"思维和新技术对这些资源进行重组，使之既适应互联网时代的要求，又符合高校传统文化教育的需要；其次，在传统文化课程资源开发过程中，注意不同层次知识的有效衔接，针对性地选择一些具有典型性、趣味性以及能够吸引学习者注意力的传统文化内容，运用互联网技术进行加工、处理和拓展，使之发挥新的作用，成为能够被教育者和学习者直接利用的在线学习课程资源；再次，课程开发过程中，应注意有意识地引导学习者参与其中，增强教学的互动性、参与性，将中国传统文化精华以文字、声音、图像、视频、动漫等多种多样形式呈现在学生面前，增强直观感，提高趣味指向，为学习者真切感受传统文化的魅力创造有利条件，使学生能够在轻松愉快的氛围中受到中华传统文化的滋养和熏陶，彰显传统文化本身所固有的社会价值与道德价值，促进传统文化的传播、继承与发展。

新冠状病毒疫情期间，在停课不停教、停课不停学这个特殊时期，"互联网+教育"发挥了前所未有的重大作用，据统计，截至

2020年4月10日，仅高校就有1454所参与在线教学，有95.2万名高校教师采用多种形式在线教学，在线课程共计713万门次，学生在线学习人次达到11.8亿。仅第一季度，中国上线慕课新增5000门，其他在线课程增加了1.8万门，"规模之大，范围之广、程度之深前所未有"是"世界高等教育史上的创举，全球范围内的首次实验"。（吴岩，2020）我们要充分利用好国家提供的在线课程平台，创新课程方式，丰富课程内容，打造传统文化课程精品，力争走向世界。

"互联网+"背景下，教育已不再局限于某一空间、某一地点，互联网正在促使高等教育的教学内容与方法，教学模式与教学管理体制、机制发生深刻变化。"互联网+"与传统文化教育的结合，是传统文化教育积极与互联网技术及其环境相适应的根本出路，也是传统文化教育在教学方式与模式上实现自我变革，培养创新型人才的根本要求。我们要"以更加开放和包容的眼光，把中华传统文化置于全球多元文化之中，用现代语境解读传统文化，发挥其超越时空的张力，激发传统文化的现代活力。在信息技术的推动下，充分发挥'互联网+'时代优势，要以跨文化、跨国界的全球意识，积极把传统文化教育融入信息化发展的进程中，彰显现代大学精神，不断促进传统文化教育的现代化、国际化"。（高君，2017）传统文化教育关系到国家历史延续、民族精神继承和社会文明进步，是一项重大的系统性、综合性工程，在全球化的背景下，中华传统文化正在以全新的眼光审视自己，寻求现代性的转变，积极融入世界文明的浪潮中，进而形成兼具中华民族特色和全球化特点的现代性的文化。

参考文献

陈霖：《现象·理论·视角——当代青少年网络流行文化研究述评》，《苏州教育学院学报》2017年第3期。

高君：《"互联网+"时代传统文化与网络文化的高校融合发展》，《铜陵职业技术学院学报》2017年第3期。

郭万超、孟晓雪：《中华传统文化传承和弘扬存在的主要问题》，《人民论坛·学术前沿》2017年第2期。

聂翔雁、李大维：《大学传统文化教育的现状与路径探析》，《社会科学战线》2016年第3期。

孙晓婧：《"互联网+"背景下中国传统文化传承与发展的问题》，硕士学位论文，沈阳师范大学，2018年。

吴岩：《应对危机、化危为机、主动求变，做好在线教学国际平台及课程资源建设》，教育部高等教育司召开的高校在线教学国际平台课程建设工作视频会议上的报告，2020年4月10日。

杨剑飞：《"互联网+教育"：新学习革命》，知识产权出版社2016年版，第10页。

于扬：《所有传统和服务应该被互联网改变》，《腾讯科技》2012年第11期。

余胜泉：《互联网时代的学校组织结构转型》，《中国教师》2016年第8期。

赵帅：《破局 互联网+教育》，化学工业出版社2019年版，第19页。

郑金洲：《教育文化学》，人民教育出版社2001年版，第218页。

中国社会科学院"世界文明"课题组：《国际文化思潮评论》，中国社会科学出版社1999年版，第290页。

Research on New Format of "Internet +" and Measures of Traditional Culture Education in Universities

Sun Huixin

Abstract：Chinese traditional culture is the quintessence of Chinese culture. Universities play the function of educating people by Culture and shoulder the heavy responsibility of improving the humanistic quality of contemporary college students. "Internet +" has given birth to a new development pattern, network culture has emerged in the vigorous development of the Internet, and has obtained the unprecedented development opportunity in the information technology age, which is changing the development environment of higher education. However, at the same time, we also see that at a time when the integration and development of the Internet and the field of education are going deeper and deeper, traditional culture education in colleges and universities is facing a strong impact of multi-culture. Therefore, we will speed up the upgrading and transformation of the modernity of traditional culture education, constructing the platform of "Internet + Traditional Culture Education", developing network course resources, exploring the harmonious coexistence of traditional culture and network culture in colleges and universities and their integrated development on campus, it has a positive guiding significance for the construction of an inclusive and open modern university culture.

Keywords: "Internet +"; New Format; Traditional Culture Education; Opportunities and Challenges; Measures

互联网对中学生生存方式的影响及网络安全教育的有效途径研究[*]

刘勇 冯霞[**]

摘 要：互联网对中学生的工作方式、学习方式、交流手段和生活习惯产生了重要影响，这种影响对中学生的价值观和行为具有深远的人文意义。如何适应网络时代，认真分析网络对中学生的正面和负面影响，利用网络优势加强对中学生的教育，是每个青少年教育工作者应当重视和认真研究解决的教育问题，同时也是社会学问题。

关键词：互联网　生存方式　网络安全　教育

互联网对中学生的工作方式、学习方式、交流手段和生活习惯产生了重要影响，这种影响对中学生的价值观和行为具有深远的人文意义。如何适应网络时代，认真分析网络对中学生的正面和负面影响，利用网络优势加强对中学生的教育，是每个青少年教育工作者应当重视和认真研究解决的教育问题，同时也是社会学问题。

---

[*] 基金项目：吉林省社会科学基金项目（网络文化研究专项）："吉林省青少年网络文化生活状况研究"（2019w5）

[**] 作者简介：刘勇，男，东北师范大学附属中学高级教师，在读博士，研究方向为课程与教学论。冯霞，女，长春理工大学文学院副教授，硕士生导师，研究方向为中国古代文学。

互联网对中学生生存方式的影响及网络安全教育的有效途径研究

一　互联网改变教育与学习方式

互联网时代影响了各行各业，教育更是受到了广泛的影响，教师与学生在教与学的过程中，互联网既提供了知识的背景、来源，也提供了教学的手段和方法，还提供了评价与研究的途径与技术，所以，互联网时代教育与学习的方式发生了重大的变革。

（一）知识来源及获取途径的变化

传统的知识来自课堂，来自教师与家长，而互联网时代改变了过去知识的来源与途径，学生获取知识的途径除了课堂、学校、图书馆之外，通过互联网搜索引擎、知乎、得道、知网、数字图书馆等都可以获取海量信息。在某种程度上来说，教师与学生获取资源的渠道和途径是一致的，教师过去的优越感丧失，而学生在某些方面完全可以超越教师。

（二）学校班级授课形式的变化

传统的课堂就是学校里的教室、机房、体育场等，而互联网时代打破了空间的限制，学校的概念逐渐丧失，从时间上来说，互联网教学如慕课联盟、智慧课堂、云课堂让时间可以静止，不必像传统课堂下课即逝与线性排列，它可以往复，可以追溯，可以回播，可以点播，可以打乱顺序；从空间上来说，互联网教学可以打破地域限制，网络空间不受地域的限制；从知识层级的角度来说，原先的知识获取需要进入专门的学校和专业，跟从专门的老师学习，而互联网时代，中学生也可以听大学的课程，听自己喜欢的专业的知识，大学选修课甚至大学专业课都可以从互联网上获取，甚至有些非学历教育的内容，以往都是师徒传授，现在也可以通过互联网学习。

（三）教学学习形式的变化

互联网时代新的信息技术使得知识呈现形式可以发生巨大改变，传统的课堂可以通过书本、投影、显示屏等平面媒介呈现知识，现在在 AR、VR、AI 等技术的支持下，学生可以进行沉浸式学习，5G 技术普及的时代即将到来，势必会极大影响学校教育的发展。

1. 日常的课堂教学活动展示的变化

互联网时代一改从前只有书本、黑板、教室的课堂交互方式，将抽象的学习内容可视化、形象化，为学生提供传统教材无法实现的沉浸式学习体验，使知识的传授变得更加形象可感、具体可知，课堂交互变得更加准确化，针对性强。

无论是文科还是理科的学习，当互联网技术融入其中之后，课堂展现形式都变得丰富多彩，比如数学的空间展示，将让立体几何变得更加容易让学生接受，物理的各种实验，在电子白板或者投影仪上的展示，讲摆脱实验器材笨重不易搬动、演示实验准备复杂等诸多问题，地理教学将虚拟现实技术与教学内容的充分结合，将让学生足不出户领略世界的万千风景。当前翻转课堂、创客教育、石墨文档在线合作编辑等已经在一些校园比较成熟的展开。

2. 课堂演示实验的变化

物理化学生物等学科涉及诸多试验，一般情况下会面临实验器材昂贵、耗材使用过度、准备工作烦琐、演示实验复杂、实验具有一定毒性危险性、实验受场地限制等诸多困扰，在虚拟现实技术到来的时代，这些问题都将在互联网技术的支持下迎刃而解，利用虚拟现实技术，可以有效地解决实验条件与实验效果之间的矛盾。

3. 远程教学手段的丰富

在当前抗击疫情的特殊时期，互联网教学更是替代了传统教学，远程教学是传统课堂教学无法完成的任务，而在抗击疫情期间，全国各地大中小学都相继开展了互联网教学，课堂派、雨课堂、钉钉、腾讯会议、ZOOM、企业微信、QQ 直播、抖音等都成了网络远程教学的工具和平台。在完成课堂演示、讲解、课堂交互、考试、面试、远程答辩等诸多教学任务中，互联网技术得到了检验。从小学一年级到博士研究生，可以说中国当前的教育在疫情面前得到了充分的洗礼和锻炼，也取得了相当高的成绩。

4. 课堂观察与评价手段的变化

有资料表明，通过人工智能智慧教学管理系统，可以实现比以往的课堂教学观察更好地观察、测量效果，如学生课堂的情感变化、学生课堂行为表现、课堂上的师生互动、课堂气氛分析等，形成课堂观察的大数据，进而对课题研究提供有效可靠的数据。

5. 学业评价和生涯指导方面的变化

依托人工智能技术，基于伴随式数据的采集与动态评价分析，通过线上线下相结合的测试手段，针对每一位同学输出评测结果、学业报告和个性化的智能提升计划。针对每一位同学的不同需求，精准化推送学习资源和知识点拆解。最终实现因材施教，帮助管理者全面督导和辅助决策。在生涯规划指导方面也将提供更为符合受教育者心理生理特点、符合学生性格心理特点、符合学生兴趣爱好等方面的建议，进而为学生未来专业选择，提供具体和明确的参考。

二 互联网改变交际与沟通方式

由传统课堂上师生交流、生生交流到互联网时代的人人交流：互联网下人的交流可以跨越地域、年龄、身份、性别、职业、种族、语言，也可以是不同信仰、不同价值观的交流，还可以是各种经历、感悟的交流，打破了传统班级授课制下单一教学环境和沟通渠道。

由传统课堂上同伴交流、同类交流发展到互联网时代的人机交流，以至于5G时代万物互联下的人与物交流，由情感交流、经验交流发展到无感情交流、数据交流、无声交流、背对背交流。

由传统课堂上语言交流发展到文字交流、数据交流、图片交流、表情包交流、电子化交流，代码交流等。互联网时代交流方式的变化会导致学生语言、表情、情感、书写等能力的退化。

传统的交流是建立在信息免费共享的基础上的，互联网时代则由共享交流发展到付费交流，知识付费、版权付费是建立在法律法规的基础上的，也有一些公司企业个人利用互联网牟利，付费收听、付费收看、付费查阅、付费解说、付费解答等，从而导致情感荒漠化，感恩意识、共享意识、奉献意识缺失，从而导致物质至上、金钱至上、利益至上等思想泛滥。

屏幕后交流、角落交流导致缺乏道德约束，双重人格。尽管互联网不是法律之地，但即使在法律法规监督之下，互联网下的沟通因为不具实名、隐居幕后、围观等因素，使得用户缺乏道德约束，谩骂、人肉搜索、诽谤、传谣等时有发生，有些人在现实中利益得不到保障，诉求得不到伸张，导致双重人格，在互联网上做出各种违背道德、违反法律法规之事。

主页交流、朋友圈交流、空间交流、微博交流到群交流，讯飞翻译机交流，屏蔽交流、只显示交流，导致交际障碍。出了声频视频之外，绝大多数的网络沟通都是无声的，观看微博主页，查看朋友圈信息，进入网络空间，都可以默默无声，留言代替即时沟通，而有些人更是利用一些软件的特殊功能，如屏蔽他人，设为只有好友可以查看，设为只展示三天信息，设为不给谁看等，使得信息沟通越来越狭隘，容易导致交际障碍。

三 互联网改变娱乐互动方式

娱乐互动是学生生存方式的一部分，传统的娱乐与互动是以群体性为基础的，沟通和交流都是面对面的，娱乐活动的形式以体育、文艺、游戏等为主，培养了集体主义思想、互助精神，健全了体魄，培养了德智体美劳等全方位的素质，而在互联网时代，由于网络游戏、网络视频、网络信息等超时空的特点，因而较之传统的娱乐互动方式有了巨大的变化。

第一，由欣赏性变为互动性。互联网时代改变以往单一欣赏性，不再只是旁观者，而是充满互动性。如源于视频网站的弹幕技术，使得娱乐充满互动。这使得欣赏者的个体意识得以增强，随时可以发表个人见解和感受，观影、网络直播等过程中随时可以表达见解与主张。

第二，由参与性变为观赏性。网络短视频逐步取代以报纸杂志为代表的纸媒、以音乐广播为代表的音媒成为当下的主流传播媒体，其出产速度快、影响范围广、参与人数多，主要通过快手、抖音、微博、微信等手机 App 生产、加工并传播，据有关数据显示，2017 年短视频行业市场规模已达到 57.3 亿元，预计 2020 年短视频市场规模将超过 350 亿元。用户规模已突破 4.1 亿人，同比增长 115%，快手日活用户达到 10812.67 万，抖音为 4397.72 万，火山小视频 2667.4 万。[①]

第三，由不可重复性变成了可重复性。过去的游戏是线性结构，以时间为基点，一个游戏结束，大家进入到下一个游戏，但是互联网时代的游戏可以存档、可以重复、可以中途退出、可以游戏重启，甚至可以通过购买装备、找人代练乃至外挂作弊等手段参与游戏。这无疑给青少年带来潜移默化的影响，虚拟现实中的游戏体验和现实生活中的生命体验混为一谈，优点是具有敢于尝试新鲜事物的勇气和胆量，有自主选择的勇气，缺点就是缺乏责任感、使命感，认为现实社会的很多事情也可以像游戏一样，弄不好可以从头再来。所以使命感下降、责任感缺失、专注度匮乏等现象普遍存在。

第四，由友善型变为攻击型。以往的娱乐是友善的，游戏的主题往往是拯救、合作，而现在互联网时代，很多游戏充满攻击性。网络游戏大多以"攻击、战斗、竞争"为主要成分，网络游戏中充满了血淋淋的打斗场面。据统计，玩暴力游戏的未成年人比其他未成年人更具有暴力倾向。未成年人长期玩 AK 车、砍杀、爆破、枪

---

① 何金曼：《网络短视频火爆现象分析》，《中国青年报》2018 年 8 月 20 日。

战等游戏，火爆刺激的内容容易使他们模糊道德认知，淡化游戏虚拟与现实生活的差异，误认为这种通过伤害他人而达到目的的方式是合理的，产生欺诈、偷盗甚至对他人施暴等行为。目前，因为玩网络游戏而引发的道德失范、行为越轨甚至违法犯罪的问题正逐渐增多。

第五，由有主题变为无主题。传统的娱乐方式大多具有主题，庆祝、联欢、放松、解压等，而现在的互联网时代，有些娱乐形式则是毫无目的，比如一些视频直播网站，无厘头、搞笑、作秀、作弄、恶作剧、装疯卖傻充斥屏幕，娱乐简单化倾向严重。

第六，由群体性变为个体性。自古以来就有自娱自乐的形式，只是在互联网时代，自娱自乐的个体性体现得更为明显，如"全民K歌""抖音"等APP手机软件，自己制作，谋求他人关注和点赞，少数可以通过互联网流量得以"流量变现"，绝大多数是属于自娱自乐性质。

四 互联网改变消费与工作方式

由免费向付费转变。互联网早起是共享免费时代，随着互联网的普及，互联网经济应运而生，网络游戏、阅读、音乐等多有付费项目，通过付费可以获得高品质音乐、版权图书、高清晰影像等，付费虽然属于互联网增值服务，但是逐渐已经被人所接受，付费获取逐渐成为常态。

由感恩向打赏转变。传统的消费关系中，虽然顾客是上帝，但是我们仍需向提供给我们服务的人表示感谢，这种感谢在中国文化里表现为语言感谢、心存感恩等，但是随着互联网时代的逐渐普及，打赏这一小费性质的活动逐渐为人所接受，在网络直播，小视频网站，展示型行为如简书、美篇等，都出现打赏功能。

由主动搜索向被动定位转变。传统商业模式是商家固定的，消费者是流动的，但是互联网经济时代，商家与消费者的关系发生了变化，消费者无须主动搜索，通过位置定位，商家主动搜索消费者并提供上门服务，如滴滴出行、美团外卖、饿了吗、同城洗车等，使得消费者更加自由方便，商家服务更加便捷。

由传统工作向自媒体、淘宝、网红经济等新型工作与赚钱模式转变。互联网时代，催生了多种依靠互联网生存的职业，网红经济的出现，更是让年轻人改变了以往的择业取向，更多人投入到互联网经济中来。

由固定区域消费与工作向跨区域转变。与教育相似，互联网时代的消费互动，打破了时间和地域的限制，不再有休息日，24小时可以购物；不再受地域限制，可以跨地区享受优质服务，如猪八戒网、安居客、58同城等服务外包型网站。

由单次消费向黏性消费转变。很多青年人选择办理互联网上商家的会员卡、月卡、年卡等，进而享受 VIP、会员等专属服务，提前消费、预支消费、贷款消费成为时尚的消费潮流。

五 中学生在网络环境下容易出现新的问题

第一，网络自主学习导致知识的不确定性，容易受到错误知识、思想的影响。如跨文化交流的政治问题、搜索引擎支配下的网页准确度问题、百度百科以及知乎等的准确度问题、域外网站的不良信息、敌对势力或非友好单位注册信息或隶属区域等关于南海九段线、西藏地区、港澳台地区称呼表述问题等，还包括戏说历史的网文、游戏里的人物、影视剧里的情节设定等，都存在这样那样的错误表述，容易给青少年带来错误的知识。

第二，网络交际沟通方式的不确定性导致容易受到错误、危险的信息的影响。在跨文化交流、国际化交流的环境下，很容易受到其他国家的不良信息影响，进而在宗教问题、政治问题、信仰问题、价值观问题等方面受到干扰和影响，而又由于青少年缺少辨别和抗干扰能力，容易被腐蚀、影响。

第三，网上娱乐容易受到不良文化影响，易形成双重人格，缺乏自制力更易深陷其中，不良价值观潜移默化影响等。青少年时期，正是人生观和价值观的形成期，好奇心强、自制力弱，极易受到异化思想的冲击。网络既是一个信息的宝库，也是一个信息的垃圾场，各种信息混杂，包罗万象，新奇、叛逆而又有趣味性，特别是西方发达国家的宣传论调、文化思想，极易使青少年的人生观、价值观产生倾斜，模糊不清。

第四，网络消费虚拟与现实的模糊性更易产生随意消费、哗众消费、激情消费等心理，也更容易受到网络诈骗。网络不但使青少年容易崇尚消费，更容易引发了青少年的安全焦虑。由于青少年生理和心理发育均不成熟、识别是非能力差、自我保护意识不强，极易造成网上隐私失密、网上恐吓、网上欺诈等现象，一旦遇到，往往惶恐不安，无所适从。

第五，现实中失败受挫，向网络寻找精神慰藉，容易形成自闭型人格。在网络这个虚拟世界里，人人都以虚假的身份出现，尽管很多时候，你可以大胆地表达自己的真实想法或无所顾忌地说你想说的话，但在虚假的身份之下，网络人际关系很少有真实可言，时时充斥着不信任感，人际关系紧张。特别是对于"性格内向"的青少年，网络为其提供了展示自我的平台，但也使他们在"网下"变得更加内向和自我闭锁。

第六，冒险寻求刺激等意识下触犯法律，容易出现网络黄赌毒问题、国家安全泄密问题、触犯他人隐私问题、黑客问题、暗网问题等。网络虚拟世界里人际关系的随心所欲，无须承担责任和免遭惩罚的特点，养成了自我中心的习惯，特别是网上暴力、色情、欺诈等，使得迷恋网络的青少年道德素质下降、道德观念淡化，崇尚暴力，漠视生命。

第七，网络的便捷性、信息共享容易让学生产生学术不端思想，盗取他人版权、专利，随意抄袭，不负责任的散播，会让学生在未来的学术研究道路上不能沉下心来钻研学术，想尽办法走捷径，从而导致各种学术不端行为的发生。

第八，在继承中华传统文化方面，由于大量网络信息、网络游戏的随意歪曲和捏造，以及无厘头式的搞笑等，导致学生在继承和发扬中华民族优秀的传统文化方面受到干扰和影响，再加上外来因素的影响，对国外文化的盲目崇拜和追求，从而导致缺乏文化自信。

第九，负面情绪过度，影响人的正常判断。网络信息无处不在，良莠不齐，负面信息浏览过度，容易影响学生的世界观人生观价值观，从而对社会对人生充满阴暗、负面的心理，在将来进入社会以后，无论是工作生活还是人际交往都会出现这样那样的负面情绪，从而导致工作消极、对社会负面评价多、怨天尤人、无端指责、无理要求等诸多充满负能量的行为。

六 当前学校里遇到的矛盾与亟须解决的问题

第一，提倡文明上网与学生在网上受到不良信息干扰的矛盾，绿色模式形同虚设。网络技术在实名制登记、未成年人提醒等方面虽然做了一定的门槛限制，但是技术并不成熟，青少年可以轻松破解或者规避，导致事实上仍然难以控制，无法根本避免青少年受到网络不良信息的侵犯和影响。

第二，提倡"互联网＋教育"与大多数学校不主张手机、电脑进校园二种理念之间的矛盾。在国家新课程标准、新高考、新教材的形势下，教育专家和广大教育工作者大声疾呼，希望互联网和教育充分融合，希望学生能够感受到互联网带来的新气象，但是除了学校教育技术信息化之外，学校仍旧忌惮于学生沉迷网络，因而严令禁止学生使用智能手机，很多学校打出手机禁止进入校园的主张，这显然是和世界新的形势不符合的。现实的艰难处境就是学校和教育工作者还难以找到使二者和谐统一的契合点。

第三，老师家长不准许学生带手机的要求与学生通过各种渠道依旧保持网络生活的现实。尽管家长不给学生佩戴合适用智能手机、网络，但是互联网的魅力却始终吸引着年轻人，学生会在能力允许的范围内，通过相互借用等隐蔽方式与互联网保持着密切联系，QQ空间、微博、微信等保持更新，游戏段位保持稳定，堵不是办法，防也解决不了问题。

第四，普及网络信息技术与青少年网络安全教育课程缺位之间的矛盾。虽然互联网技术是属于年轻一代的，青少年在信息技术方面显示出先天优势，很多青年学生通过自学和相互传授，初步掌握一定的信息技术，但是他们在网络安全方面却没有得到过系统、正规的培训，学校也不开设青少年网络安全教育的相关课程，导致其网络安全意识淡漠。

第五，网络信息技术与传统教学的矛盾。学校大力提倡在日常教学中使用互联网技术、信息技术，但是信息技术的过度使用，如幻灯片展示代替板书、打字代替写字、多媒体代替纸媒、AV或AI技术试验演示代替传统演示实验，这些在提高效率的同时，也存在着诸多弊病，书写能力下降，读书习惯匮乏，动手能力较弱，创新能力下降等。

七　加强中学生网络安全教育的建议

由于互联网时代中学生的生存方式发生了巨大的改变，无论是学习、生活都与互联网发生着密切的联系，生活中的各方面方已经难以和互联网脱离，而且随着时代的发展，5G时代的到来，万物互联互通，互联网已经成为人类生存的重要且不可分割的环境，为此，为了保障中学生的健康发展，完成教育工作者"为谁培养人""怎样培养人""培养什么样的人"的任务，我们必须加强青少年的网络安全教育，为此，针对上述分析的青少年网络时代生存方式的变化以及面临的亟待解决的问题，我们有必要加强以下几方面的工作。

（一）加强中国传统文化教育

实现文化立校、文化兴校、文化树人、文化育人的突出成效，学习贯彻习近平总书记在全国教育大会上的重要讲话精神，积极探索面向新时代的中小学学校网络文化建设发展新思路。传统文化的教育，是学生继承祖国优秀传统文化的过程，也是丰富内涵，抵御网络诱惑，提高审美鉴别力，提升抗干扰能力的重要途径。

（二）加强四个自信教育

中国特色社会主义道路自信、理论自信、制度自信、文化自信，这"四个自信"中，文化自信是更基础、更广泛、更深厚的自信，是更基本、更深沉、更持久的力量。我们要以教育自信创建自信的教育，要通过教育自信建立道路自信、理论自信、制度自信和文化自信。通过自信教育，使学生能够发自内心的热爱中华文化，爱党爱国爱人民，进而自觉地维护互联网安全，全面提升互联网素养和网络安全意识。

（三）加强"扎根中国大地"教育

中学教育要培养具有社会责任感、法治意识、创新精神、实践能力的高中生，要让学生更加了解中国文化、中国国情、时代特点、人民需要，看到祖国的繁荣与进步，看到人民的奋斗与付出，看到科技的进步与超越，看到未来的挑战和压力，扎根中国大地，就是让学生增强民族自豪感，增强使命与担当的意识，通过自身的努力来维护互联网的安全。

（四）加强培养互联网素养教育

邓小平同志曾说，计算机要从娃娃抓起，其实就是指要从教育立足，培养互联网意识，培养互联网素养，新生一代属于互联网"原住民"，他们自身的素质决定了未来互联网安全问题的走向。学生自小就开始接触互联网，但是关于互联网安全的教育可能要在初高中才会有所涉及，所以安全教育和素养教育滞后于互联网进入学生的生活。只有从头抓起，自幼儿园时期、小学时期开始，互联网素养就要提到议事日程，不能等到习惯已经形成的时候再宣传教育。只有自小就有的教育，才能让他像对待交通安全、食品安全一样，成为生命教育的一部分，成为"现代人"应该具备的基本素养之一，这样在他进入到高年级学习或者将来进入社会，才会以一个健全的网络人的身份，迎接互联网带来的冲击与挑战。

（五）促进网络安全问题教育课程化

无论是网络安全的硬件问题还是软件问题，无论是互联网安全的技术问题还是思想问题，不能通过只言片语，也不能只通过政策命令，只要在学校教育中有计划有步骤地开展教学活动，将网络安全教育逐步课程化，才能更好地推进中国互联网安全教育工作。当前我国在青少年网络安全教育方面是相对空白的，既无相应的课程，也无对应的学科，信息技术课程讲授的是信息技术，而不是网络安全意识，语文学科也许会涉及互联网文学或者语言，但是讲不到互联网安全，思想政治学科虽然强调思想政治的教育，但是缺乏关于互联网的针对性。为此，建议开设学校安全课程，将交通安全、食品安全、社交安全、生存安全、网络安全等统一纳入课程体系之中，这样便于专业化、系统化管理，也希望教育主管部门能够为此提供更多政策上的支持。

总之，互联网给中学生的生存方式带来很多变化，充满机遇也充满挑战。所有这些变化一定会引起传统价值的突破，这种传统价值生成的问题就是，教育的使命是什么，教育能够做什么，你的教育是什么样。在互联网面前这些问题都需要重新定义，什么叫课堂，什么叫学校，什么叫教育，这些都需要重新定义、重新思考。

作为教育工作者，当我们从社会学的角度认清互联网时代中学生生存方式发生的变革，看到互联网时代对于中学生来说充满的机遇与挑战，我们就更应该明确社会、家庭、学校的责任，坚持立德树人为目标，积极推进互联网与教育的结合，高度重视互联网时代带给青少年身心发展的影响，适度调整互联网时代教育与管理的策略与手段，加强青少年网络安全教育、网络媒介素养教育，使广大青少年能够在高速发展的互联网时代，能够健康地成长为具有社会主义核心价值观的合格的公民。

参考文献

曹长清:《移动互联网背景下的高校大学生网络素养教育》,《科教导刊》(下旬) 2017 年第 7 期。

贺芳:《信息网络时代大学生网络素养培育初探》,《文教资料》2015 年第 29 期。

黄少华:《青少年网民的网络交往结构》,《兰州大学学报》(社会科学版) 2009 年第 1 期。

黄燕平:《从"+互联网"到"互联网+"的教改理念》,《江苏教育》2016 年第 4 期。

A Brief Analysis of the Impact of the Internet on the Way of Living of Middle School Students and the Effective Way of Network Security Education

Liu yong, Feng xia

Abstract: The Internet has an important influence on the working style, learning style, communication means and living habit of middle school students, which has profound humanistic significance on their values and behaviors. How to adapt to the Internet age, carefully analyze the positive and negative effects of the Internet on middle school students, and make use of the advantages of the Internet to strengthen the education of middle school students is an educational problem that every young educators should attach importance to and earnestly study and solve, it's also a sociological question.

Keywords: Internet; Living Type; Network Security; Education

当今日本正在使用的古汉语词汇与中日文化交流

于长敏*

摘　要：现代日语词汇主要由和语、汉语、外来语三部分构成。其中汉语词汇中保存了许多中国古汉语词汇。而这些词汇的所指之物，在我国已经换成了另一种说法。如日本叫杨枝、名刺、胡瓜，在中国分别叫牙签、名片、黄瓜。其实日本使用的正是我国的古汉语词汇。这类词汇还有很多，本文选取了一部分进行论述。以期重新认识中国古汉语对日本语言的影响，进而达到正本清源的目的。

关键词：日本词汇　古汉语词汇　文化传承　文化交流

日语词汇由和语、汉语、外来语三个部分组成。外来语指来自中国以外的，尤其是以英语为主的西方词汇。和语是对日语中的汉语词汇而言的日本传统词汇，又称大和语（やまとことば），如"やま"（山）、"かわ"（川）等。汉语，一是指日语中来自中国语的汉字词汇，二是指中国语，本文所考察的对象是前者，即日语中的汉语单词，而且是以古汉语为主。

---

* 作者简介：于长敏，吉林外国语大学东方语学院教授，吉林大学外国语学院教授，博士生导师，研究方向为日本文学与中日比较文学。

当今日本正在使用的古汉语词汇与中日文化交流

一 在中国弃用的词汇

笔者留日期间的导师从国立大学退休后，到一所叫"杏林大学"的私立大学任教。"杏林"顾名思义乃杏树之林，但现在遍指医生或医学。它出自于中国古代董奉行医的故事。据说董奉行医从不收费，只让患者愈后植杏树。轻者一株，重者五株。积年，愈人无数，得杏树十万余，蔚然成林。笔者以"杏林"一词为开端，开始对中日词汇及文化交流产生兴趣并着手查阅，结果发现此类词汇不胜枚举。本文只能选其具代表性的，而且今天在日本仍然广泛使用的部分词汇进行研究、探索，虽为冰山一角，亦可管中窥豹。

当今时代，名片广为流行。世界各国人皆用，因此在我国容易被误以为是舶来品，其实不然，中国古来有之。仅就中日两国而言，日本使用的是古代中国的名称，叫"名刺"（めいし）。

名即名字，刺是动词，合在一起为名刺。古人将名字刺在木板或竹片上，作自我介绍用。西汉时称为"谒"，东汉时开始叫"刺"，后来改用纸来制作，仍然叫"名刺"。汉末思想家王充在《论衡·骨相》中说："韩生谢遣相工，通刺倪宽，结胶漆之交。"其中的"通刺"就是我们今天说的递名片之意。唐代诗人元稹在《重酬乐天》中写道"最笑近来黄叔度，自投名刺占陂胡。"名刺从汉代经唐至宋一直比较流行，此间传入日本，所以日本一直到今天仍将其称为名刺而不叫名片。在中国，应该说"名片"也是一个较新的词。在《辞海》《辞源》《汉语大辞典》等早些年出版的大型辞书中均不见"名片"一词，只有"名刺"。而在商务印书馆近年出版的《现代汉语词典》里才能查到"名片"一词，同时"名刺"也收在其中。

与"名刺"称呼的变化比较相似的还有"牙签"。"牙签"在日语中叫"杨枝"（ようじ），殊不知这才是它原来真正的名称。《广辞苑》中说牙签原产于印度，平安时代和佛教一起由中国传入日本。据说，释迦牟尼在给弟子讲经时发现有个弟子口臭，便让他用菩提树叶擦牙,即可除臭又可洁齿。叶子用完后便很自然地用叶中间的梗来剔牙,于是产生了牙签。这是一个传说,笔者尚未查到可信的证据。不过,牙签由印度传入中国这一说法在很多书籍中都有记载。不同的是中国人用杨树枝代替菩提树作牙签,故称为"杨枝"。《隋书·南蛮·真腊》中说:"每旦澡洗,以杨枝净齿,读诵经咒"。不知从何时起,中国人改"杨枝"为"牙签",而在日本却一直使用着"杨枝"一词。近些年又出现了牙线,日本人称牙线为"糸楊枝"(いとようじ),它的词源仍和古汉语词有关。其实,古汉语中也有牙签一词,但不是剔牙的用具,而是用"象牙制的图书标签"(《辞海》)即象牙书签之意。

"黄瓜"在日本叫"胡瓜"(きゅうり)。其实,"胡瓜"才是它原来的名称。它是张骞出西域时带回来的种子,故称"胡瓜"。到了隋代,中原与胡国战争不断,执政者为此大伤脑筋,因此"隋炀帝……大忌胡人,乃至谓胡床为交床,胡瓜为"黄瓜"(《汉语大词典》)。将"胡"改为"黄"可能是因二者发音接近。尽管如此,在相当长的一段时间里,"胡瓜"与"黄瓜"二词还并用于民间。宋代诗人苏轼在《病中游祖塔院》中写道:"紫李黄瓜村路香,乌纱白葛道一凉"。而明代李时珍的《本草纲目》中却仍然使用着胡瓜一词。不管怎样,隋炀帝的一道圣旨虽将胡瓜改成了黄瓜,却未影响到日本,直至今日那里仍称其为胡瓜。此蔬菜传入日本的时间很早。现在写"胡瓜"也写黄瓜,但仍以前一种表记为主。字典往往标注也写作"黄瓜",这大概是后来在中国表记的影响下加上去的。黄瓜在日本也被称作"唐瓜"(からうり),但"唐瓜"是黄瓜、茄子等蔬菜的统称。不光指黄瓜。不过在当今的日语里,植物名称多用片假名表述,很少写汉字了。

本节想举的最后一个例子便是在中日两国广为使用的"筷子",日本人称其为"箸",这也是中国古代对筷子的称呼。"箸"乃竹者也,表明它使用竹子做的。它最早产生于以船为主要交通工具的江南水乡一带,因"箸"与"住"发音相同,带有船不能进之意,在船上使用它时为了避讳"住"字音而称其为"快"。"民间俗讳,各处有之，而吴中为甚。如船行讳住……以箸为快"陆容（《菽园杂记》）。后来，在书写时在"快"字上面加了个竹字头，于是"筷"字便产生了。尽管在民间已改箸为筷，但在书面上"箸"字仍被频频使用。如"停杯投箸不能食，拔剑四顾心茫然"（李白《行路难》）"举起箸来取菜，提起杯来喝酒"（郁达夫《北国的微音》）"举箸提笔，诸多不便，大约大去之期不远矣"（朱自清《背影》）。

远古时代日本只有语言没有文字，大约在大和时代（公元5—8世纪）。中国文字传入日本，到了平安时代（794—1192年）又根据汉字而创造出了假名。汉字传入日本的同时，大量的汉语词汇也随之传入日本。日本吸收汉文化的高潮是在奈良时代（710—794年）和平安时代前期。自停止向中国派遣唐使（894年）后，日本文化开始走独自发展之路。虽中日交流仍然频繁，但吸收汉文化的高峰期已过。到了近代中国开始向日本学习，于是，大量的日本词汇又传入中国。出现了像钱塘江大海潮倒流般的文化倒流现象。但我们从日本引入的大多是科技、政治、社会方面的词汇，如工会、干部、公害、民主、科学等，而不是日本保留的中国古汉语词汇。

二 中国仍然在使用但意义已改变的词汇

前面谈的是在日本生根而在它的故乡中国几乎被忘记了的原中国词汇。本节将归纳的是某个单词本身在中国虽然照样使用，但意思却已发生变化，而日本却使用着与古汉语相同的意思。这类单词在做中日、日中翻译时尤其要注意。还有一种单词，在中国古代、现代和日本分别是三种不同的意思，这也是一个值得注意的语言现象。

"暖房"在日语中是暖气或供暖设备的意思，例如"暖房の効いた部屋"（暖气好使的房间）等说法就是一例。可是在现代汉语中"暖房"是温室的意思，"他从小就像暖房里的花，荏弱多病。"而在古汉语里"暖房"是动词，表示备礼品祝贺新婚或祝贺乔迁新居之意。如"那日搬来，卜老还办了几碗菜替他暖房"（《儒林外史》），这里的"暖房"指的是贺新居之意。"太仪前日暖房来，嘱向昭阳乞药栽"（王建《宫词》）指的是祝贺皇后迁入新宫。在古日语中"暖房"一词共有"贺乔迁之喜"和"供暖"两个意思，前者显然是来自中国，后者可能是日本人按字面解释而赋予的意思，再后来就只留下了后面的义项。

日本人称"毕业"为"卒业"，它完全袭用了古汉语的说法。"卒"者，终也。例如"语未及卒，公子立变色"（《史记·魏公子列传》）。而"卒业"即完成学业之意，也有徒弟出徒之意。"朝廷有学校，有科举，何不勉以卒业"，指的就是毕业。"卒业"一词一直沿用到现代，鲁迅在其文章中曾多次使用"卒业"一词。在《现代汉语词典》中虽然"卒业"和"毕业"两个词都被收录进去，但眼下国人几乎都不使用"卒业"一词了。

日本人称公公（或岳父）为舅，婆婆（或岳母）为姑，这也是与古汉语一致的。在古汉语中，"舅""姑"各有两个意思，一是丈夫的父或母，二是母亲的兄弟或父亲的姊妹。"妇谓夫之父曰舅，夫之母曰姑。""昔者吾男死于虎，吾夫又死焉，今吾子又死焉。"（《礼记·檀弓》）"洞房昨夜停红烛，待晓堂前拜舅姑，妆罢低声问夫婿，画眉深浅入时无"，指的都是公婆之意。而"我送舅氏，日至渭阳"（《诗经·秦风》）中的"舅"则是"母之昆弟"之意。

凡是学日语的人，没有不知道"挨拶"，"林檎"等词汇的。"挨拶"在古汉语中是人群拥挤的意思，亦作"挨匝"。例如"昔者天子登泰山，其时士庶挨拶，独召一县尉行轿而前"（葛长林《鹤林问道篇》）。可是到了日本，该词就变成了"寒暄、问候、致辞、致谢"的意思，真是风马牛不相及。而"林檎"在中国本是花红之意，又称沙果。《辞源》解释说"或谓此果味甘，果林能召众禽，故有林檎、来禽之名"。而此二字一传入日本，体积便长大了许多，成了苹果。更有趣的是"独乐"一词，它在日语中发音为"こま"意思为陀螺，即我们俗称的"冰猴儿"。"冰猴儿"在中国古代既叫陀螺，也叫独乐。《齐民要术·种榆白杨》说"者，筴镟作独乐及盏。"缪启愉校释:"独乐,即陀螺,小儿玩具。"在"独乐"与"陀螺"两种称呼中,后者要比前者普遍,因此中国人留下了后一个称呼,而日本却吸收了前一个。这可能是因为它可以一个人独玩独乐之缘故吧,"独乐"的发音为"こま",而"高丽"二字在日语中也读"こま"。根据日本学者考证,陀螺是经朝鲜半岛传入日本,所以该单词的汉字与中国一样,而发音却与"高丽"相同了。真是一词连三国,二字分古今。

"次第"是日语中一个比较常见的词,有几种不同的意思。与"に"一起构成副词时表示"渐渐地","一点一点地"意思。作名词时可表示情况,过程等。例如:午後から風雨が次第に強くなるでしょう(午后风雨会逐渐加强吧)。又如:こういう次第に、旅行に行けなくなりましょう(由于这一情况,不能去旅行了。)其实这两个意思均是出自古汉语。如:"春风先发苑中梅,樱杏桃李次第开。"均于上述的第一个意思。"寻寻觅觅,冷冷清清,凄凄惨惨戚戚……这次第,怎一个愁字了得。"上述日语的第二个例句就是这个意思。

此类单词,可以说是比比皆是。但有的汉语词汇日本也不常用了。如"便所"。日本人觉得有一种粗俗之感,当今多用"化粧室""御手洗"来代替了。还有"保母"一词,在古代虽然有保育员的意思,但基本上是指受雇在别人家照顾小孩,从事家务的女人。在日本只指幼儿园里的保育员。在受雇在别人家里服务的女性,从前叫"女中"。第二次世界大战后,受到女权主义的影响,"女中"一词作为歧视词汇几乎被淘汰,代替它的是"お手伝いさん"(帮助做家务的人)。语言是文化的载体,同时也是文化。从语言的变化也可以管窥社会的变化。

三 固有名词背后的典故

许多传统的固有名词后都有一个有趣的典故。其中,不乏来自中国的典故。来自中国而且和现在中国的用法几乎一样的词汇。这里将不做研究对象。如"狐假虎威""四面楚歌"等。纯日本的也不涉及,如"猪突猛进""十人十色"等。本节列举的是来自中国,在中国已鲜有使用或鲜为人知的日语中的汉语词汇。

误入歧途的人改邪归正或从事某种职业的人决定改行时,中国人会说"洗手了",而日本人却说"洗脚了"(足を洗う)。现代汉语词典里有"洗耳""洗心""洗手"等词,却没有"洗脚"。古汉语中有"洗脚上船"一词,但指的是极其方便的意思。那么,日本人为什么要说"洗脚"呢。这有个看似独有的说法,据说是由印度经中国传入日本的。笔者虽未查到可靠的证据,但民间传说也不无道理。在古代印度,僧侣们经常赤着双脚上街化缘,晚上进寺庙时一定要洗脚,后来洗脚成了佛门子弟的日常之一,无论赤不赤脚,晚上都要洗脚,以此来表示洗去尘缘,洁身净心之意。这一做法传入民间之后,便成为上述的意思了。

惯用词或成语背后的典故,不仅学日语的应该了解,教日语的更应该了解,以免读错或译错。比如像日语中的"危急存亡の秋"一词,在日语中此处的"秋"字应该读作"とき",而不能读"あき"。有人将其翻译成"生死存亡之际",这当然没有错,但更应该知道,它本身就是一句地道的中国话。不必另做翻译,因为它本身就是标准的中文。这句话出自于诸葛亮的《出师表》"先帝创业未半,而中道崩殂。今天下三分,益州疲敝,此诚危急存亡之秋也。"这里的"秋"和"多事之秋"(多事のとき)一样,都是时期的意思,所以在日语中都应该读作"とき"。

顺便提及的是日语的语顺是:主语、宾语、谓语。中国古汉语也有这种现象,如"何罪之有"、"时不我待"。秋瑾在《赠蒋鹿珊先生言志且为他日成功之鸿爪也》中说:"事机一失应难再,时手时手不我待!"再向前追溯,孔子也曾说:"日月逝矣,岁不我与"(《论语·阳货》)。日本有一家大出版社叫三省堂,成立于1881年,以出版辞书、教材为中心,总部设在东京,各地均有分社。而这家名字出自于论语的"吾日三省吾身"(《论语·学而》)。在东京还有一处专供中国留学生居住的公寓叫"后乐寮",因为在"后乐园"公园附近故有此名。而"后乐园"这个名字出自于我国广为人知的"先天下之忧而忧,后天下之乐而乐"这句话。了解了这些词的来龙去脉,不仅能加深对古汉语的理解,还能了解中华文化与日本文化的交流关系,可谓是一举两得。

结　语

由于种种历史原因,在古代中华民族创造了辉煌的汉字文化,并传入、影响了朝鲜、日本、越南等周边国家,给古代邻国带去了文明的曙光,得到了周边民族的认同。日本学者中西进说过:"我认为(中国)传说有两次传来(日本)的浪潮。其中第一次浪潮,是相当生活化的接受;第二次浪潮,是作为风雅来接受的。"这两次浪潮,笔者认为第一次应该在3—5世纪,大批秦汉人东渡,带去了土木、养蚕、纺织等技术,也带去了文字。文化则以口头传播、民间传播为主。第二次浪潮应在7—8世纪,尤其是8世纪的奈良时代,是官方有组织地吸收中国文化时代。遣唐使带回去大量的中国书籍,中国的词汇也如洪水一样传入了日本。从此,来自中国的汉语词汇作为日语中的一个重要组成部分,承载这日本的文化,世代相传,直至今日。

中国的传统文化在宋朝结束进入元朝后,便出现了断层。因为元人并不像清朝那样,以汉文化治汉,而是压制汉文化。到了明朝,汉文化再度兴起并得以传承。但是与宋朝为止的文化之间似乎发生了某些变化。已不再是原汁原味的传统文化了。而日本在语言文字方面接受汉文化影响主要在隋唐时代,明清时代就不明显了。比如,日语的汉字发音分为汉音、吴音、唐音、宋音,却没有明音、清音。唐音、宋音指的是时代,吴音指的是江南一带即地域的发音。而汉音指的是"唐朝长安等地使用的标准发音"(《广辞苑》)。汉文字在日语中的发音是如此。明·清受中国影响较小,清末民国反过来受日本影响。因此,便出现了古汉语词汇在日本得以保留、使用,中国却弃用或者虽然使用但意思却出现变化的现象发生。进入网络时代后，词汇传播速度也更快，范围更广了。但是多为从日本向中国传入。中日两国文化，古代以中国向日本传入为主，近现代以日本向中国传入为主，而今后将进入一个相互学习、相互影响的时代，这是历史的必然。

参考文献

陈端端：《语言·文化与认识》，厦门大学出版社2003年版。

罗竹风等：《汉语大词典1200》1—12卷，汉语大词典出版社。

新村出：《广辞苑》，岩波书店2018年版。

中西进、王晓平：《智水人山》，中华书局1995年版。

The Ancient Chinese Words and Expressions Being used in Japan Nowdays and the Cultural Exchanges between China and Japan

Yu Changmin

Abstract: Modern Japanese vocabulary mainly consists of three parts: Japanese, Chinese and loanwords. Among them, many ancient Chinese words are preserved in Chinese vocabulary. In our country, what these words refer to has been changed into another way of saying. Such as Japan called Yōji, name Thorn, cucumber, in China called Toothpick, business card, cucumber. In fact, Japan is using our ancient Chinese vocabulary. There are many such words, this article has selected a part of the discussion. With a view to re-understanding the impact of ancient Chinese on the Japanese language, in order to achieve the original source of the goal.

Keywords: The Japanese Vacabulary; Ancient Glossary; Cultural Inheritage; Cultural Communication

从日本国家语言研究所
工作看日本语言政策研究

刘海燕　赵巧妮*

摘　要：日本有关语言政策的实施以1948年国家语言研究所（日本国立国语研究所）成立为标志，存在"正常前""正常后"两大分野。本文梳理日本国立国语研究所网站资料，观察跟近代日本语言政策的不同特点，分析现阶段日本语言政策研究主要做法。日本国立国语研究所有关外来词整理和规范工作较为突出，此外服务于社会的日语教学工作、濒危语言整理工作等也在大力实施，日本语言政策研究注重调查和情报收集、注重采用计算统计的研究方法。相比之下，中国语言政策研究也有较多优势和发展空间，期待中日两国今后在这个课题合作和互动更多。

关键词：日语国家语言研究所　日本语言政策　中日文化交流

一　日本国家语言研究所概况

语言政策是国家层面就国家通用语言语交际中相关问题发布的法律、条例、措施等，体现了特定历史背景下为解决语言交际中矛盾和冲突时，符合国家整体利益目标采取的立场、观点。因此语言政策的情况是多种多样的。日本基本是单一语言的国家，语言政策

---

* 作者简介：刘海燕，女，中国传媒大学人文学院教授，硕士生导师，研究方向为汉语教学。赵巧妮，女，中国传媒大学人文学院汉语国际教育硕士研究生。

的日语直译是"言语政策",但是我们搜索这个内容资料不太多,相关概念有"国语方针""国语施策"等。

现阶段日本语言政策研究见诸日本文化厅、日本汉字能力检定协会、各个大学等,各机构之间工作有交叉也有分工。例如日本文化厅网站发布"国语施策和日语教学"有关内容,基于前日语理事会、现在的文化厅审议会日语分会,负责讨论和实施"常用汉字表",还有培训日语教师和开发教学机构以及相关研究,对在日本定居的外国人推进日语教学,也发布国家语言措施的信息,例如与符号标准有关的参考资料和民族语言的民意调查结果等。

日本国立国语研究所,简称国语研,是日本国家语言研究所,主要研究外来词规范问题,还有其他社会语言学问题。日本国立国语研究所成立于1948年12月,初创期的研究所在东京都内多次搬迁。1973年12月号《语言生活》出版研究所25周年特集,南不二男在《国立国语研究所二十五周年》中,认为过去的25年分为3个时期:前15年为语言生活研究期,第二期5年为日语语系的研究期,第三期5年为彷徨期。现在看来,所谓彷徨期,指的当时大批外国人涌入日本,随着(对外)日语教育发展的需要,研究所组织和课题都需要大幅调整。

1976年原日语教学研究中心负责人林大先生担任所长。林大先生对词汇学很有研究,曾制订《分类词汇表》。他在1978年12月号《语言生活》上的文章《国立国语研究所三十周年》和1979年三月号《文化厅月报》文章《第三十个年头》阐述国立国语语言研究所工作主旨。1980年9月22日林大先生曾来我国语言研究所做学术报告。

1988年国立国语研究所设立国语辞典编辑室,1999年成为独立法人机构,2001年调整除了管理机构的三大组成部门:研究开发部、日语教育部和情报资料部。2001年后的国立国语研究所注意与各个大学研究机构合作、与日本政府(对外)日语教学机构合作,与中国(大陆和台湾)、韩国等国家和地区语言研究机构合作。

从日本国家语言研究所工作看日本语言政策研究

图 1　国立国语研究所徽标

2002 年设计徽标，一直使用到现在。日语中话语的意思用汉字"言葉"表示，徽标中是汉字"言"的变形，"言"字下面的"口"是一片叶（葉）子。

中国知网显示，20 世纪 60 年代（劳宁，1965）、70 年代（史君方，1978）等文献是中国学界对这个机构的介绍，90 年代有林景渊（1995）、刘桂敏（1996）、王红（1997）等，进入 21 世纪以后只有俞晓明（2003）《外来语的使用趋向规范化——〈日本国立国语研究所 2002 年报告〉分析》，也就是说比较新的介绍到了 2002 年。

2005 年国语研迁入东京都立川市现在的新址，2009 年隶属"大学共同利用机关法人人间文化研究机构"，除了管理部有 4 个研究部和 3 个中心。2016 年 4 月调整为现在的 5 个研究部和 2 个中心：理论语言学和语言类型学（Theory & Typology Division），社会语言学（Language Variation Division），历史语言学（Language Change Division），语音学（Spoken Language Division）和日语作为二语教学（JSL Research Division），研究情报中心（Center for Research Resources）和语料库开发中心（Center for Corpus Development）。最近两年中国语言政策研究迅猛发展，邻国日本相关课题如何？最新进展信息还很不够。我们查询日本国立国语研究所网站（https：//www.ninjal.ac.jp）公开的资料，主要从语言政策研究角度进行整理分析,以期对中国相关课题研究带来一些启示。

二 近代日本语言政策概况

日本国立国语研究所成立于1948年,体现了第二次世界大战结束后日本成为"正常国家"后语言学研究特点,近现代日本语言政策也可以就此分为"正常前(近代日本)""正常后(现阶段)"来讨论:"正常前"在规定常用汉字数量方面比较突出,而现阶段日本跟世界上大多数国家一样,总体上是对国内多元化语言的规划。现阶段日本濒危语言保护、对外日语教学和社会语言学跟进观测成为日本语言政策的关键词。

下文先对近代日本语言政策做简要综述。

(一)规定常用汉字数量

历史上日本接受汉字和汉学教育,日本汉字教学采用了实用主义方式,一是用假名为汉字注音,二是规定常用汉字数量,根据资料,到了江户时代,日本盛行相当于现代小学教育的寺子屋教学,以算数、书信书写等简单生活生产技能为教学内容,汉字普及率已经大大超过同时期中国。近代日本语言政策规定常用汉字数量问题,经历了明治时期的"文明开化"和"富国强兵"、到昭和时期的"帝国主义"及战后的"民主主义"等变化。

"文明开化"指的是对汉字的批判认识,与近代欧洲的国家、民族、语言"独立"意识影响有关。1866年前岛密递交"汉字御废止之议",提出将假名文字作为国语。1868年时任明治政府文部大臣的森有礼关于把日语罗马字化的提案也得到了当时一部分舆论支持。

明治维新后日本各行各业的工作都在围绕"富国强兵"。1887年二叶亭四迷的小说《浮云》言文一致体的创作实践受到欢迎,1897年东京帝国大学成立"国语研究室",重点研究言文一致问题。1900年当时帝国教育会向国会提出"关于国字国语国文的改良请愿书",同年日本修订《小学校令施行规则》,内容是统一假名字体、规定汉字教学缩减至1200个。1922年文部省临时国语调查会公布了法律、公文、报纸、杂志以及一般社会中使用的汉字为1962个常用汉字。1924年制定的《假名遣改定案》,在限定汉字数量的同时试行用假名书写表达现代标准语。

第二次世界大战结束后日本受美国民主主义思想主导,日本宪法颁布政府机关公文用语规范,1946年国语审议会确定《当用汉字表》1850个汉字,是数量较少的一次。

(二) 日语教学同化政策

19世纪初,日本把阿伊努语和琉球语纳入日本的方言。北海道古称虾夷(えみし或えぞ),明治时代1869年虾夷地改称北海道。北海道土著族群阿伊努人属于蒙古人种和欧罗巴人种的混合。阿伊努语属马来—波利尼西亚语系抱合语,世界上除阿伊努人以外,只有爱斯基摩人和美国印第安人使用这种语言,分口语和雅语。16世纪末,日本的松前氏占领了这里,1798年北海道成为日本幕府管辖地。17—18世纪,实施强行推广日语教学的"同化政策"。截至2004年,阿伊努人中仍旧使用母语的人不足10人,用雅语传述的民间故事和长篇叙事诗,朗诵一遍需要很长时间,只有老年人凭着记忆传承,可以说阿伊努语濒临消亡。1879年琉球王国被日本明治政府纳入日本版图,语言政策同样是"同化"。首先在"会话讲习所"培训琉球小学的教员进行日语教学,1883年颁布《方言取缔令》,学校在讲方言的学生脖子上挂牌子"方言札"表示羞辱。后来随着冲绳的城市化和村落共同体衰落,即使在私人场合使用琉球语的人也很少了。

历史上对外日语教学从20世纪初到20世纪40年代,所谓同化政策一直是主旋律。根据川村凑(2004)《漂洋过海的日语》(海を渡った日本語)资料,日本实施殖民地政策时期,台湾公立学校入学后两周开始,只能教学日语,台湾设有简易日语讲习所15000家。朝鲜半岛学校每周10小时设日语课,占总学时数2/5,

要求四年学完日语课程。中国东北满洲公立学校，日语每周 6 小时，高校 4 年期间，日语 6 小时，满语 3 小时。菲律宾被规定通用语为日语，可认读英语。印度尼西亚，通用语是印度尼西亚语和日语，禁用其他语言。

三　日本国家语言研究所研究工作中语言政策相关内容

国语研的工作体现了现阶段日本语言政策跟之前的巨大反差，也体现了日本学界研究工作传统。2017 年就任的现任所长田窪行则在网站首页的留言说：国家语言研究所的使命是进行日语的原创研究，与各个大学共享成果。除了从理论和一般语言学角度研究日语之外，主要是丰富日语数据库，包括古代语言、现代语言和方言，创建日语教材、资料库，国语研将调查、记录、保存和维护危机语言和危机方言，国语研将与海外机构合作建立研究资源库，适应现代网络社会和传播，希望把个人、机构研究成果永久地存留。国语研所做的这些基础型科研工作，希望为后来者提供持续数十年甚至数百年的便利。

2018 年 12 月国语研究所迎来创立 70 周年纪念期，2019 年 10 月迎来研究所隶属大学共同利用机关法人人类文化研究机构的纪念期，正在开展一系列总结回顾的活动。总揽日本国家语言所的研究，我们可以看到作为国家语言研究所，国语研以学术见长，不直接参与课堂教学、考试等，基本不强调"政府行为"等，主要通过公开讲座、资源开放等形式向民众介绍相关知识，让"语言政策"渐渐"深入人心"。

目前国语研的工作涉及语言学研究的方方面面。人文研究面向社会需求是日本实用主义一贯做派，虽然没有"语言政策"标识，却都是"国家行为"具体实施。国语研 1951—1988 年主编的杂志是《语言生活》，也说明了国语研不是把国语学、语言学的研究重点放在符号系统上，而是以语言在实际生活中的作用为重点。

（一）外来词整理工作

第二次世界大战以后的日本很多方面等同于美国殖民地，有关英语教学政策不在本文讨论范围内。而外来词大批进入日本社会是主要问题，直接使用片假名、罗马字是最"方便"和"时尚"的，但由此带来的问题是大量外来词的涌入使得传统词汇和新兴词汇不平衡，如何固化明晰以汉字语素义为根基的传统的词汇语义系统，如何容纳英语文化系统的问题需要研究解决。

关于汉字的工作：1973 年发布《当用汉字音训修订版》，1981 年制定《常用汉字表》，较 1946 年有所增加，确定为 1945 个汉字，1986 年制定了《改定现代假名》，可以看作增加汉字数量，恢复日语中汉字表意系统性的做法。2010 年日本再次修订《常用汉字表》，审定覆盖了 97% 的使用汉字 2136 个汉字，相较于原来的字表新增 216 个，移除 5 个，要求法令、公文、报纸、杂志、广播等汉字的使用均要参照《常用汉字表》，日本的小学生要学习 1006 个汉字，要求学生高中毕业以后掌握 2136 个汉字的读音。

关于外来词的工作：国语研通过大量调查工作，提出使用汉字和片假名拼写的规范化意见。对外来词进行实时、连续调查，包括"意识调查"和"实际调查"两种。"意识调查"是从各个方面探讨人们对语言意识的调查，"实际调查"是了解日本人在各种媒体中的语言运用实际情况。

2002 年 11 月到 2004 年 8 月，抽选 750 人进行访谈，调查他们对 120 个外来词理解程度，再抽查 2111 人对 295 个外来词理解程度，合计 405 个外来词公众"理解率"，考察接受程度，从而提出"外来词"释义提案。

2003 年国语研实施"公文行政用语传达便捷措辞意识调查"，针对全国 680 个行政信息发送者的地方政府负责人和工作人员，调查和研究易于理解的语言与居民沟通的想法的意识，寻找、积累、提供与居民顺利沟通的措辞，对行政术语规范化提出科学数据，敦促相关部门实现用语规范，让不同地区居民能够平等分享必要的行政信息。

2004年国语研实施"全国外来词意识调查",对全国15岁以上的4500名男性和女性调查对"外来词"看法,询问选择单词类型的原因,与针对公务员的调查进行对比。去医院看病也会遇到不少外来词,国语研设立"医院语言"委员会,调查"医院语言"中难以理解的用语含义,弄清存在沟通障碍的原因,这项研究确立了57个概念,提供易于理解的方式供医务人员参考使用。

(二) 对外日语教学福祉政策

随着第二次世界大战结束,"同化政策"戛然而止,第二次世界大战以后对外日语教学从对海外转向对日本国内的外国人。1965年前后战前已经移居日本的韩国、朝鲜人等旧殖民地的被殖民者及他们的后代,很多人在1981年前后取得了永住资格。1972年中日邦交正常化后,大批日本遗孤回到日本。1981年日本加入难民条约,越南、老挝、柬埔寨移民大幅增加。20世纪90年代,来自巴西、秘鲁等南美国家的移民增加。此外,跨国婚姻、留学生也有增多。日本老龄化和少子化加剧,不得不接纳吸收大量来自菲律宾的移民从事老年护理工作。截至2014年,取得在留资格的中国、韩国、朝鲜、巴西、菲律宾等外国人达到247万,占日本人口1.71%。

比起澳大利亚、加拿大等移民国家,日本过去没有相应的多语言、多民族语言政策。例如外国人建立的双语学校受限,政府不纳入学校教育法第一条,仅拨付有限补助经费,直到1998年这种情况有所好转,民办学校毕业生获得参加国立大学考试资格。2000—2005年,国语研开展了"日语学习环境和教学方法的调查研究"。2006年,日本总务省制定《多文化共生推进计划》,开始对移民子弟学习进行支援。

2006年4月到2011年3月国语研进行了日语交际能力的各项组成和测试的先行研究,列出日语外国人在日本的日语交际场景、其他国家日语交际场景、日语学习项目和各个阶段目标,列表,等等。日语水平测试主要测试外国人在日本生活和工作的适应程度，在听说读写几项技能中重视写作能力的考察。对外日语教学步骤服务这种"应试"，由日语教育机构开发，安排学习内容和创建课程。现阶段日语教学强调书面语简易化和口语化。针对外国人从事老年护理工作的人的日语教材，针对外国人进行地震等灾难应急安置的日语教材等，被称作"福祉语言学"研究。

（三）社会语言学跟进观测

1. 濒危语言保护

国语研从 1955 年开始用 10 年时间对 2400 个方言点进行 285 项统计调查，再花 10 年时间绘制《日本语言地图》，全书共 6 册，每册 50 页。

1997 年日本通过了《阿伊努文化振兴法》，成立了专门机构研究阿伊努语，并出版了代表阿伊努民族文化的许多古籍。另外，研究阿伊努族历史，也是远东考古学家的重要研究课题之一。财团法人阿伊努文化振兴研究推进机构举办阿伊努语教师培养、阿伊努语高级讲座、阿伊努语广播电视讲座、阿伊努语辩论大会等诸多传承活动。

"各地方言亲族词汇的语言社会学研究"课题组收集与日本全国各地亲族词汇有关的方言词典及有关资料，编纂《分类词汇表》《冲绳语词典》，整理全国亲属词汇、明治初期的汉语词汇。2000 年前后琉球旅游开发得到重视，2000 年创立琉球语普及协议会，创办《琉球方言报纸》，于 2006 年实现了法人化。2006 年说明琉球语定位，是"县民文化的基石"，把每年 9 月 18 日定为"琉球语之日"。

2. 中小学国语教学

1903 年明治政府国定教科书《寻常小学读本》提出日语标准语的定义是"东京山手地区中流家庭使用的语言"。1910 年所有教材都采用标准语，后来日本主要报纸，如《读卖新闻》《朝日新闻》也相继采用标准语。1947 年日本文部省颁布的国语学习指导纲领说，应该尽可能纠正方言和口音，使其接近标准语。1949年发布《当用汉字音训表》。1951年开始，标准语的说法在官方场合被替换为"通用语"，2009年施行的学习指导纲领规定小学五六年级目标是，"理解共通语和方言的区别，并根据需要用共通语交流"。

国语研对学龄前幼儿语言发展过程、小学六年学生语言的成长情况、初中三年掌握汉字情况、高等学校学生的词汇量等进行追踪记录，利用实验仪器结合心理学、生理学、工程学等进行视觉试验、发音机制试验。

国语研1948年、1950年、1953年、1971年、1972年都对各地方言中使用敬语的情况进行大规模调查。"社会结构与语言关系的基础研究"课题组进行了"因所属集团的差异而产生的语言行为的比较研究"，认为人的语言行为不仅有年龄性别上的差异，而且更重要的是因血缘（如家族）、地缘（所居地）和社会阶层、学历与职业不同而不同。2008年和2011年再次调查福岛市周围老幼不同辈分语言变异的记录，在岛根县松江市重点调查了家庭内部的语言表达手段，形成"大规模日本老龄化研究综合研究"。

四　日本语言政策研究主要特点

（一）注重调查和情报收集

注重调查和情报收集是日本学术研究传统。早在1888年，黑田多久马倡议成立了语言调查所，后解散。1902年3月24日日本设置国语调查委员会作为文部大臣的咨询机构，进行制定标准语工作，调查的内容包括：调查音韵文字，并调查假名与罗马字的利弊；调查言文一致体；调查国语的音韵体系；调查方言和制定标准语。1902年文部省成立国语调查委员会，1913年废止。1914年成立的"国语审议会"，负责对罗马字进行调查审议并向政府提出建议。

1949年原国语审议会又成立了新审议会。日本国立国语研究所也是应 1947 年国语审议会和民间团体"国民国语运动联盟"请求成立的日语调查机关，1948 年 6 月文部省召开了创设筹备委员会，8 月召开了创设委员会，11 月拟定法案，11 月 21 日获得通过并生效。1948 年 12 月 20 日，日本政府发布 254 号法案《国立国语研究所设置法》第一条第一款设置目的是：对国语及有关国民语言生活问题进行科学调查研究，为国语健康发展打下坚实基础。

（二）注重计算计量数据

早在 1976 年国语研所长林大先生主持下设立计算语言研究部。当时国语研采用了测量统计学方法，统计了 2 种妇女杂志、13 种综合性杂志、5 个专业杂志 90 种、3 种日报，制作 300 万个词汇卡，报纸调查采用的是计算机处理，在日本人文社会科学研究机关中引进计算机技术最早。"基于计算机处理的语言基础研究"，进行日语分词、自动检索、各种文体研究，"关于日语和日语问题情报的搜集和整理"每年编辑出版《国语年鉴》，汇总国内刊行的图书、杂志论文、报纸记事各方面的资料，分门别类做成卡片，也包括对外国文献的调查和概述。

2002—2005 年 4 年间，国语研受经济产业部委托，联合日本信息处理学会和日本标准协会，进行"电子政务"所要求的字符信息处理研究，为司法部"家庭登记"约 5.5 万个字符，内务和通信部"基本居民登记网络统一字符"约 2 万字符，2006—2008 年实现政务需要的"注册统一信件"信息登录。

国语研建成的语料库有日语共时、历时平行语料库和多语言对照语料库。20 世纪 70 年代的科研项目"现代日语语法的描写研究"，就文艺作品、科学论文、政论文章等出现的语法用例卡片 20 万张，分门别类做出分析报告。"现代日语词汇概观的调查"，主要是新词语的调查、标音。"现代日语所表现的文体学研究"，从现代修辞学角度对语言表现的手法和效果进行调查，主要集中于比喻的表现技巧的研究。

五　中日语言政策研究互鉴和交流

日本国研所跟中国学界的交流可以概括为表1所示的三个阶段。

表1　日本国立国语研究所与中国相关机构交流情况

	日本社会发展	国语研工作发展	与中国互动
起步期 1948—1974年	随着第二次世界大战结束,经济恢复和发展	日语语言生活研究的起步	较少
发展期 1974—2009年	大量外国人涌入日本,需要学习日语	随着对外日语教学需求拓展研究工作	有所发展
深化期 2009年至今	经济相对停滞萎缩,科学研究工作强调服务性	隶属大学共同利用机关法人人类文化研究机构,强化基础性研究,为其他高校为社会服务	主要局限在日语教学界

相较于中国语言政策来说,日本语言学研究全盘处于西方语言学体系笼罩之下,带来的便利是研究成果容易进入国际发表,日本学术论文参考文献全部使用英文,便于进入网络检索系统。2012年经济合作与发展组织(OECD)的国际成人能力评估调查(Program for the International Assessment of Adult Competencies, PIAAC)的读写测试中,日本学生在阅读方面平均538分,位居第四位;日本的成年人在读写方面平均296分,位居第一位。这个成绩表现了日本活跃在国际语言学、教育学领域的姿态。

日本实用主义的研究路线,一直保持着研究所面向社会、服务社会的风格。随着研究所隶属变化,国语研跟海外研究机构合作、跟国内各个大学合作、加强面向社会服务:(1)面向专业人士,召开国际研讨会、学术讨论会/讲座、专门教程和研讨会、沙龙、联合研究报告和专题讨论会。国语研跟各地大学合作,免费向大学硕士博士提供语言学专业讲义,学完全部讲义提出读书报告的学生，经过审查可以颁发结业证书。（2）面向社会公众，组织专门论坛和讲座，每年9月举办语料库资源检索和利用的免费体验型讲座，提起普通人对语言学知识的兴趣，提示人们关注濒危方言、外来词等问题，具有语言学科普性质。（3）面向中小学生，国语研进行（语言学相关）职业发现计划讲座，语言学初级课程，日本（各地方言）探险等，国语研的活动具有语言服务意识，从而带动了研究课题的多学科交叉，公募型研究、共同利用型研究课题五彩纷呈。

语言政策研究发端于社会语言学关于语言规划的研究，王辉（2009）认为，该项研究演变发展经历了语言作为问题、语言作为权力、语言作为资源和语言视为生态几个阶段，是精当的总结和预见。世界各国语言政策研究经历了不同的发展历程，却面对共同的未来发展。相比较日本，中国语言政策研究也有自身长处，中国语言资源丰富，伴随着国家改革开放和经济发展崛起的脚步，中国语言学研究繁荣兴旺。我们期待着中日两国在汉字文化圈语言生态中有更多的交流互动。

参考文献

劳宁：《日本最近十年的语言研究情况》，《语言学资料》1965年第Z1期。

林景渊：《日本语文国际化问题之观察与思考》，《汉字文化》1995年第2期。

刘桂敏：《语言与社会：日本社会语言学研究概述》，《日语学习与研究》1996年第4期。

史君方：《日本国立国语研究所及其最近科研项目》，《语言学动态》1978年第4期。

王红：《日语外来语的进程与现状研究》，《陕西师范大学学报》（哲学社会科学版）1997年第S1期。

王辉：《西方语言规划观的演变及启示》，《宁夏大学学报》（人文社会科学版）2009年第6期。

俞晓明：《外来语的使用趋向规范化：〈日本国立国语研究所2002年报

告〉分析》,《日语学习与研究》2003年第2期。

[日] 川村湊:《海を渡った日本語》,青土社新装版2004年版。

Japanese Language Policy Research from the Work of the National Language Institute for Japanese language and linguistics

Liu Haiyan, Zhao Qiaoni

Abstract: The implementation of the language policy in Japan is marked by the establishment of the National Language Institute (Nli) in 1948. There are two major divisions: "before normal" and "after normal. This paper sorts out the materials on the website of the National Language Institute of Japan, observes the different characteristics from modern Japanese language policy, and analyzes the main research methods of Japanese language policy at present. The work of the National Language Institute of Japan on the collation and standardization of loanwords is quite outstanding, in addition to which the work of Japanese teaching and collating endangered languages, which serve the society, is also being carried out vigorously, japanese language policy research focuses on investigation and intelligence gathering, and on the use of computational statistical methods. In contrast, the study of Chinese language policy has more advantages and room for development. We hope that China and Japan will cooperate and interact more on this topic in the future.

Keywords: The National Language Institute for Japanese Language and Linguistics; Japanese Language Policy; Sino-japanese Cultural Exchange

《国译红楼梦》对汉语白话词汇的误译
——兼与伊藤漱平译本、井波陵一译本的比较*

黄彩霞 齐子贺**

摘 要：《国译红楼梦》对人物对话中的白话词汇，尤其对汉语方言俗语的翻译存在较多误译之处，体现了译者平冈龙城在汉语白话文理解力方面存在的局限，但这并不影响它在《红楼梦》日译史上的基础地位，译本中的翻译问题值得今人以宽容的态度给予理解，并以科学严谨的态度加以研究。通过将《国译红楼梦》的误译与伊藤漱平译本、井波陵一译本进行比较发现，《国译红楼梦》中存在的部分误译问题已在其他两个译本中得以解决，但也有部分误译问题仍在延续。

关键词：《国译红楼梦》 伊藤漱平译本 井波陵一译本 白话词汇 误译

引 言

日本是世界上除中国之外对《红楼梦》研究最多的国家，也是对《红楼梦》翻译最多的国家。1793 年《红楼梦》传入日本，上

---

* 基金项目：吉林省教育厅社会科学研究规划项目"《国译红楼梦》对清朝社会文化翻译问题研究"（2014B078），阶段性成果。
** 作者简介：黄彩霞，女，吉林外国语大学教授，研究方向为中日比较文学。齐子贺，男，吉林外国语大学日语系学生。

世纪20年代初日本第一个《红楼梦》全译本——《国译红楼梦》①（以下简称《国译》）出版，其后又有松枝茂夫、伊藤漱平、饭塚朗、井波陵一等4位译者的日文全译本出版发行。《红楼梦》常被誉为清朝社会文化的百科事典，作品中有大量词汇都与清朝社会文化或中国传统文化紧密相关。因此，日文译者在翻译《红楼梦》的过程中必定会到不同程度的困难。《国译》研究者森中美树曾指出，翻译的困难之一是"大多数的汉语称谓语没有完全对应的日语"，二是"语序不同，特别是动词和宾语的位置不同，译成日语时必须颠倒译出"。②但是，除此之外，译者能否正确理解《红楼梦》中所涉及的中国文化恐怕是译者在翻译时遇到的更高层面的困难。

《红楼梦》作为中国四大名著中白话程度最高的小说，尤其以人物对话的白话程度为最高，汉语方言俗语或成语、谚语及其他惯用表达一应俱全，充分体现了汉语语言文化的博大精深和丰富多彩。那么，《国译》作为日本第一个《红楼梦》全译本，是如何解读和翻译那些白话程度较高的汉语词汇，其译文存在怎样的问题，这些问题在其他日译本中是否都已得到解决？因诸译本中松枝茂夫初译本受《国译》的影响较大，③其改译本又受到伊藤漱平译本的影响，故本文选择将《国译》与在日本红学界影响较大的伊藤漱平译《红楼梦》④（以下简称伊藤译本）以及《红楼梦》最新日译本井波陵一译《新译红楼梦》⑤（以下简称井波译本）进行比较。主

---

① ［日］幸田露伴、平冈龙城訳：『国訳紅楼夢』，国民文库刊行会，1920—1922年。80回本，全三卷，底本为有正戚序本。
② ［日］森中美树：《简述日译〈红楼梦〉之难点——以平冈龙城〈国译红楼梦〉为例》，《红楼梦学刊》2011年第6辑。
③ 黄彩霞、［日］寺村政男：『紅楼夢』回目の翻訳から見た日本における『紅楼夢』の受容，『語学教育研究論叢』（第31号），大東文化大学語学教育研究所2014年3月，第97页。
④ 伊藤漱平译《红楼梦》，120回本，平凡社出版，共5个版本，本文进行比较的是伊藤最早的《红楼梦》译本——《中国古典文学全集系列》（全3册，1958—1960年）。
⑤ 井波陵一译《新译红楼梦》，120回本，全7卷，2013—2014年岩波书店出版，是目前日本最新的《红楼梦》全译本。

要以《国译》中存在问题的几个白话词汇的翻译为例,兼与伊藤译本、井波译本相比较,探讨《红楼梦》中白话程度较高的汉语俗语、惯用语等白话词汇的误译问题。因译本的翻译底本不同而出现白话词汇说法不一致时,本文以《国译》底本有正戚序本为准。

在拙文《日译〈红楼梦〉对中国文化的解读与翻译——以〈国译红楼梦〉的注解问题为视角》① 中已探讨过关于"猫儿食"和"隔口饭儿"的翻译问题,关于这两个白话词汇的误译问题在此不再赘述。下面试举几例关于《红楼梦》人物对话中出现的其他白话词汇的误译问题。

一 "可恶的""包不严"

原文:鸳鸯素习是个可恶的,虽如此说,包不严他就愿意(《红楼梦》第46回)

《国译》:えんあうはーたいどうもきらひだが、それにしても、えんあうがしょうちするかどうかはわからぬ(中卷,第306页)

据《红楼梦语言词典》,"可恶"在《红楼梦》中有两种用法,一种是惹人讨厌的意思,一种是用亲昵的口吻说调皮、不好对付之意。② 显然,此处"可恶"的用法属于后者。平冈龙城明显误解为前者之意,误译为"きらいだ"(令人讨厌的)。"包不严"(有正本,程本为"保不严")是"没准儿、可能"③ 的意思,但平冈似乎并不了解作为汉语俗语的"包不严"其实是表示有可能之意,而特意在注解中注释为"たしかにはうけあへぬ"④(不能保证),并

---

① 黄彩霞、王升远:《日译〈红楼梦〉对中国文化的解读与翻译——以〈国译红楼梦〉的注解问题为视角》,《红楼梦学刊》2017年第6辑。
② 周定一:《红楼梦语言词典》,商务印书馆1995年版,第480页。
③ 周定一:《红楼梦语言词典》,商务印书馆1995年版,第27页。
④ [日]幸田露伴、平冈龙城訳:『国訳红楼梦』中卷,国民文库刊行会1921年版,第306页,注22。

将"包不严他（鸳鸯）就愿意"翻译为"不知道鸳鸯愿不愿意"，该译文与原文之意并不相符。

那么，其他译本对改句的翻译如何呢？

伊藤译本：鴛鴦というのは昔から一筋なわでいかぬ女、ああはいったものの、あれがはたしてウンと言うかどうか、なんともあてにならない話だわ。（中卷，第126页）

井波译本：鴛鴦には日ごろからなかなか手強い所があるし、そうは言っても、あの子がすぐにその気になるかどうか分からない。（第4卷，第1页）

对"可恶"一词，伊藤译本译为"一筋なわでいかぬ"（不好对付），井波译本将其译为"手強い"（厉害），两个译本的翻译都符合原文之意。但是对于"包不严"一词，伊藤译本和井波译本的翻译并无二致，明显都延续了《国译》的误译，都将其误解为"不知道、不能保证"之意了。这说明，日本译者对"可恶"一词的误解问题虽已解决，但对"包不严"一词，近百年来一直没能正确翻译，日译者们未能正确理解"包不严"作为汉语俗语的用法和意思应是造成其误译的主要原因。

二　"怪道"

原文：鸳鸯听了便红了脸说道，怪道你们串通一气来算计我，等着我和你主子闹去就是了（《红楼梦》第46回）

《国译》：えんあうはこれをきいてさっとかほをあかくしながら、どうもみなぐるになって、わたしをなぶりなさる、おぼえておいでなさい。わたしがおくさまにいうてあげますから、ようござんすというた。（中卷，第311页）

"怪道"是北方方言，意思是"怪不得，难怪"[①]。从《国译》的译文来看，平冈将其翻译成了"どうも"。日语中"どうも"是

---

① 周汝昌：《红楼梦辞典》，广东人民出版社1987年版，第199页。

副词，后面接肯定句时往往表示"不知为什么，好像"的意思，显然与原文的"怪不得、难怪"之意不符。

以下是伊藤译本和井波译本的翻译：

伊藤译本：鴛鴦はそれを聞くと、サッと頬を染めて、「道理でね、あんたたち、みんなでしめし合わせ、わたしに一杯食わせようというんですものね。みてらっしゃい、わたし、あんたのご主人を相手どってねじ込んでやるまでだから。」（中卷，第128页）

井波译本：鴛鴦はそれを聞くと、顔をパックと赤くして言いました。「なるほど、あんたたちはグルになってわたしを陥れようというわけね！あんたのご主人にねじ込んでやるまでよ！」（第4卷，第7页）

可见，"怪道"在伊藤译本中被译为"道理で"（怪不得），在井波译本中被译为"なるほど"（原来如此），两者都非常贴近原文之意，并不存在《国译》那样的误译问题。

三 "好端端的"

原文：贾政道："好端端的，你垂头丧气咳些什么"（《红楼梦》第33回）

《国译》：贾政は早速、どうもおまへはかしらをたれきをおとしてなにかたんそくするやうなやうすをしている。（中卷，第18页）

"好端端"是"没有来由，无缘无故"①的意思。原文是贾政迎面碰到正在为金钏儿自尽之事而伤心的宝玉，见他垂头丧气的样子，便有了上述对话，是贾政在数落宝玉不该无缘无故地垂头丧气。但从《国译》的译文来看，"好端端的"被翻译为"どうも"。日语"どうも"作为一个副词，可表示"①怎么也—（否定）

---

① 周汝昌：《红楼梦辞典》，广东人民出版社1987年版，第219页。

②实在,很③(不知为什么)总觉得,好像"等,译文中应作第三个用法"好像"之意。因此,《国译》翻译为"どうも",完全未译出"好端端的"所表达的"无缘无故"之意。

对于贾政的这句话,伊藤译本和井波译本翻译如下:

伊藤译本:わけもないのに、首うなだれてしょんぼりと、なにをため息つくことがある?(上卷,第363页)

井波译本:わけもなく何をしょんぼりとため息をついているのだ?(第3卷,第16页)

对于"好端端的"这个白话词汇,无论是伊藤漱平译本的翻译"わけもないのに",还是井波译本的翻译"わけもなく",二者基本一致,都表示"无缘由地"之意,准确地将原文"好端端"的意思翻译了出来。这表明《国译》的误译问题并未一直持续。

四 "没意思"

原文:(袭人)早已明白自己说放恣了,恐宝钗没意思,听宝钗如此说,更觉羞愧无言。(《红楼梦》第34回)

《国译》:さっそくおのれがいひすぎたときがつき、はうさがつまらなくおもふだろうとしんぱいしていたら、いまはうさがこんなことをいうのをきいて、いまさらはづかしくなってじっとむごんでいた。(中卷,第35页)

"没意思"通常指无聊,没趣等意思,但在《红楼梦》中有多种用法,此处是"尴尬、难堪"①之意。但《国译》将其译为"つまらなくおもふ",明显将其误解为感到无聊、无趣之意了,与原文意思大相径庭。那么,其他译本的翻译是否准确呢?

伊藤译本:これはわたしとしたことが、うっかり口をすべらせた、ととたんに心付き、宝釵が気を悪くしたのではないかと案

---

① 周定一:《红楼梦语言词典》,商务印书馆1995年版,第563页。

じていました。そこへ宝釵がこう言ったものですから、なおさら穴があったらはいりたい思いで黙り込んでしまいました。(上卷，第372页)

井波译本：宝釵が気を悪くしたのではないかと心配したのですが、宝釵がこのように言うのを聞くと、ますます恥じ入って黙り込みます。(第3卷，第30页)

如上所示，伊藤漱平和井波陵一两位译者都清楚此处的"没意思"并非"无聊"之意，因此，其译文中都未出现《国译》那样的误译，而是翻译为"気を悪くした"（不高兴，生气）。这表明，日本译介对"没意思"一词在《红楼梦》原文中所表意思的理解上有了很大提高，但"不高兴，生气"的解读与原文的"尴尬、难堪"之意仍有一定差异。日本译介至今未能对"没意思"准确翻译，可能与"没意思"在现代汉语中已无表"尴尬"之用法有关，这类词汇往往为外国译者的准确理解与翻译带来很大的困难。

五 "调唆"

原文：这会子你怕花钱，调唆他们来闹我（《红楼梦》第45回）

《国译》：こんどおあしをだすのをきらひ、みんなをつれてきてわたしをこまらせますが（中卷，第278页）

"调唆"是"挑动，唆使"①的意思，有怂恿别人干坏事的贬义在其中。《国译》将原文"调唆他们来"直接翻译为"みんなをつれてきて"（带他们来）。而"调唆"与"带来"是概念完全不同的两个词汇，如此一来，原文中"唆使"的意味尽失。其实，日语中"そそかす"与"けしかける"都表示"调唆"的意思，可直接对应翻译。但《国译》却翻译为"带来"，原因可能在于译者

---

① 周汝昌：《红楼梦辞典》，广东人民出版社1987年版，第600页。

平冈龙城并不理解汉语"调唆"的意思。

伊藤译本：いまあなたはわがふところをいためるのがいやさに、こうしてこの人たちに智慧をつけて、わたしのところへ押しかけてこさせなさったんでしょ。（中卷，第112页）

井波译本：出費が嵩むのを恐れ、いまこのように皆さんをそそのかしてわたしの所へ押しかけるように仕向けたのでしょう。（第3卷，第256页）

无论是伊藤译本的"智慧をつけて"还是井波译本的"そそのかして"，都是"煽动、唆使"之意，二者的翻译都符合原文。可能是因为在现代汉语中"调唆"是一个非常常见且意思非常容易理解的词，因此对于伊藤和井波两位译者来说，这样的词汇翻译起来并非难事吧。

六 "爬灰的爬灰，养小叔子的养小叔子"

原文：那里承望到如今生下这些畜生来，每日家偷狗戏鸡，爬灰的爬灰养小叔子的养小叔子（《红楼梦》第七回）

《国译》：なんだいまこのちくしやうがうまれてきてまいにちのやう、しだらなく、はいをかいてははいをかき、いもとむことくっついてはいもとむことくっつく。（上卷，第164页）

据《红楼梦辞典》，"爬灰"指"公公与儿媳妇私通"。①《国译》特意在注解中对"爬灰"进行了注释："しうとが、子の妻、即ちよめとくっつく、下の養小叔子と共に重言せしはくだをまく様子を描写せるなり。"② 该注释翻译为汉语，即"公公与儿子的妻子，即与儿媳私通"。可见，《国译》对"爬灰"的注解是准确的。"养小叔子"指"嫂子与小叔子私通"③，也有人认为原文是指

---

① 周汝昌：《红楼梦辞典》，广东人民出版社1987年版，第431页。
② ［日］幸田露伴、平冈龍城訳：『国訳紅楼夢』上卷，国民文庫刊行会1920年版，第164页，注123。
③ 周定一：《红楼梦语言词典》，商务印书馆1995年版，第1004页。

"叔叔与侄儿媳妇的关系"①。但无论哪一种解释，或指丈夫的弟弟，或指丈夫的叔叔，都不同于《国译》的"いもとむこ"（妹夫）的解读和翻译。可见，《国译》对"小叔子"一词存在明显误解和误译。

另外，从《国译》关于该句的注解可以看出，译者平冈龙城认为该句使用前后重复的手法，是在"描写酒后讲话絮叨的样子"。然而，事实上汉语口语中经常使用这样的句式来表示罗列不同的人或情况，并非表示酒后讲话絮叨的样子。因此，这也应是译者平冈对此类汉语口语表达形式的误解。

那么，《国译》之后的《红楼梦》译本对于"爬灰"和"养小叔子"这两个白话词汇的理解与翻译状况如何呢？来看伊藤译本和井波译本的翻译：

伊藤译本：おいたわしや、なんぼなんでも、いまとなって、こんな畜生どもが生れてこようとは、思いもかけておられまいて。日がな毎日、犬は盗む、鶏とはふさげる。灰の上をはうやつもはうやつだが、亭主の弟とできあうやつもできあうやつさ。（上卷，第86页）

井波译本：とんでもねえことに、いまやこんな畜生どもが生まれて来やがった！来る日も来る日も、犬を盗むは、鶏と戯れるは、灰の上を這うヤツは灰の上を這うし、亭主の弟とくっつくヤツは亭主の弟とくっつく有様。（第1卷，第149页）

如上所示，伊藤译本和井波译本中，对于"养小叔子"一词，分别译为"亭主の弟とできあう"和"亭主の弟とくっつく"，都是"与丈夫的弟弟偷情"的意思。可见，对"养小叔子"这个白话词汇的理解与翻译上已不存在《国译》那样的误解与误译问题。但值得一提的是，对于《国译》译者早已理解并准确翻译的"爬灰"一词，伊藤译本和井波译本却一致直译为"灰の上をはう"

---

① 上海市红楼梦学会、上海师范大学文学研究所：《红楼梦鉴赏辞典》，上海古籍出版社1987年版，第162页。

(在灰上面爬行)。显然，伊藤和井波两位译者并未准确理解"爬灰"一词的意思，在该词的翻译上井波陵一有可能参考了伊藤译本，而且翻译时两位译者很可能都未参考《国译》的译文。

七 "打发""没王法"

原文：以后还不早打发了这没王法的东西，在这里岂不是祸害（《红楼梦》第 7 回）

《国译》：いごまたつかひなどさしてはいけませぬ。こんなしかたなきやつ、おおにおくのは、かえってがいではありませんか（上卷，第 163 页）

第七回中王熙凤看到喝醉酒的焦大在破口大骂，于是对贾蓉说了上述这番话。此处的"打发"是"解雇，设法使其离开"[①] 之意。"王法"指"封建时代的国家法令，也指一般规矩、规章"，[②] 原文中应指"规矩"，是王熙凤在说焦大竟"倚老卖老"，不把主子放在眼里，实在没规矩，于是决定将其"早打发了"。

而《国译》将"以后还不早打发了"翻译为"いごまたつかひなどさしてはいけませぬ"，直译为汉语就是"以后不可再差遣他"。相比原文清晰明了的"解雇"之意的表达，译文的"解雇"之意则不明确或较委婉，需要从后文来判断。《国译》对"没王法"翻译为"しかたなきやつ"（没办法的东西），而且特意对"没王法"注释为"始末にをへぬ"。显然译者平冈龙城将"没王法"理解为"不好处理，难对付"了，这与原文"没规矩"的意思相去甚远。

来看伊藤译本和井波译本的翻译：

伊藤译本：このさきこんな主を主とも思わぬ手合いを、さっさと追い出しもせずに、こちらに置いておこうものなら、それこ

[①] 周定一：《红楼梦语言词典》，商务印书馆 1995 年版，第 146 页。
[②] 周汝昌：《红楼梦辞典》，广东人民出版社 1987 年版，第 90 页。

そ禍のもとですよ。(上卷，第86页)

井波译本：これでもこの無法者をさっさと追い出してしまわないの？このままここに置いていたら禍の種じゃないの！（第1卷，第148页）

可见，对于"打发"一词，伊藤译本与井波译本都翻译为"追い出す"（逐出去），符合原文之意。但是，在对"没王法的东西"一词的翻译上，伊藤译本与井波译本稍有不同。相对于井波译本的翻译"無法者"（无法无天，蛮横无理），伊藤译本的"主を主とも思わぬ手合い"（不把主人当主人的家伙）的翻译更易理解，意思更接近原文。

结　语

丰富多彩的汉语白话词汇，尤其一些约定俗成的方言俗语，由于不能仅凭字面意义去理解，确实给《红楼梦》日译者的翻译带来了不同程度的困难。《国译》对白话词汇的误解和误译较多，体现了译者平冈龙城在汉语白话文理解力方面存在的局限。通过将《国译》的误译与伊藤译本、井波译本进行比较发现，《国译》中存在的部分误译问题已在另外两个译本中得以解决，这应该说是中日文化交流的不断深入的结果。但同时，诸如对"包不严""没意思"等词的误译问题仍然存在，甚至《国译》的某些误译问题仍在延续。而且，在对"爬灰"一词的翻译上，虽然《国译》已准确理解与翻译，但伊藤译本、井波译本中反而出现误译，这表明日本译介对《红楼梦》中的部分汉语白话词汇并未形成稳定或固定的解读与翻译。

《国译》对白话词汇的误译，并不影响其在《红楼梦》日译史上的基础地位。作为日本首个《红楼梦》全译本，它为《红楼梦》日译的发展奠定了基础，并推动了《红楼梦》在日本的传播与接受，值得今人给予高度评价。译本中存在的翻译问题，值得今人以宽容的态度给予理解，并以科学严谨的态度加以研究。今后继续加强中日文化交流无疑是解决上述误译问题的有效途径。

参考文献

孙玉明:《日本红学史稿》,北京图书馆出版社2006年版。

[日] 森中美樹:『紅楼夢』と幸田露伴.アジア遊学(105),2007年。

[日] 森中美樹:《平岡龍城書入本と『国訳紅楼夢』》(上),《中国学研究論集》(21),2008年。

[日] 伊藤漱平:《日本における『紅楼夢』の流行—幕府から現代までの書誌的素描》,古田敬一編《中国文学の比較文学的研究》,東京:汲古書院1986年版。

Mistranslation of Chinese Vernacular Vocabulary in *HIRAOKA Ryujyo's Version of Dream of Red Mansions*
—Contrast with ITO Sohei's Translation and INAMI Ryoichi's Translation

Huang Caixia, Qi Zihe

Abstract: In *HIRAOKA Ryujyo's Version of Dream of Red Mansions*, there are many mistranslations of the vernacular words in the dialogue of the characters, especially the translation of the Chinese dialects and common sayings, which reflects the limitations of HIRAOKA Ryujyo in the understanding of the Chinese vernacular. But it does not affect its basic position in the history of Japanese translation of Dream of Red Mansions. The problems in the translation should be understood with a tolerant attitude and studied with a scientific and rigorous attitude. By comparing the Mistranslation of *HIRAOKA Ryujyo's Version of Dream of Red Mansions* with the translation of ITO Sohei and INAMI Ryoichi, it is partial error translation problems in HIRAOKA Ryujyo's Version have been solved in the other two versions, but some of them are still continuing.

Keywords: *HIRAOKA Ryujyo's Version of Dream of Red Mansions*; ITO Sohei's Version; INAMI Ryoichi's Version; Vernacular Vocabulary; Mistranslation

人类命运共同体视角下池田大作的全球视野与东方精神[*]

洪 刚[**]

摘 要：如何科学地看待中西文化的关系，自近代以来一直是人们探讨的一大课题。池田大作先生以其敏锐的洞察，以全球视野观瞻人类社会的发展，指出西方文明在给世界面貌带来巨大变化的同时，也产生了很大的负面作用，欧洲近代精神可说功过参半。而人与自然的和谐也正是东方精神的特质，它可以弥补西方文明的弊端。未来的东方文化仍将发挥注重精神文化的特长，但会不断吸收西方物质文化的优秀成果，以丰富和完善自己，完成自己在未来的世界文化中的定位。

关键词：池田大作 欧洲文明 东方精神 文化交流

西方文化言必称希腊，中国文化也往往从诸子百家谈起。相近的时代又都群贤并起，历史的天空群星闪烁却很少彼此照耀。"中西文化之间最近也是最重要的交流，不在秦汉盛唐，不在明清之际，而是在工业革命的浪潮直击中国沿海大门之后，是在中国受到西洋人用西洋船炮轰击、直逼就师之后才启动。"（沈福伟，2006）至此，关于中西文化的争论、思考与探寻广泛展开。

---

[*] 基金项目：2019 年度辽宁省经济社会发展研究课题"辽宁新一轮全面振兴背景下海洋软实力的文化资源与提升对策研究"（2019lslktqn-063），阶段性成果。

[**] 作者简介：洪刚，男，大连海事大学马克思主义学院副教授，博士，硕士生导师，主要研究方向为海洋文化理论与海洋高等教育研究。

在从清末到新中国成立之前的不同时期，中外大批学者都从不同角度对东西方文化提出了各不相同的看法，这些观点随着东方国家历史的硝烟而浮沉激荡，叩穿历史时空而不断发出回响。

自20世纪以来，伴随着东方国家政治变革和经济腾飞，近现代以来东方人普遍存在的精神忧伤似乎正在逐渐结束。稍加注意，人们就会发现，在中国和东方各国经济科技乘着西风快速发展的同时，随着社会发展的逐步深入，各种文化因素都在分化组合、寻找或重新确定自己的位置，并对中国和东方各国的社会改革进程发生作用。其中，西方的文化思想与生活方式也有力地冲击着东方世界，在此影响下，东方世界的面貌发生了巨大变化。

一　人类中心主义的影响

对于这种变化池田大作（1993）有着敏锐的洞察，他以全球视野观瞻人类社会的发展，指出："欧洲的近代文明带给我们很多物质和精神方面的财富，然而就其整体的倾向性而言，这种文明非但没有抑制人的野蛮的动物本能，反而成为他的最理想的隐蔽工具。"他从多方面指出，西方文明在给世界面貌带来巨大变化的同时，也产生了很大的负面作用。

在欧洲中世纪的社会里，历史的坐标轴常常是被神而不是人占据的，到了近代，在抛弃了神的偶像以后，取代神而成为坐标轴中心的，是所谓"进步"的观念，是对科学技术的信仰。全球变暖，环境恶化等情况的发生已经使很多人认识到由于现代科学的发展脱离了人这一核心，变成了理性的自我运动，自我完成的产物。尽管科学技术文明的成果给人类带来了很多恩惠，但我们也必须认识到：科学在不以人为基轴的情况下的盲目发展，就会掉入巨大的陷阱。

从历史上看，伴随着西方科技的进步与世界贸易的发展，近代世界的版图逐渐清晰，帝国的商船不仅是以黄金和象牙的召引为驱动力的，近代西欧作为唯一的基准，即把人类社会分为文明与未开化两大部分的思考方式,产生出虚假的选民意识,而这以民主方式出现的水手号子,从背后有力支撑了殖民主义体系。也正是在这种思维方式下,伴随着利益争夺和反抗,造成近代国家间连续频繁的战争。由此以降,在这种思想方式走向极端以后,两次世界大战用血与泪给了人类以最深刻的教训。对于人类和平,歌德曾感叹道:遗憾的是迄今为止,我们还未曾发现一个国家,既有强大的军队备,建成了完备的防备体制,又能始终如一地、只满足于维持这种防备体制。

也正是在这种"进步"观念驱使下,由工业文明时期开始,形成了人类中心主义,人类以科学技术为武器,在对待自然的态度上,传统人类中心主义强调征服和利用,片面强调人的利益和需要,导致对自然环境的巨大破坏,同时,只是强调一味满足当代人的需要,无视后代的权利和整个人类的长远利益。传统人类中心主义不考虑社会的责任,只是考虑到一部分人的局部利益,忽视世界上绝大多数人的整体利益。在这种传统人类中心主义的指导下,少部分人的利益的满足是以损害绝大多数人的利益为代价,造成了生态环境的恶化,人与自然矛盾的加剧。

法国文明评论家 P. 卫里尼用"欲望和意志的大小"来评论欧洲文明,尤其是近代文明,他说:"在欧洲精神所支配的地方,可以见到种种式式的极限:欲望的极限、工作的极限、资本的极限、生产效率的极限,野心的极限、权力的极限、自然环境改变的极限、谈判和贸易极限,这些极限的全体合成了欧洲或是欧洲的面貌。"(池田大作,1993)法兰西学院教授路奈·尤伊古先生对物质至上主义及隐藏在其根底的人的欲望的增大,也发出强烈的警告,尤伊古先生指出的物质至上主义,今天通过全球性市场主义而带来的自我中心主义蔓延的形式,日益加深了世纪的黑暗。地球环境的破坏,也同样是人的精神颓废的表现。把自己的利益放在最优先的位置而不顾他人,对许多重大问题装作漠不关心而加以忽视——这种"漠视他人"可以说是地球上极其猖獗的最大的"现代病例"。

欧洲的近代精神突破了感性和本能的界限，引诱人们奔向极限。正如池田先生所评断的：在这方面，欧洲近代精神可说功过参半。

二　全球视野中的东方文化

池田先生在《东西方艺术与人性》中论及因社会的现代化，东西方的艺术和宗教所发挥的"结合力"迅速减弱，而出现了前未有之的人之"孤独"，并且，人一旦切断与自然和宇宙的关系，他和其他人的联系也会切断，结果，孤独不再被视为社会病态。"一言以蔽之，西方主导型的近代文明的缺陷在于，一切方面都加深了分裂与独立。人与宇宙、人与自然、个人与社会、民族与民族，进而善与恶、目的与手段、圣与俗等，一切都被分裂。其中，人被逼入独立化。"（池田大作，1993）

对此，西方人也进行了深刻的反思，比较突出的可以列举两次。一次是第一次世界大战，那场惨烈的战争使得许多西方人士对西方文明产生了一种破灭感。另一次，是20世纪晚期西方文化理论界的后现代主义思潮。

20世纪20年代初，德国学者斯宾格勒所写的一部《西方的没落》针对第一次世界大战欧洲人打欧洲人的现实，反思为何自认为文化至高无上的欧洲却要自相残杀，得出结论认为西方的发展已行将末路，世界未来的发展要转眼看东方。三四十年代，英国著名历史学家汤恩比著成的《历史研究》巨著，将世界文化分成20多个体系，从其哲学基础得出的结论是西方文化将来要消灭。到70年代，英国历史学家汤恩比与池田大作先生进行对话，指出："我所预见的和平统一，一定是以地理和文化主轴为中心，不断结晶扩大起来的。我预感到这个主轴不在美国、欧洲和苏联，而是在东亚。"（池田大作、阿·汤恩比，1985）1988年2月，75位诺贝尔奖得主发表的宣言，更是把人类的生存与灭亡和是否能从东方儒学中汲取智慧联系起来，认为："如果人类要在21世纪继续生存下去，必须

回头到 2500 年前去汲取孔子的智慧。"（蔡德贵，2000）

西方人在反思、批判自身文化的同时，将未来的期望寄托在东方，寄望于中国。其中，也有两次比较突出。一次是 18 世纪启蒙思想时期。当时的启蒙思想家们，许多人对东方、对中国文化一往情深，以至有的人如魁奈竟被称为"欧洲的孔子"。大文豪歌德在其咏唱中国的诗歌中，表达了他"视线所窥，永是东方"的心声。伏尔泰则认定中国人"是地球上无论在道德方面或治理方面最好的民族。"另一次则是第二次世界大战后，从汤恩比到今天后现代的学者与文化理论家们，对传统中国文化、东方文化充满同情的、浪漫的解读（何芳川，2006）。汤恩比对西方社会进行分析后得出的结论是，西方是物质文明高度发展的社会，虽然技术在物质上将世界联为一体，但根本没有缓解他的困境，反使之更趋恶化。因为现代西方文明的技术取代了原有的基督教与上帝，激发了人类内心的贪欲，只重视物质进步而忽视精神层面的追求，因此，要避免因技术的滥施而给人类带来的悲剧，就必须重建一种使精神与自然相协调的人文精神。人与自然的和谐也正是中国文明的特质，它可以弥补西方文明的弊端。

三 中国文化中的东方传统

对于东方精神，池田大作先生曾多次论及，尤其对中国的思想文化做了深入的分析。在《走向和平之康庄大道——于北京大学的演讲》中，池田先生从几个方面发掘了中国思想的精神。

一方面，在中国的思想文化中，搏动着尚文风气。纵观中国的历史，池田先生认为：与其说中国是一个尚武的国家，不如说她是一个尚文的国家。与世界文明史中经历过盛衰的其他帝国相比，在中国的历史中很难发现单纯凭借武力，明目张胆地推行武力主义和侵略主义的例证。尽管一时性的武力也曾推行过，但毕竟很快为文化或文明那大海般的力量所吸收。在中国卷帙浩瀚的史书中，只要信手翻阅几册，就可以发现其中处处充满着伦理性和伦理感。而这种尚文的风气一直是推动中国历史的巨大力量。他觉得今日世界所需要的是如何用文化和文明的"文"的力量，来抑制"武"的力量，指出中国不仅是世界上最重视历史的民族，而且中国人有一个别于欧洲人的历史观：即是把历史用来改进现在和未来。正因为中国这种尚文的传统才有可能产生巨大的力量，抑制武力侵略主义。

另一方面，在中国一直有抑制武力作用的传统力。这种传统力表现在：视外征为非道、不德的思想。这一点在中国古代的外交姿态中，尤其在朝贡外交、朝贡贸易中表现得十分明显。当时的中国对于绝大部分的从属国，只要求宗主权，并不试图征服。所谓朝贡亦认为中国为宗主国。为了证明自己尽了臣下之礼而带着贡物来朝进贡。对此，中国的皇帝也赠送一些中国的工艺品作为回礼。这种朝贡制度，是当时的一种特殊外交、贸易手段。这种朝贡贸易的出发点，在于以文明或文化使邻国心服。这种想法也是以尚文思想与中华民族的自豪感为基础的。

引人注意的是，在这种朝贡贸易中，作为宗主国的中国，并未从中得到任何好处，使者和随行人员在中国逗留期间的费用，全由宗主国负担，而且皇帝赠送的下赐品，总是高于朝贡所有价值，据说从属国进贡一次，总能获得五六倍的利益，作为臣下之礼的报酬。历史学家们指出，明太祖洪武帝实行海禁政策的背景之一就是因为当时的中国已经无法承受这样的负担了。池田先生认为其中反映的这种美的本质就是人或国家控制其自身本能和兽性的文明力量——亦即自制力或抑制力，而能够实现控制及废除军备的和平之路，除了积蓄和发挥这种力量之外，别无他途。

另外，中国思想文化是以人作为一切的出发点的。对此，一个日本学者谈道：中国哲学的特征，在于不断探索人的目的。哲学家们苦心思索的问题，终究没有离开人这一关系的领域，关于自然的思索总是在以自然主义的观点思索人的问题这一基础上展开的。换言之，哲学首先是关于人的学问。在中国的宗教、科学、政治等关于人的任何学问中，其基调都可以说是以人为出发点的。

与此不同，在基督教或者伊斯兰教那样的一神教的，尤其是在欧洲中世纪的社会里，历史的坐标轴常常是由神而不是人占据的。人只不过是神的仆人，而哲学只能成为神的婢女。当时的社会活动，看起来是人的活动，实际上是以神为目的的哲学，以神为目的的宗教、科学和政治。

池田先生觉得，中国的人本主义原形是在春秋末期，人在拼命寻找生存意义的艰苦探索中形成的。同样，在混沌的今日，当人在摸索如何创造历史时，中国的传统对于构建新的人类世纪也将做出巨大的贡献。英国历史学家汤恩比认为：在其晚年一直有一种预感，认为中国会成为今后世界历史的主轴。他提出的最大理由是"中国民族在中国历史的长河中所掌握的世界精神"（池田大作，1993）。在研究中国的科学方面留下巨大足迹的李约瑟，在他的巨著《中国科学技术史》中的序言中说"我们要把所有人种中的劳动的人们结成一个普遍性的协调性的共同体。当前我们正处在这种新的普遍主义的黎明。"（池田大作，1993）这种新的普遍主义的主角必然是新的民众和广大的平民。而中国悠久的历史与现实的步伐中正蕴藏着这开创未来的不可估量的动力。法国首屈一指的中国学权威范德梅尔舒教授认为：与西欧文明相匹敌的一个文明形态正准备出现。他所指的就是"新汉字文化圈"。

总的来说，中国人的态度，就是"通过个别看普遍"，也就是说，从人的方面，通过现实来认识天，而其重点在于本着这种认识，不断努力与实践，以改造现实，其特点与其说是静，不如说是动了。与此相反，以某种固定的观念为基准，用以判断一切的思考方式，因其过于执着固定的观念，从而看不到，所谓观念，只不过是处于不断流转的生命大河中的人的实践活动的产物。看不到这一点，就会产生理论信仰、制度信仰和效率信仰，而活生生的人，就会为这些东西所控制。而当代信仰错误的根源，在于缺乏从人的角度来思考问题这一点上。

四 池田大作对文化发展的前景展望

自 20 世纪中叶以来，东方文化已经焕发出新的生机，展现出无限光明的前途。经过长期的文化分合，东方文化重新找到了自己的位置。未来的东方文化仍将发挥注重精神文化的特长，但会不断吸收西方物质文化的优秀成果，以丰富和完善自己，完成自己在未来的世界文化中的定位。对于全球视野中的人类文明发展，池田大作先生指出了人类文明发展之前途。

池田大作先生用佛教中的"依正不二"论指出了人的内在的伦理性变革。"依正不二"是佛教关于人作为生命主体同其所处的自然环境客体之间的关系原理。所谓"依"，是指生命活动的依据，即生命活动所赖以进行的外部客观环境，这种客观环境既包括自然环境也包括社会环境。所谓"正"是指维持生命活动的主体，池田先生用它来指人类而言。"不二"是大乘佛教的一个主要概念，指不同事物之间的"不同"即"二"其实只是表面的，就其实质而言，它们之间并非两个各自的存在（冉毅，2005）。

佛法主张依正不二，无论人还是自然界，森罗万象都是"因"，"缘"相互支持，相互关联：事物不是单独地而是在这种关系中产生的。"正报"即主观世界，"依报"即客观世界，两者并不是二元地对立着的，而是处于相即不离的关系中，这就是佛法的基本的生命观、宇宙观。

由这种基本的理念，池田先生联系到现代社会发展，在哈佛大学的演讲中，他谈到了在新的历史纪元中，软能与硬能的问题。谈到以往军事、权力、财富等所谓硬能作为历史的动因的决定性要素，到最近，其比重下降，而知识、文化、思想、组织等软能的力量正显著增强。硬能的习性是"外发"，而软能的特征则通过协商、理解而内发产生的力量为核心。

池田先生认为，开启软能时代的至关重要的关键在于内发的因素。所谓内发的，即是自制的，不是被他人强制做什么，而是自律地那么做。他认为这种"自律的精神"才是无国境时代的世界公民的象征,这种内发性自律,自我控制之心,是现代最需要的。因为在生命尊严人际关系淡漠的世界,它一定能使日益衰微的友情、信赖、爱情等人的宝贵关系复苏,提供贵重的贡献力量。可以说使这种潮流不再逆转乃是我们现在所担负的历史使命,现代人必须把目光放到内省的工夫上,并通过人类的内在改革为"精神革命"开辟一条大道。

美国哥伦比亚杜巴里教授应邀在钱穆纪念堂演讲时,曾述及中国传统思想的优美质素:在世界变革过程中,人起着中心的、创造的作用,而儒教是以人为中心思想,在混沌的今日,当人在摸索如何创造历史时,这种思想传统对于构筑新的人类世纪将做出巨大贡献。池田先生特别指出:有一点应该注意的是,最近有很多人在讨论"汉字文化圈"和"儒家文化圈",但那并不是指儒家制度和思想,因为这些制度和思想几乎已成为历史陈迹。具有意义的并不是东方具体的制度和思想,而是它们所残存的一种秩序感一种足以矫正欧洲的超个人主义的秩序感。池田先生相信这种秩序感不是单指儒家思想,而是荣格所指出的一种更广义的"东方感觉"(池田大作,1993)。

那么,现代世界人类的文化交流应秉承怎样的原则呢?池田先生认为,文化交流必须基于互惠、对等和渐进原则。文化应该像联结人们的心的琴弦,能奏出和谐美妙的乐韵;因此,交流必须革基于互惠和对等的原则。单向的文化传导,只会在传播文化的国民心中播下傲慢的种子,同时在接受文化的国民心中产生屈辱和仇恨的感情。

池田先生指出,推动文化的交流会遇到很多不易解决的问题。具有不同价值体系的文化相互接触的时候,当然会产生一些刺激的作用,令双方发展起来,但是,当两种不同的文化体系互相渗透时,就会引发双方激烈的抗拒,结果使文化交流在引发创造性力量的同时,更会造成摩擦。他以欧洲文化渗透到日本文化过程中观察到的现象为例,提到,日本比较容易接受欧洲的科技文明,甚至后来居上，但是在精神方面，即构成文化基础的价值体系方面，日本却没有达到同样的发展程度。随着日本经济力量的增长，文化摩擦和经济摩擦成对地出现，并且文化的交流越是全面，这种摩擦就越是深刻。所以他认为，文化交流中的渐进性很重要，从日本的情况可以看出，外来文化的某些方面，如科学、技术，是可以纳为己用的，然而，整体的外来文化则不能这样移植到另一个文化上。如果急速地将一个文化强加到另一个文化上，必定会招致社会分裂，甚至会演变成战争。正因为如此，才需要长时间，以渐进的方式进行，以求互相理解，互取所长，也只有这样，文化交流才可以在和平的气氛下进行，才可以行到事半功倍的效果。

随着交通、通信工具的发展，不同文化之间的交流今后会急剧增加，人们正在寻求一个使世界合为一体，形成新的世界秩序的制度，在建立这种新的秩序的制度里，文化交流是不可或缺的。文化交流要朝着启发建设的方向进行，不能重演一再出现的历史上的摩擦和破坏。而要做到这一点就需要按照互惠、对等和渐进的原则进行。

无论如何，历史的潮流是一刻也不会停止的。诗仙李白在诗中说道：天地者万物之逆旅，光阴者百代之过客。正如池田先生所说："在通往新世纪的大道的远方，矗立着一座文化优于政治，精神胜于强权，人民高于国家的凯旋门，那就是我们的目的地了。"（池田大作，1993）

参考文献

蔡德贵：《大视野中的文化分合与定》，《中国青年政治学院学报》2000年第83期。

何芳川：《21世纪东亚文化建设与文化自觉》，《北京大学学报》（哲学社会科学版）2006年第6期。

冉毅：《"人性革命"——池田大作"人学"思想研究》，四川人民出版社2005年版，第335—336页。

沈福伟：《中西文化交流史》，上海人民出版社2006年版，第569页。

［日］池田大作：《世界市民的展望——池田大作选集》，三联书店（香

港）有限公司1993年版，第104页。

［日］池田大作、［英］阿·汤恩比：《展望21世纪——汤恩比与池田大作对话录》，北京国际文化出版公司1985年版，第294页。

The Global Vision and Oriental Spirit of Daisaku Ikeda from the Perspective of Community of Human Destiny

Hong Gang

Abstract: How to view the relationship between Chinese and Western cultures scientifically has been a major topic of discussion since modern times. With his keen insight and Global Vision, Mr. Daisaku Ikeda looks at the development of human society and points out that while Western civilization has brought about great changes in the face of the world, it has also produced great negative effects, the spirit of modern Europe can be said to be mixed. And the harmony between man and nature is just the characteristic of the Oriental Spirit, which can make up for the shortcomings of Western civilization. The Future Oriental Culture will still give full play to the spiritual culture, but will continue to absorb the outstanding achievements of Western material culture, in order to enrich and improve themselves, complete their position in the future world culture.

Keywords: Ikeda Masterpiece; European Civilization; Oriental Spirit; Cultural Exchange

《东亚联盟》中王道文化传播的异化研究*

李晓晨**

摘　要："王道"作为中国传统思想的核心概念，不仅对中国的政治、社会、文化等各方面产生了深远的影响，同时对邻国日本的意识形态也产生了一定的影响。然而，"王道"传播到日本之后，先后与"神道""皇道"结合，成为日本领土扩张时的思想利器。本论仅以《东亚联盟》杂志中的"王道"传播和解读为中心，探讨"王道思想"传播到日本之后的异化现象。

关键词：王道文化　《东亚联盟》　里见岸雄

"王道"在中国本是儒家治世的理想，是孟子以孔子的仁政、爱民发展而来的，自宋儒以后以孔孟思想为主要内涵，其包含的基本内涵有为政以德、仁政爱民、为国以礼和义立而王，是中国优秀的传统文化结晶，对整个东亚文明发展的影响源远流长。从政治角度观之，王道思想贯穿了中国几千年历史的政治价值、政治制度和政治行为；从社会角度观之，王道思想对中国历史上的社会价值、社会结构与社会运行都产生了深远的影响；从哲学角度观之，王道思想不仅影响了中国历史上的对外交往与对外关系，同时也对邻国

---

* 基金项目：吉林省社会科学院规划项目"伪满时期日本侵华思想研究——以《东亚联盟》杂志为中心"（2018QN28），阶段性成果。

** 作者简介：李晓晨，女，博士，吉林省社会科学院日本所助理研究员，研究方向为日本社会与文化、日本思想文化史。

《东亚联盟》中王道文化传播的异化研究

日本产生了一定的影响。

王道思想传到日本之后,日本透过江户时代儒者,将"王道"注入了"神道"内涵而成为神儒结合之物。江户初期著名的朱子学者林罗山提出以下论调。①

"三"天地人之三也。"丨"贯天地人也。贯天地人者,神道也。王道,其第一之人,天下之君也,故曰"王"。"主",王上之点,火焰之貌也;"日",火珠也,其首在日轮,即天照大神也。日神之子孙,坐日本之主,故曰日本国。

随着幕末民族危机严峻,"尊皇论"肇起,出现神主儒辅的思维,日本神道主体性地位逐渐凸显。而到了近代,日本又将"王道"渗入了"皇道"内涵而形成了超越"王道"之超国家理想。明治维新后出现海外扩张的殖民势力,也是日本有史以来皇权最为扩张的时期,到了1932年伪满洲国成立之后,企图在伪满洲国建立"王道乐土"传播"王道思想"实施"王道统治"。统治伪满洲国的指导者是"皇道"日本,"皇道"不仅受到"王道"的刺激并且从中汲取"养分"。可以说,日本在伪满洲国试图建立一个在"皇道"日本指导之下的"王道主义满洲国",日本对伪满洲国的侵占也是"皇道"的对外延伸。

《东亚联盟》杂志是日本侵华战争期间由东亚联盟协会所刊行的机关志,它服务于东亚联盟运动,是"东亚联盟论"的舆论宣传阵地。《东亚联盟》杂志创刊于1939年11月,在东京发行创刊号,至1945年10月出版发行第七卷三号后终刊,共发行66册。在日本侵华战争长期化的形势下,"东亚联盟论"配合日本政府的"大东亚共荣圈"构想,试图在思想上对中国人民进行文化渗透和文化殖民。本论所要探讨的中心问题是《东亚联盟》中对"王道"思想的解读和宣传。

---

① 林罗山:《神道传授》,[日]阿部秋生、平重道校注《近世神道论·前期国学》日本思想大系版,岩波书店1982年版,第21页。

一 里见岸雄的王道思想

《东亚联盟》中关于思想统制类的文章共32篇,其中专门探讨"王道思想"的文章多数是由里见岸雄发表的,他在《东亚联盟》刊行的文章共9篇,现将所发表文章归纳总结如表1所示。

表1　　　　里见岸雄于《东亚联盟》的载文一览

发表卷次	发表题目
1939年创刊号	王道其结果不是皇道吗?
1940年2月号	排斥大权与辅佐的混同
1940年9月号	日本国体学六讲·第一讲
1940年10月号	日本国体学六讲·第二讲
1940年11月号	日本国体学六讲·第三讲
1940年12月号	作为生命体系的国体—日本国体学六讲·第三讲续
1941年1月号	作为社会规范的皇道
1941年4月号	"皇道"还是"王道"?
1941年12月号	八纮一宇和八纮为宇

资料来源:東亜聯盟刊行会:『東亜聯盟復刻版』(1—17卷),柏書房株式会社1996年版。

由表1可以看出,里见岸雄在《东亚联盟》所发表的文章除关于日本国体学之外,其他文章主体内容均是关于"王道思想"的。可以说里见岸雄是《东亚联盟》中诠释"王道思想"的主力,同时1940年4月,东亚联盟协会以杉浦晴男的《东亚联盟建设纲领》为蓝本出版了同名的《东亚联盟建设纲领》,主体部分将杉浦的文章全盘吸收进来,附录部分增加了里见岸雄的文章"王道其结果不是皇道吗?",可见东亚联盟协会对里见岸雄"王道思想"宣传十分重视。

里见岸雄(1897年3月17日至1974年4月18日)是日本的思想家、人文学者、国体研究者、法学者。他出生于东京,是田中智学的三儿子，之后作为养子过继给里见家。1920年毕业于早稻田大学哲学科（现为早稻田大学文学部），1922—1924年先后在意大利、德国、法国游学，归国后创立了里见日本文化学研究所。1936年创立了日本国体学会，就任立命馆大学法学部教授，之后创设了国体学科并担任主任教授。他以日本国体学的创始者而闻名，对战前的言论产生了很大的影响。里见岸雄的国体学造诣多半是来自其父田中智学的影响，中学时期就开始在国柱会修行并随其父田中智学见习夏季讲习会。其父当时提倡的日本国体学对其影响很大，14岁时，他阅读了田中智学的《日莲圣人的教义》与大隈重信的《国民读本》，成为培育其思想萌芽的沃土。第二年以大逆事件为契机，阅读了田中智学的《国民对大逆事件的反省》深受启发，并开始关心日本国体学，之后便立志于将日本国体的真义与日莲主义思想传播到世界各地。

在《东亚联盟》创刊号发表以及《东亚联盟建设纲领》收录的里见岸雄的文章《王道其结果不是皇道吗?》，是其在《东亚联盟》中关于"王道思想"宣传最为典型的文章，从发表的次序以及被收录在建设纲领中便可知一二。创刊号第一篇文章主张将东亚联盟论与近卫声明联系在一起，为东亚联盟运动提供政治依据；第二篇文章是宫崎正义的关于东亚联盟运动基调的文章，对东亚联盟运动的性质进行定义；第三篇文章便是里见岸雄的"王道思想"宣传的文章，为东亚联盟论找到了中国传统思想中的现实政治关怀。

文章共分为七个部分，前五个部分分别将王道、皇道、帝道的异同进行了分析，主要归结为两点：（1）批判了日本部分学者将皇道视为日本独创的道，将王道视为中国古代乃至现今"满洲国"的道的观点，以中国古书中的文章为例，证明了无论是王道、皇道还是帝道均为古代中国的产物。（2）辩证地阐释了部分学者认为的王道存在革命思想，皇道是万世永存的无革命思想的论说，并提出其有无革命性质的主要根节点应归结于国体的异同。第六部分与第七部分才将主题切入到"王道"的实现上来，里见岸雄认为中国没有实现"王道"的政治环境或者说国体相对薄弱，因此即便有传统思想"王道"作为理论指导却没有能力去实行。他认为如今日本的政治机构以及万邦无比的国体已经可以确保"王道"的顺利施行,并且以满洲事变为契机,在国内自觉奋起建设王道国家的同时,对外开展王道国交以彰显国力,首先应该实现八纮一宇的理想,日本人痛感在东洋建设新秩序是日本的世界使命。由此,在"满洲国"的扶植上,不能遵循欧美国家的先例,应该给予足够的尊重,确立民族协和的目标,并向国内外显示和保证遵循"王道"的政治思想行事。①

另外一篇阐释"王道思想"较为全面并且具有代表性的文章是刊登在1940年4月号的《"皇道"还是"王道"?》。1940年5月,东亚联盟协会发行了同名书籍《"皇道"还是"王道"?》,该书是以这篇文章为蓝本刊行的,全书46页,是论述里见岸雄"王道思想"的力作。这篇文章共分为八部分,另外每节里面还不等式的分为2—4小部分,第一部分是开篇要旨,第二部分是举例部分学者的见解,第三部分和第四部分分别阐释了中国与日本的"皇道"和"王道",第五部分分析了中国的所谓"王道"到底是不是革命思想,第六部分谈了国体与"王道"的实现,第七部分与第八部分是总结与附录部分。这篇文章与《王道其结果不是皇道吗?》有异曲同工之处,只不过,这篇文章相较上一篇文章更为细致且文中史料翔实更具有说服力。值得注意的是在附录部分对拥护皇国与排斥帝国的论说进行了分析,并附上了近卫第二次组阁之前自己对安井内相的劝谏文,其中便指出了废除帝国,转用皇国的思想是无意义的,并对与此相同的建国与肇国有异的提出者进行了批判,总体上说这篇文章对"王道"的认识还是存在较为客观的一面的。

里见岸雄所提倡的"王道思想"可分为三个方面:(1)批判了部分学者认为的皇、王、帝道有差别的谬误论、无用论等,认为这三者之间没有本质的差别,也没有尊卑的区分,皆为中国传统思想的产

---

① [日]里見岸雄:《王道は果して皇道に非ざるか》,東亜連盟刊行会編《東亜連盟》(復刻版)第一卷第一号,柏書房株式会社1996年版,第27—38頁。

物。(2) 从国体学的角度对"王道思想"进行了阐释，认为以有无革命性质来区分"皇道"与"王道"思想是无意义也是没有现实依据的，并从社会规范的轨迹来考察其中的差异性。(3) 认为日本进行"王道建国"及"王道国交"的时机已然成熟，在日本天皇为盟主的前提下，以八纮一宇思想为政治目标，以"日满一体""道的一体""精神的一体"为国之根本，在承认日本万邦无比的国体价值之上，在世界范围内建立"王道道谊"。

综上所述，辩证的分析里见岸雄的"王道"观，其中对"皇道""王道""帝道"的差异分析是比较客观的，批判部分学者认为的"皇道"是由日本独创的且比中国的"王道"尊贵的思想是有现实依据的，仅仅在这一点上尊重了历史没有放大日本的帝国主义思想。然而，在关于"王道"的实现与实践方面，暴露了其日本民族在当时产生的骄傲自满情绪，不仅仅将日本放在东亚范围内考量，更甚至指出在"王道建设"和东亚新秩序建设方面日本是世界的"楷模"。里见岸雄以及他所批判的部分学者的歪曲历史以及高傲自大的民族情绪都归结于日本战时帝国主义的膨胀，并且这一切也在为帝国主义的侵略服务。

二 "联盟"思维下的"王道统治"

在《东亚联盟》刊载的所有笼络人心、具有思想统制意味的文章中，均可以看到"民族协和""王道乐土""东亚解放"等迷惑性语言。这是文化统治的手段之一，也是在对中国传统思想的考量上，利用中国传统思想中的"王道"来统治"满洲国"乃至整个中国的新的侵略口号。本节所要探讨的中心话题是，《东亚联盟》缘何以"联盟"的思维提出"王道统治"的侵略口号，或者说当时站在怎样的立场来考量以"王道"作为其侵略招牌，当然，我们只能以《东亚联盟》杂志为研究范围，在其所展示的内容中寻找答案。

《东亚联盟》创刊号的第一篇文章《东亚联盟论与近卫声明》

说明了东亚联盟结成的意义,也从侧面反映民族协和与"王道统治"是到达归宿的必经之路。那么为什么在宣传东亚联盟的思维中,要高举"王道"的大旗,通过对《东亚联盟》的解读,我们总结为以下三点。

第一,从地缘政治上分析,日本属于东亚国家,虽然与西方列强同属于帝国主义阵营,但联盟的本意便是与美国对抗达到其称霸世界的目的,那么其在东亚进行统治的方式必然是将西欧列强的殖民方式作为前车之鉴,以日本皇国特征的"王道统治"为焦点内容。"我国不再追随西欧帝国主义殖民地政策,而是转换成恢复皇国本来的道义政策,与此同时打破西欧的东亚支配体制,试图实施东亚解放,开展东亚新体制的建设。"①宫崎正义的这段话正说明了此意,日本在对"满洲国"的殖民性质上与西方列强殊途同归,仅仅是殖民政策有所改动。

第二,日本对伪满洲国启用"王道建国"的理念,不过是想在侵略中国的同时,在日本国内、伪满洲国甚至是国际上展现一些道义上的历史背景。"在王道的国际理论问题上,排斥帝国主义的同时,直接以强国的军事行动处理掉帝国主义的侵略,并且与马克思主义理论相对立。决定国际行动正邪的最后标准是在'王道'的德是否充实的比较问题上,与机械的功利的国际理论相比,'王道'具有很大的伸缩性,并且又具有道德的基础。"②即想得侵略之财物,又不想背上千古骂名,行侵略之实冠以孔孟之道。

有日本资本主义之父之称的涩泽荣一即曾有论《王道と皇道》中说:"皇道,先王之道也,在支那解释为王道。"③日本部分学者将"王道"和"皇道"混同。自日俄战争以来,日本国内就充斥

---

① [日]宫崎正义「東亜連盟運動の基調」,東亜連盟刊行会編:『東亜連盟』(復刻版)第一卷第一号,柏書房株式会社 1996 年版,第 9 頁。
② [日]中山優「新秩序の東洋的性格」,東亜連盟刊行会編:『東亜連盟』(復刻版)第一卷第一号,柏書房株式会社 1996 年版,第 40 頁。
③ [日]涩泽荣一:「王道と皇道」、安達大壽計編:「澁澤子爵活論語」东京:宣传社、1922 年、第 181—182 頁。

着扩张的野心,先是吞并了韩国使其成为殖民地,其后在伪满洲国宣扬的"王道"也是"皇道"统治的理论支撑。

第三,日本与中国作为同一文化系统中的东亚国家,"王道"是其侵略行径中最易取得共鸣,最易得民心的理论基石。东亚联盟中的"联盟"思维本质上是借中国的资源、财力和人力来补足战争上的入不敷出,"王道统治"掩饰其侵略本意,并使得侵略变得合理化。"为了应对所有反对王道主义以及东亚大同理想确立的思想,因此在若干地点屯驻了临时驻兵。"① 东亚联盟协会成员几乎将所有不合乎情理,属于侵略范畴的行事归结于在"王道思想"统治下的正当措施。并且赋予"王道"以革命精神,认为中国人没有能力实现"王道精神",日本是帮助中国人实现"协和万邦"的宏大精神,将中国的国土分裂视为实现"王道大义"道路上的必然牺牲品,在"大义"面前,国家的利益是小利,东亚全民族的复兴才是"王道精神"的体现。正所谓知己知彼百战不殆,日本民族正是利用了与中华民族是同一文化系统的优势,推崇孔孟"先王之道",在占领"满洲国"之时大谈特谈"仁""德"之道。在他们的视角中,这些侵略行径合乎中国民众之情,符合中国传统思想传承下来的文化精髓,因此"王道统治"是侵略中国的最佳途径。

东亚联盟协会此时的目标是结成东亚联盟,其中"王道统治"是最佳路径。在这种"王道统治"的思想背后,我们都看到当日本扩张到其他国家领土时,试图超越"民族—国家"的界线,因此找出更普世的价值理念,试图以"东亚共荣""东亚地域共同体""王道文化"等理论试图麻痹被侵略国家的民众。然而历史证明,这样的荒谬理论,只会将国家推向军国主义、推到法西斯的极权政治,不仅给被侵略国家带来苦难,而且使日本国民百姓也难逃这样的"精神总动员"。

我们从地缘政治、国际关系理论以及文化系统中找寻了日本实

---

① [日]森谷克己《東亜〈一宇〉への階梯〈協和萬邦〉の精神の実現》,東亜連盟刊行会編《東亜連盟》(復刻版)第一卷第二号,柏書房株式会社1996年版,第12頁。

施"王道统治"的根据和因由,这只是第二次世界大战时期帝国主义国家进行侵略的手段之一,然而这种思想侵略来得更为残忍,因为战争虽然结束了,人民心中的伤害却不能随着战争的逝去渐渐愈合,面对日本右翼美化战争的种种表现,这个伤口一次又一次被揭开,至今仍然不能痊愈。

A Study on the Alienation of the Cultural Communication of Kingcraft in the East Asia Union

Li Xiaochen

Abstract: As the core concept of Chinese traditional thought, "Kingcraft" not only has a far-reaching influence on Chinese politics, society, culture and so on, but also has a certain influence on the ideology of neighboring Japan. However, after the "kingcraft" spread to Japan, it was combined with "Shinto" and "Huangdao", which became the sharp weapon of Japanese territorial expansion. This thesis focuses on the dissemination and interpretation of "Kingcraft" in the Journal of East Asia Alliance, and explores the alienation of "kingcraft" after it spread to Japan.

Keywords: The Culture of Kingcraft; East Asian Union; Satomi Kishio